ALDO CAZZULLO

ROMA
O IMPÉRIO INFINITO

A HISTÓRIA DA CIVILIZAÇÃO QUE MOLDOU O OCIDENTE

Tradução: Isabela Sampaio

Harper Collins

Rio de Janeiro, 2024

Copyright © 2023 HarperCollins Italia S.p.A., Milano. Todos os direitos reservados.

Publicado primeiramente em 2023 na Itália sob o título: *Quando eravamo i padroni del mondo*

Copyright da tradução © 2024 por Casa dos Livros Editora LTDA. Todos os direitos reservados.

Copyright © da tradução de "Epitáfio" (p. 74), de Bertolt Brecht, por Paulo César de Souza.

Copyright © da tradução de "Konstantinos Kavafis" (p. 123), por Trajano Vieira, em: *Konstantinos Kavafis: 60 Poemas*. São Paulo: Ateliê Editorial, 2007.

Copyright © da tradução da ode I.37 (p. 74), de Horácio, por Daniel da Silva Moreira, em: Horácio, Odes, I.37. Apresentação e tradução. *Nuntius Antiquus*, v. 11, n. 2, p. 143–152, 2016.

Todos os direitos desta publicação são reservados à Casa dos Livros Editora LTDA. Nenhuma parte desta obra pode ser apropriada e estocada em sistema de banco de dados ou processo similar, em qualquer forma ou meio, seja eletrônico, de fotocópia, gravação etc., sem a permissão dos detentores do copyright.

Copidesque	Vinícius Rizzato
Revisão	Elisabete Franczak Branco e Paula Vivian
Design de capa	Anderson Junqueira
Diagramação	Estúdio dS
Imagens de Capa	Ruínas de Roma Antiga, de Giovanni Paolo Pannini / Wikimedia Commons; Roma Antiga, de Giovanni Paolo Panini / Wikimedia Commons; Roma: O arco de Constantino, de Canaletto / Wikimedia Commons; Vedute, de Giovanni Paolo Pannini / Wikimedia Commons; Mapa histórico da Roma antiga do século I d.C. publicado na Itália em 1570 / Wikimedia Commons; Interior do Panteão, Roma, de Giovanni Paolo Panini / Shutterstock

Dados Internacionais de Catalogação na Publicação (CIP)
(Câmara Brasileira do Livro, SP, Brasil)

Cazzullo, Aldo
    Roma, o império infinito: a história da civilização que moldou o Ocidente / Aldo Cazzullo; [tradução Isabela Sampaio]. – 1. ed. – Rio de Janeiro, RJ: HarperCollins Brasil, 2024.

    Título original: Quando eravamo i padroni del mondo
    ISBN 978-65-5511-545-1

    1. Roma - Civilização 2. Roma - História 3. Roma - História - Império, 30 A.C.-284 D.C I. Título.

24-201511   CDD-937

Índices para catálogo sistemático:
1. Roma: História 937
Cibele Maria Dias – Bibliotecária – CRB-8/9427

HarperCollins Brasil é uma marca licenciada à Casa dos Livros Editora LTDA. Todos os direitos reservados à Casa dos Livros Editora LTDA.

Rua da Quitanda, 86, sala 601A - Centro,
Rio de Janeiro/RJ - CEP 20091-005
Tel.: (21) 3175-1030
www.harpercollins.com.br

*Outros (disso não tenho dúvida) terão mais
capacidade de moldar estátuas de bronze que
parecem respirar, ou de esculpir imagens vivas no
mármore, serão hábeis em defender casos jurídicos
com eloquência mais aguçada, conseguirão mapear
os movimentos do céu com o compasso e prever o
surgimento dos astros. Mas tu, romano, lembra-te
de governar os povos com leis firmes (estas serão as
tuas artes), de impor a tua paz ao mundo, perdoar os
derrotados e fracos e subjugar os orgulhosos.*

Virgílio, *Eneida*

Era uma vez um sonho, que era Roma: será realizado.

Maximus Decimus Meridius, *Gladiador*

SUMÁRIO

INTRODUÇÃO   11
ROMA, O IMPÉRIO INFINITO

1. ENEIAS   21
O MITO DA FUNDAÇÃO

Uma mulher perdida e uma rejeitada   **25**

O fardo do homem romano   **31**

Aquiles será derrotado   **33**

Virgílio em Manhattan   **37**

2. MORRER PELA PÁTRIA   43
O MITO DA REPÚBLICA

Sete reis e basta   **49**

A honra vingada de Lucrécia   **52**

Os heróis da República   **56**

3. REVOLUCIONÁRIOS E GOLPISTAS   65
O SONHO DE ESPÁRTACO E O PESADELO DE CATILINA

"Eu sou Espártaco"   **69**

Mate os Graco   **74**

E se Catilina estivesse certo?   **79**

4. CÉSAR   85

O MITO DA VITÓRIA

Tio Mário e avó Vênus   **88**

A esposa de César   **94**

Da Bretanha ao Reno   **97**

Vercingetórix acorrentado   **100**

"Alea iacta est": ou vai ou racha   **102**

Cruzeiro no Nilo com Cleópatra   **107**

O senhor do tempo   **113**

César não chora mais   **116**

Os Idos de Março ainda não acabaram   **119**

5. AUGUSTO   131

O MITO DO PODER

"Deste-nos um rei!"   **133**

"Sou teu gênio mau"   **136**

Antônio e Cleópatra   **139**

Uma formidável máquina de guerra   **147**

Uma filha rejeitada e um herdeiro não amado   **152**

"Varo, devolva-me minhas legiões"   **155**

Em Capri pela última vez   **157**

6. CONSTANTINO 165

O IMPÉRIO CRISTÃO

Um Deus ciumento e universal 168

A profecia de Magêncio 170

O sonho de Constantino 176

O duce e Abebe Bikila 178

Helena e a Verdadeira Cruz 181

7. O IMPÉRIO INFINITO 187

O VOO DA ÁGUIA DE JUSTINIANO A ZUCKERBERG

Bizâncio, a nova Roma 192

A águia do Sacro Império Romano 195

Florença, Veneza e a redescoberta de Homero 197

Moscou, a Terceira Roma 199

Mazzini e o duce 201

Napoleão e Marianne 203

Shakespeare e o Império Britânico 205

O apogeu do Império Americano 210

Declínio e queda 220

8. ROMA VIVE 223
MARGUERITE YOURCENAR, LIZ TAYLOR
E ASTERIX

O cinema nasce com Roma **228**
"O meu Jesus é muito diferente de você" **231**
Cabíria e Maciste **234**
Totò, Fellini e Tinto Brass **236**
De Obelix ao Gladiador **241**

FONTES 247

AGRADECIMENTOS 254

INTRODUÇÃO
ROMA,
O IMPÉRIO INFINITO

ROMA JAMAIS CAIU.

O Império Romano nunca caiu de verdade, nem jamais cairá. Continuou a viver na mente, nas palavras e nos símbolos dos Impérios que o sucederam.

Os povos latinos — italianos, franceses, espanhóis e portugueses, mas também os brasileiros e, de maneira geral, os latino-americanos — não são descendentes diretos dos antigos romanos (antes havia os celtas, os gregos, os fenícios; depois, vieram os bárbaros, e então a grande jornada das migrações seguiu além-mar). Contudo, podemos reivindicar a herança romana. Não apenas habitamos a mesma terra, vivemos nas cidades que eles fundaram e percorremos os caminhos por eles traçados. Roma vive em nossa língua, em nossos edifícios, em nossos pensamentos. Em nosso jeito de falar, de construir e de pensar ficou algo da Roma Antiga. E, se hoje nós somos cristãos, é porque Roma tornou-se cristã.

Roma inspirou os romances, os quadrinhos e os filmes que vimos na juventude: de *Quo Vadis* a *Asterix* e *Ben-Hur* (muito antes do *Gladiador*). Nenhuma outra era histórica teve tanta influência nas gerações seguintes — até porque os anos da fundação do Império coincidem com outro acontecimento que mudou o rumo da humanidade: o nascimento e a crucificação de Jesus.

O estilo da Roma Antiga jamais morreu, e de tempos em tempos ressurge na história. Do Renascimento ao Neoclassicismo, de Palladio a Canova, alguns dos maiores artistas do Ocidente desenharam, pintaram e esculpiram como faziam os antigos romanos — ou como eles achavam que os antigos romanos faziam.

Todos os imperadores da história se viram como o novo César, e todos os revolucionários da história se consideraram o novo Espártaco. Todos os Impérios da história acreditaram ser e se apresentaram como os herdeiros dos romanos. Bizâncio. Moscou, a "Terceira Roma". O Sacro Império Romano de Carlos Magno. O Império Austro-Húngaro e o Alemão, que se proclamaram sucessores do Sacro Império Romano. Carlos V, em cujo Império o sol nunca se punha.

E depois o Império Britânico, que controlava a Índia com um punhado de soldados, quase todos indianos, assim como Roma mantinha os bárbaros sob controle com exércitos compostos e comandados por bárbaros — a quem muitas vezes era consentido manter o próprio grito de guerra.

Napoleão adorava César, escreveu um livro sobre ele e se recusou a ser coroado rei dos franceses, preferindo ser imperador.

O Império Americano, assim como o Romano, foi construído por meio de diferentes alianças e pactos com diversos povos, e considerando a influência militar e cultural mais importante do que a ocupação dos territórios, já que o verdadeiro poder não reside sobre a terra, mas sobre as almas e a economia.

Hoje em dia, não por acaso, até os imperadores digitais — abertamente, Mark Zuckerberg e Elon Musk, mas não só eles — olham para os imperadores romanos: os primeiros a governar imensas comunidades de pessoas que jamais se encontrariam fisicamente, que falavam línguas diferentes e veneravam deuses diferentes, mas nasciam, viviam e morriam sob o mesmo César e que, portanto, precisavam se reconhecer nos mesmos rostos, nas mesmas histórias e nas mesmas ideias.

Porque era possível tornar-se romano independentemente da origem, da cor da pele ou do deus que se adorava. E era possível tornar-se romano e continuar sendo hispânico, gaulês, trácio, sírio, grego, egípcio, núbio... As questões que Roma teve que enfrentar — os fluxos migratórios, a integração de estrangeiros, o estado de guerra permanente — são as mesmas que precisamos enfrentar hoje. E vale lembrar que os romanos, por mais que tivessem plena convicção da própria superioridade, não eram racistas; exceto em relação aos godos, ridicularizados por serem altos e loiros demais.

🔲🔲🔲🔲🔲

O que hoje chamamos de Ocidente é uma estrutura construída sobre os alicerces da Roma Antiga.

Em todo o Ocidente, a linguagem da política e do poder é a mesma que era falada em Roma há dois milênios. "Imperador" e "povo" são palavras de origem latina, assim como "domínio" e "liberdade". "Ditador" e "cidadão". "Lei" e "ordem" (embora em um sentido diferente). "Rei" e "justiça". "Herói" e "traidor". "Cliente" e "patrono". "Candidato" e "eleito". "Autoridade" e "dignidade". "Patrícios" e "plebeus". "Poderosos" e "proletários". "Pretor" e "príncipe". "Ira" e "clemência". "Infâmia" e "honra". "Conspiração" e "sedição".

"Colônia" é uma palavra de origem romana, assim como "tratado", "sociedade" e "sufrágio", de onde vem o nome das mulheres que lutaram pelo direito ao voto: as sufragistas. O palácio tem origem no Palatino, a colina de Roma onde se situava o palácio real. O fascismo apresenta o nome e o símbolo dos fasces carregados pelos lictores — varas amarradas a um machado, simbolizando o poder da vida e da morte. Todavia, são também um símbolo da democracia norte-americana. "Socialismo" e "comunismo" também derivam de palavras latinas: *societas* e *communio*. Até a palavra "presidente" vem do latim *praesidere*, presidir. Os gladiadores eram os voluntários que, segundo os planos da Agência Central de Inteligência (CIA), deveriam ter resistido à invasão soviética. Até hoje, continua-se a fazer grandes filmes sobre os verdadeiros gladiadores.

E muitos dirigentes, para assegurar o "consenso", fazem "propaganda" e continuam a oferecer o *panem et circenses*, ou "pão e circo", expressão cunhada por um dos pais da sátira, Juvenal.

O Brasil, a França, a Itália, a Espanha e os Estados Unidos têm hoje o Senado, assim como a Roma Antiga. Czar e Kaiser derivam de César e, portanto, todo imperador russo e alemão se sentiu descendente do verdadeiro fundador do Império Romano. No entanto, isso também vale para muitos presidentes dos Estados Unidos da América. *"Civis Romanus sum"*, sou um cidadão romano, repetiu John Kennedy. Diversos líderes norte-americanos sentiram que compartilhavam com os romanos o "destino manifesto" de liderar e governar o mundo. E o símbolo do poder dos Estados Unidos é o mesmo de Napoleão e de Roma: a águia.

É evidente, nem sempre e nem todos sentem nostalgia do domínio romano. No século XIX, franceses, alemães e ingleses ergueram estátuas, por vezes gigantescas, de grandes inimigos de Roma, transformados em heróis nacionais: Vercingetórix é homenageado no topo do monte Auxois, onde ficava a fortaleza de Alésia, local de sua última resistência desesperada; um Armínio feito de ferro e cobre, com quase trinta metros de altura, vigia a floresta de Teutoburgo, onde o verdadeiro Armínio dizimou os legionários de Augusto; e a rainha rebelde, a heroica Boadiceia, junto com as filhas, abençoa Londres da ponte de Westminster. Contudo, franceses, alemães e ingleses não saberiam quem são sem Roma.

A linguagem da religião também nasce na cidade eterna. "Fé", "religião" e "pontífice" são palavras de origem latina, assim como "crer". Assim como "deus" (do grego Zeus). Assim como, indo para a linguagem da guerra, "arma", "exército", "militar", "general", "soldado" (de *solidarius*: aquele que recebe um salário). São também de origem latina as palavras "concórdia", "amizade", "amor", "família" e "matrimônio" — por mais que a noiva não se vestisse de branco, e sim de amarelo.

Muitas cidades do mundo latino têm nomes romanos, uma vez que foram fundadas justamente pelos romanos ou por colonizadores que se consideravam herdeiros deles.

É evidente que não é apenas uma questão de palavras. Por trás das palavras há coisas concretas. Aqueles que, no decorrer da história, tiveram que governar vastos territórios e influenciar diversos povos sempre viram no Império Romano um exemplo a ser seguido. As leis. As estradas. O calendário. Em todas as línguas do Ocidente, os nomes dos dias da semana (exceto o sábado, que vem do hebraico) e dos meses, de janeiro a dezembro, são de origem latina. Milhões de pessoas nascem e morrem nos meses que levaram o nome de Júlio César — julho — e

Otávio Augusto, obviamente agosto. E ainda há a estratégia militar. A arte de dividir para conquistar; mas também a arte de incluir os estrangeiros, de acolher imigrantes, criar novos cidadãos. A capacidade de respeitar costumes e divindades locais, e também de compartilhar uma ideia de justiça e civilização, mesmo à custa de muita dor, de muita crueldade e do sangue que pavimenta os caminhos da história.

⌣⌣⌣⌣⌣⌣

Muito desse sangue foi derramado pelos primeiros cristãos. Mártires: testemunhas de uma fé professada em silêncio, na sombra, ao preço da dor e da morte. Os imperadores romanos são vistos como cruéis perseguidores dos seguidores de Jesus — e alguns, de Nero a Diocleciano, de fato foram. No entanto, se hoje o cristianismo é a religião do Ocidente, se o papa está em Roma, se muitos veem Jesus como nosso Deus encarnado no meio de nós, devemos isso ao Império Romano. A Constantino e sua mãe Helena, que trouxe para Roma a verdadeira cruz, a madeira na qual, segundo a tradição, Jesus foi crucificado. Nós devemos isso à extraordinária escolha política — para não dizer messiânica — de tornar o Império de Roma cristão.

⌣⌣⌣⌣⌣⌣

A história romana não é apenas uma história de vitórias militares e exercício do poder com sabedoria. É, além disso, uma história de valores morais e civis. De mulheres e homens dispostos a morrer pela pátria, pela comunidade, por algo que ia além do indivíduo. Hoje não sabemos se Clélia realmente escapou a nado do acampamento do rei etrusco Porsena levando suas companheiras para um local seguro e depois se entregando novamente como refém; nem se Atílio Régulo de fato voltou a Cartago para ser morto de modo terrível só para honrar sua palavra. Mas os romanos antigos acreditavam piamente nisso.

"República" também é uma palavra de origem latina. Assim como "constituição". E o embrião do que hoje chamamos de democracia nasceu em Roma. É verdade que as assembleias do povo já se reuniam na Grécia Antiga, mas somente Roma criou um sistema codificado e duradouro de eleições, com comícios, campanhas eleitorais, apertos de mão dos candidatos, votações e proclamações. Na época de Cícero, era o povo, e não o Senado, que elegia os magistrados; era o povo, e não o Senado, que fazia as leis. A plebe tinha seus representantes, seus direitos e seus poderes, inclusive o de veto — outra palavra latina que entrou na linguagem universal da política.

Afinal de contas, república significa coisa pública. A ideia de que o Estado pertence a todos nasceu em Roma. E, se para os gregos a dimensão política era a cidade, para os romanos passou a ser o mundo — um homem de outra cor, de outra língua e de outra religião poderia se tornar romano.

É evidente que Roma nunca foi uma democracia no sentido moderno que conhecemos.

A política excluía as mulheres — por mais que, se comparada a outras civilizações antigas, inclusive a grega, as mulheres romanas gozassem de maior liberdade, pois não ficavam confinadas em casa, frequentavam arenas e termas e jantavam com os homens. Além disso, a esposa não adotava o sobrenome do marido e podia ter posses, comprar e vender — todos esses direitos que, no mundo moderno, foram reconhecidos às mulheres não faz muito tempo.

A política também excluía os escravos, que os romanos chamavam de servos, outra palavra ainda viva. Mas os escravos por vezes eram libertados (e podiam se tornar muito poderosos). De vez em quando se rebelavam. Até a revolta de Espártaco inspirou gerações de revolucionários: os comunistas alemães que se insurgiram no fim da Primeira Guerra Mundial foram chamados de espartaquistas. Assim como Espártaco, Rosa Luxemburgo e Karl Liebknecht tiveram um fim trágico, mas é incrível que, na Berlim de 1918, houvesse rebeldes prontos para lutar e morrer em nome de um escravo misterioso que tinha feito o mesmo dois mil anos antes.

᠁᠁᠁᠁᠁

É impossível contar na íntegra uma história imensa, que se estende por doze séculos — desde a lendária fundação de Roma à chamada queda do Império. Correríamos o risco de encontrar o mesmo destino de Funes, o Memorioso, personagem de Borges dotado de — ou melhor, condenado a ter — uma memória prodigiosa: ao lembrar-se de tudo, na verdade não sabia nada, e se perdia em milhões de detalhes insignificantes, sem conseguir reter o que importava. Todavia, há histórias que precisam ser contadas. A começar pela de Júlio César — talvez o maior homem que já existiu — e de seu herdeiro Augusto, de seus inimigos, Pompeu e Marco Antônio, de seus nobres opositores, Cícero e Catão, e de mulheres poderosas, como Cleópatra e Lívia. Vale sempre lembrar que, por mais que tenha sido povoada por figuras excepcionais, Roma foi, em primeiro lugar, um sistema: uma cultura política, uma máquina militar, uma construção marcada por um realismo terrível e por uma carga mítica e literária igualmente grande.

De Roma restam muitos vestígios, que são, sobretudo, sinais. Os templos da antiga capital foram em grande parte destruídos: o único que resiste intacto é o Panteão, por ser dedicado a todos os deuses, inclusive o único Deus que prevaleceu. Do Fórum, que foi a mais grandiosa e esplêndida praça, restam colunas quebradas, além de três grandes arcos (e no de Tito está esculpida a Menorá, o candelabro de sete braços roubado do templo de Jerusalém e que talvez tenha ido parar em Bizâncio). O próprio Coliseu corre o risco de se revelar uma decepção: é o monumento mais visitado da Itália — dentro, porém, não há nada, e é incrível que nenhum evento jamais tenha sido organizado ali, exceto a apresentação do livro do jogador de futebol Francesco Totti. Alguns sabichões dizem: assim o Coliseu se tornaria uma arena. Mas o Coliseu é uma arena! E só faz sentido se permanecer assim.

Como não compreender que a diferença entre os romanos e as outras grandes civilizações está justamente no fato de que os vestígios romanos estão vivos? As pirâmides também são extraordinárias, mas são monumentos mortos de uma civilização morta. A civilização romana não morreu — e não só porque o Panteão virou uma igreja e um maravilhoso artista como Rafael lá repousa, assim como o rei que unificou a Itália.

A única chave para contar mais de mil anos de história é entender o que nos resta. É contar os motivos, as coisas, as histórias pelas quais a civilização romana vive. E nós, latinos, embora muito diferentes, somos indignamente seus herdeiros — e deveríamos ter mais consciência e orgulho disso.

Roma é também a história de grandes artistas. De pintores, escultores, arquitetos. E poetas, que aprenderam a lição dos gregos, apropriaram-se dela e a levaram às fronteiras do mundo conhecido, aos limites do que existe em nós.

Por isso, para entender como Roma ainda faz parte de nossa vida e de nossa alma, precisamos começar pela origem.

Tudo, como sempre, começa a partir de uma grande viagem. De uma cidade em chamas, na costa oeste do que hoje chamamos de Turquia. De um herói em fuga com o pai e o filho, em busca de uma nova pátria, do outro lado do mar. E de um poeta, Virgílio, que muitos séculos depois inventou essa história e, ao escrevê-la, tornou-a verdadeira.

ENEIAS

1 O MITO DA FUNDAÇÃO

HAVIA QUEM ACREDITASSE QUE os romanos descendessem de Ulisses.

Vários mitos ligavam os "nostoi" — os retornos dos heróis da Ilíada — à fundação de Roma, e alguns apontavam o rei de Ítaca como fundador da cidade. No entanto, Virgílio discordava veementemente disso — e muitos compartilhavam de sua opinião.

Os romanos não queriam como progenitor o herói que até venceu a guerra, mas por meio da enganação, de maneira covarde, com a astúcia e não com a virtude. E, de fato, Ulisses é tratado com particular desprezo na *Eneida*, mais do que todos os outros aqueus. Virgílio tampouco se encantava por Aquiles, o maior guerreiro de todos os tempos. Afinal, o intuito do poema não é honrar a guerra. Ao contrário, após anos de conflitos, o verdadeiro triunfo que Virgílio atribui a seu imperador, Augusto, é justamente ter restabelecido a paz.

O herói escolhido pelos romanos como fundador é Eneias: um herói derrotado. Um homem que foge da ruína de sua pátria, que conheceu imensos sofrimentos e tem ciência dos horrores da guerra. Mas que, apesar de todas as dificuldades, persevera em sua missão, alcança seu objetivo e luta para dar uma nova pátria à sua família e ao seu povo. Eneias é o herói escolhido, pois nele os romanos veem as qualidades que mais prezam: lealdade, responsabilidade e senso de dever.

Eneias não decide o próprio destino. Nunca faz o que quer. Gostaria de ficar e lutar por Troia, mas tem que fugir. Gostaria de levar consigo a mulher que ama, mas tem que abandoná-la. Gostaria de ficar ao lado de seu novo amor, mas também tem que deixá-la. O herói não tem poder de escolha. O destino é que o escolheu para criar Roma.

Eneias não é o mais astuto, nem o mais forte. Ele é o mais compassivo. Seu epíteto é, justamente, "piedoso". E a *pietas* é a mais romana das virtudes. Significa força moral. Devoção aos deuses, aos ancestrais, à pátria. Capacidade de reconhecer o próprio dever e de enfrentá-lo. Responsabilidade — outra palavra de origem latina, que vem de *res pondus*: saber carregar o peso das coisas.

Não por acaso, a imagem mais famosa de Eneias não é sua vitória na guerra contra os itálicos, é sua fuga de Troia com o filho Iulo — também conhecido como Ascânio — pela mão e, nos ombros, o pai Anquises, que havia ficado cego ou coxo por uma vaidade masculina (havia revelado que a mãe de Eneias era Vênus). Eneias é o tipo de herói que se preocupa com os anciãos e com os descendentes, que se responsabiliza pelo passado e pelo futuro, que preserva a memória e a confiança, que olha para trás e para a frente.

🔲🔲🔲🔲🔲

Virgílio, um dos maiores poetas que a humanidade já teve, escreve a *Eneida* no final do período mais conturbado da história de Roma. É evidente, a cidade já havia passado por fases dramáticas, como, por exemplo, quando parecia à mercê dos gauleses ou de Aníbal. Mas o inimigo vinha de fora. A Roma de Virgílio saía de vinte anos de guerras civis, nas quais o inimigo era um compatriota, às vezes o próprio irmão. E, no fim, as guerras civis também haviam derrubado o que os romanos tinham de mais precioso: a República. Nasce um novo governo, uma nova era, mas ainda não se sabe qual será.

Virgílio interpreta essa necessidade de renascimento. E escreve um poema sobre a identidade romana, que de fato apoia o novo líder, mas, acima de tudo, visa ressuscitar o orgulho nacional e fortalecer a unidade: ser romano é uma sorte e é um destino. Por isso, ele reconstrói a origem mítica da cidade — e da *gens Iulia*, da qual Augusto descende —, narrando a chegada de Eneias ao Lácio e inserindo a história de Roma na maior história já contada: a Guerra de Troia.

UMA MULHER PERDIDA E UMA REJEITADA

Virgílio constrói a tradição romana ligando-a à cultura grega. E começa sua história de onde Homero havia parado. No entanto, entre ele e Homero — ou quem quer que tenha sido o verdadeiro autor da *Ilíada* e da *Odisseia* — há uma distância de setecentos anos, o mesmo período que nos separa de Dante, que, como se sabe, venerava Virgílio e o escolheu como guia em sua jornada pelo além.

Talvez Homero nunca tenha existido. Os filólogos de Alexandria, que viveram dois séculos antes de Virgílio, já tinham levantado a hipótese de se tratar de um pseudônimo atribuído a várias pessoas que, em épocas distintas, construíram obras gigantescas como a *Ilíada* e a *Odisseia*. O próprio nome Homero parece ter sido inventado. Significa "aquele que não vê" — muitas vezes, no mundo grego, os poetas e videntes são cegos, pois veem com os olhos da mente coisas que nos são negadas.

Virgílio, por outro lado, é uma figura histórica. Sabemos sua data de nascimento, 15 de outubro de 70 a.C., e de morte, 21 de setembro de 19 a.C. Logo, morreu antes de completar 51 anos. Seu epitáfio talvez não tenha sido composto por ele, mas com certeza o representa: "*Mantua me genuit, Calabri rapuere, tenet nunc Parthenope; cecini pascua, rura, duces*", ou "Nasci em Mântua, morri na Calábria (terra que, naquela época, incluía também Brindisi, onde de fato Virgílio faleceu) e descanso em Nápoles; cantei a respeito de prados, campos e comandantes". Não se poderia imaginar uma síntese mais simples e humilde da própria vida.

Virgílio era tímido. Não era nobre e nem mesmo romano por nascimento, mas havia se tornado posteriormente: César havia estendido a cidadania à sua região quando ele já era adolescente. Estudou para ser advogado, mas abandonou a carreira na primeira defesa que fez, pois não sabia falar em público. Ele só gaguejava, e seu amigo Horácio zombava dele por isso. Augusto implorava para que ele lesse a *Eneida* diante dos cortesãos, o que o colocava em saias-justas. Virgílio deve ter sido um homem encantador.

Os romanos tinham com os gregos uma relação similar à que os alemães têm com os italianos — e, em certa medida, também com os franceses e espanhóis — e vice-versa. Os romanos amavam os gregos, bem como a poesia e a arte gregas, mas se consideravam incomparavelmente superiores nos quesitos força militar e política. Os gregos admiravam os romanos e ao mesmo tempo os detestavam por serem soldados ferozes e organizadores incansáveis. Na literatura, os romanos começaram imitando os gregos e terminaram por emulá-los — da cópia à tentativa de fazer ainda melhor.

Virgílio retoma personagens e versos de Homero. Brinca com eles. Contradiz, não com arrogância, mas com uma familiaridade que chega quase a ser afetuosa. Eneias é um herói totalmente diferente dos heróis homéricos: é um herói sofredor, que não busca a glória, mas a salvação para seus companheiros, e está sempre à mercê de forças superiores. Isso já é visível logo no início do poema.

Juno, inimiga histórica dos troianos desde que Páris deu a Vênus e não a ela a maçã destinada à mais bela, desencadeia uma tempestade que quase afunda os navios de Eneias. Netuno, o deus do mar, salva os navios e os empurra em direção a Cartago. Lá, Eneias conta à rainha Dido sua história, a partir da queda de Troia — assim como Ulisses narra sua viagem ao descer na ilha dos Feácios e de Nausícaa. O flashback já tinha sido inventado.

୭୯୭୯୭୯

Eneias relembra o golpe do cavalo de Troia, sem esconder seu desprezo pelo modo vil com que Ulisses e os aqueus finalmente conseguiram, depois de dez anos, invadir as muralhas da cidade sitiada. Ele revela como os troianos foram traídos pela reconfortante ideia de que a guerra havia acabado, sendo enganados pelo espião deixado pelos gregos, Sinon, que os convenceu de que o cavalo era um presente propiciatório para Minerva. Do lado dos troianos, poucos se opuseram à ideia de levar o cavalo para dentro das muralhas. Contudo, uma deles, Cassandra, filha do rei Príamo, tinha o dom da profecia, mas também a condenação de nunca ser levada a sério. Outro troiano, o sacerdote Laocoonte, foi estrangulado junto dos filhos por duas serpentes marinhas. Então, todos acreditaram que aquela era a vontade dos deuses.

Virgílio nos deixou um testemunho cru e sugestivo das violências da guerra. Eneias lembra o trauma de acordar numa cidade já em chamas e a dor ao se deparar com seu povo morto e humilhado: Cassandra, Andrômaca, Príamo e as esposas. Vítimas inocentes que buscam salvação em vão e são tratadas sem piedade, enquanto Helena, traidora, ao fingir dançar com tochas, envia sinais luminosos aos guerreiros que foram emboscados.

Diante de tudo isso, o herói fica indefeso. Não lhe é permitido sequer lutar e morrer por sua pátria. Enquanto ainda dormia, apareceu-lhe em sonho a imagem de Heitor, ainda ensanguentado, coberto de poeira e desfigurado pela luta contra Aquiles e pela profanação de seu cadáver. Heitor ordena que Eneias fuja, salve a linhagem dos troianos e leve suas divindades ao Lácio. Assim, Eneias se vê encarregado de comandar os compatriotas sobreviventes a mando do herói caído, Heitor. Não pode recuar, nem quando percebe ter se perdido da esposa, Creúsa, na fuga.

Ele não quer abandoná-la, então tenta voltar à cidade, atravessar as chamas e salvar a vida dela. Mas eis que lhe aparece a imagem de Creúsa, morta de maneira desconhecida, e lhe revela que nunca esteve destinada a fugir de Troia. No Lácio, uma nova esposa e um novo reino aguardam Eneias. Não é uma terra prometida, é quase uma condenação. Mas, primeiro, outro teste o espera.

◳◳◳◳◳

Dido é uma heroína trágica. Desde o início, já sabemos que seu destino é ser abandonada — Eneias não pode ficar em Cartago. Contudo, a rainha é arrebatada pela chegada do herói e não pode deixar de se apaixonar por ele. Isso se dá também graças à intervenção de Vênus, que se preocupa com o modo com que o filho Eneias será recebido.

Dido é uma mulher forte e desventurada. De origem fenícia, outrora reinara ao lado do amado marido, Siqueu, que, contudo, foi vítima de uma conspiração do irmão de Dido, Pigmalião. Então, ela fugiu, desembarcando na costa africana, onde conseguiu, com muita astúcia, convencer os líderes locais a lhe concederem um território para se estabelecer — bastaria um espaço que pudesse ser coberto com a pele de um boi. Mas Dido demonstrou sua engenhosidade cortando a pele em tiras finíssimas, que, quando enfileiradas uma após a outra, delineavam um vasto perímetro, grande o suficiente para fundar uma cidade.

Desde então, essa formidável rainha governou sozinha, recusando toda e qualquer proposta de reis vizinhos, a fim de permanecer fiel à memória de Siqueu. No entanto, a chegada de Eneias a induz a violar a promessa e acolher o troiano como novo marido. Só que Eneias não está destinado a ficar com Dido. Júpiter envia seu mensageiro, Mercúrio, para intimá-lo a partir, lembrando-o de que seu destino é em outro lugar.

Eneias também ama Dido. Não queria abandoná-la. Mas sabe que não tem poder de escolha. Não pode renunciar à sua missão. Assim, prepara a partida em segredo. Dido, no entanto, tem um pressentimento, descobre-o e o confronta. A conversa final entre os dois amantes é dramática. Lembra o diálogo de Jasão e Medeia na tragédia de Eurípedes. Ela, louca de amor, ora acusa Eneias, ora suplica a ele. Joga na cara dele as promessas feitas, o que ela sacrificou por ele, o destino cruel ao qual o abandono a condena. Mas Eneias aparenta frieza. Desprendimento. Explica que a decisão não depende dele, mas da vontade divina.

No ápice da tragédia, incapaz de suportar a dor, Dido se esfaqueia com a espada e se joga na pira, onde ardem os presentes que havia recebido do amado. E, ao morrer, lança uma maldição à linhagem dos troianos, prevendo que Cartago será seu maior inimigo. Enquanto isso, os navios de Eneias se afastam e ele observa as colunas de fumaça subirem, sem saber do fim atroz da mulher que amou e das terríveis guerras contra os cartagineses que esperam seus descendentes.

৩৩৩৩৩

A personagem Dido não foi inventada por Virgílio, contudo ele manipula a versão predominante do mito, segundo a qual Dido tira a própria vida para fugir da pressão dos reis líbios e se manter fiel a Siqueu. O que certamente interessa a Virgílio é a premonição da inimizade entre

Roma e Cartago, do confronto com Aníbal. Mas, por trás de Dido, não é difícil enxergar outra personagem, outra mulher, que viveu no tempo de Virgílio: trata-se de Cleópatra, a soberana estrangeira que seduz e desencaminha o comandante romano.

Ao contrário de Marco Antônio, que se deixa enganar e conduzir à ruína pela rainha do Egito, Eneias sabe das próprias responsabilidades e sacrifica o amor e a felicidade em nome de seus deveres.

Mas, assim como Cleópatra acabou sendo admirada pelos poetas latinos, inclusive Horácio, que até brindou à sua morte, Virgílio também sente respeito e piedade por Dido. E a põe em cena no submundo, onde ela se recusa a falar com Eneias. Naquele momento, parece que quem triunfa é ela: Dido reencontra o marido, enquanto Eneias sofre, tenta se desculpar e entra em desespero. Não é mais o homem frio da despedida. Ele fala com ela "com doce amor", garante-lhe que a culpa foi dos deuses, que teria preferido muito mais ficar com ela, mas não lhe foi permitido. Dido se recusa até a olhar para ele. Eneias chora, ela se mostra impassível. Depois, dá meia-volta e reencontra o marido Siqueu, "que lhe corresponde o afeto": ele a perdoou. E Dido tem sua própria forma de final feliz.

O destino de Roma é muito maior que o de Eneias. Por isso, ele é um herói que nos inspira mais compaixão que admiração, já que o vemos ser continuamente expulso de um lugar para outro, sem nunca poder recuperar-se do tormento de ter perdido sua casa, pois trabalhos e dores o alcançam a cada nova etapa.

Quando chega a Creta, pensa em ficar por lá e funda a cidade de Pérgamo. Porém, uma epidemia de peste o obriga a partir novamente. Depois, ele para nas Estrófades a fim de se recuperar de uma terrível tempestade, mas o arquipélago é habitado por harpias, horrendos monstros metade mulher, metade pássaro, que atormentam os troianos sujando a comida deles. A Eneias é negado até mesmo um prazer simples, como sentar-se e comer, porque as harpias vêm perturbá-lo de todos os cantos toda vez que ele para. Então, Eneias encontra acolhimento quando, no Épiro, conhece Heleno, o novo marido de Andrômaca, que fundou uma nova Troia. Mas, embora aquele lugar seja o mais próximo possível de sua pátria perdida, nem ali pode ficar.

Anquises morre. Um ano depois, Eneias para na Sicília para celebrar os jogos em homenagem ao pai. A pérfida Juno envia sua mensageira, Íris, a Arco-íris, para incitar as mulheres a incendiarem os navios, que são salvos por uma chuva providencial. Mas quase todas as mulheres mais velhas permanecerão na Sicília. Os troianos estão exaustos. Não aguentam mais correr de um lugar a outro. Em cada etapa, a mensagem foi evidente: este não é o lugar certo para vocês, não é aqui que devem ficar, nem mesmo para recuperar o fôlego.

Nem mesmo em um lugar seguro, entre amigos e aliados, Eneias conseguirá ter paz até chegar ao destino final, aquele que era para ser: a Itália. Terra de origem de Dardano — cujos descendentes fundaram Troia —, portanto, um retorno ao lugar de origem dos troianos. Para Virgílio, o Lácio é um território que Eneias conquista com luta, esforço e sofrimento, mas é também um retorno ao lar, à sua terra ancestral.

⅏⅏⅏⅏⅏

Roma deve ser fundada, não pode ser de outra maneira. Os oráculos preveem isso. Os deuses falam disso entre si: Juno reclama, pois sabe que não pode fazer nada a respeito, e até uma divindade como ela não tem poder contra o destino. Já Júpiter tranquiliza Vênus, que se preocupa com o destino do filho, dizendo a ela que os romanos estão destinados a um futuro glorioso, a um *"imperium sine fine"*, o império sem fim.

Eneias ouve a respeito da necessidade de ir para uma nova terra, a Itália, repetidas vezes, através de simulacros dos entes queridos mortos — Heitor, Creúsa e Anquises —, e depois de profetas e deuses. É uma série de repetições que beira à redundância, a ponto de dar a sensação de que essa profecia é um dos pontos que Virgílio teria ajustado, se não tivesse morrido. Como se ainda não tivesse tomado a decisão de quem deveria ser o mensageiro certo, qual seria o momento revelador.

O mais poderoso dos vaticínios é o das harpias — os troianos saberão que chegaram quando passarem fome a ponto de comer as mesas, ou seja, as *focaccias* secas que usam como pratos. Este é o sinal de que a empreitada só traz sofrimento a Eneias.

As contínuas referências à futura glória de Roma certamente eram fonte de orgulho para os leitores de Virgílio, a confirmação da própria grandeza, uma vez que tantas forças sobrenaturais se mobilizaram para dar origem à sua cidade. Mas, para Eneias, também é um grande fardo saber que um futuro tão monumental depende dele. E há dois momentos-chave: a descida ao submundo e a entrega do escudo.

O FARDO DO HOMEM ROMANO

Mesmo no Hades, onde é acompanhado pela Sibila de Cumas, Eneias mostra que é um herói diferente. Sua jornada o alinha a outros personagens famosos, como Hércules, Orfeu e Teseu. Mas eles desceram ao submundo para realizar feitos extraordinários: Hércules para capturar Cérbero, o cão de três cabeças — uma de suas tarefas —; Orfeu para resgatar sua esposa, Eurídice; e Teseu para levar Perséfone embora. Na verdade, Caronte, o barqueiro do submundo, inicialmente se recusa a deixar Eneias passar, dizendo que todos os outros heróis que entraram ali vivos só causaram problemas. Mas a Sibila o silencia e garante a ele (como Virgílio fará com Caronte na *Divina comédia*): Eneias é diferente, não causará confusão. Quer apenas falar com o pai. Não é movido pela glória, mas pela *pietas*. E leva consigo um ramo de ouro, que se tornará, no futuro, o símbolo do poder mágico, além do título do famoso ensaio de James Frazer, precisamente *O ramo de ouro*.

No submundo, Eneias vê muitos mortos da Guerra de Troia: os aqueus o evitam, os troianos vêm a seu encontro para falar com ele — querem saber o destino dos sobreviventes. Nos Campos Elísios, encontra o pai, Anquises, que lhe mostra a procissão das almas que descem para se banhar no Lete a fim de se purificar, esquecer-se da existência passada e retornar a uma nova vida na Terra. Eneias descobre assim os romanos do futuro, soberanos e soldados, que culminam, obviamente, com a *gens Iulia* e, em particular, com Augusto, que conduzirá Roma à sua era de ouro.

É evidente que esse é o trecho mais abertamente propagandístico da *Eneida*. Virgílio exalta seu imperador como descendente de Eneias e o consola pela morte prematura do sobrinho muito amado que ele havia escolhido como sucessor: Marcelo. Mas não é só propaganda. E a sequência não serve apenas para lembrar os romanos de seu passado ilustre, nem para mostrar a Eneias o futuro êxito de sua empreitada. Anquises descreve o que se espera de um cidadão romano: rigor, constância, integridade moral. E afirma que aos romanos cabe *"regere imperio populos"*, o direito de governar os povos. Ele faz uma comparação com os gregos e reconhece que é deles a excelência nas artes e nas ciências. O grande talento e a grande missão dos romanos é governar, legislar, administrar. O fardo do homem romano.

Anquises também profetiza a conquista da Grécia, e então, no momento em que os descendentes dos troianos subjugarem os dos aqueus, Troia será vingada.

⬚⬚⬚⬚⬚⬚

Uma função similar é atribuída ao escudo de Eneias, forjado por Vulcano e dado a ele por Vênus — assim como a mãe Tétis dera as armas a Aquiles antes do duelo com Heitor. No escudo surgem imagens que mostram os mitos de Roma, unindo a lenda e a história: Rômulo e Remo amamentados pela loba, o rapto das sabinas, os sete reis e suas guerras pela conquista do Lácio. Depois, Porsena, que tenta trazer de volta ao trono o rei etrusco Tarquínio, o Soberbo; Horácio Cocles, que bloqueia o caminho do invasor defendendo, sozinho, a ponte que dá acesso à cidade; Clélia, que consegue escapar de Porsena com as outras jovens romanas feitas reféns. O escudo mostra, então, as invasões dos gauleses e os gansos do Capitólio, que com seus grasnados alertam os cidadãos adormecidos sobre a chegada dos inimigos.

São acontecimentos que conhecemos. Estudamos todos na escola. Falaremos sobre eles no próximo capítulo, para entender o que esses heróis e essas histórias representavam para os romanos — que, ao lê--los em um grande poema épico como a *Eneida*, certamente se orgulharam. Mas Eneias não sabe de nada disso. Vê imagens que é incapaz de entender. No entanto, tira delas confirmação, tranquilidade e confiança. Vai para a batalha protegido por seu futuro.

No escudo está gravada uma visão do submundo, com a imagem de Catão, autor de leis justas, acolhido nos Campos Elísios. No entanto, o único personagem romano citado de modo negativo é Catilina, que atentou contra a solidez do Estado e, portanto, é punido no Tártaro, onde acaba pendurado em um rochedo e atormentado pelas Fúrias. Por outro lado, o auge do triunfo de Roma ainda é Augusto, retratado no centro do escudo como o vencedor da batalha de Áccio.

Virgílio não fala de tal batalha como uma guerra civil, e sim como um conflito entre itálicos e estrangeiros. Marco Antônio se colocou à frente de um exército de bárbaros. No escudo, os deuses de Roma são retratados lutando contra Anúbis, o chacal, o deus egípcio protetor do mundo dos mortos. A história acaba com o triunfo de Augusto e com o desfile de todas as populações subjugadas por Roma: governá-las é uma honra, mas também um ônus.

A entrega do escudo é o sinal de que, mesmo para Eneias, uma guerra a essa altura é inevitável — na verdade, está prestes a começar. Os troianos são mais uma vez forçados a lutar. Caem novamente na mesma tragédia da qual haviam fugido.

AQUILES SERÁ DERROTADO

Assim como na *Ilíada*, o *casus belli* é uma mulher, Lavínia, filha do rei Latino. Uma profecia determinou que ela deveria se juntar a um estrangeiro. Logo, ela é prometida em casamento a Eneias, algo que desperta a ira dos outros comandantes itálicos — sobretudo de Turno, líder dos rútulos.

A guerra no Lácio também é provocada por forças maiores: é Juno quem acirra os ânimos dos povos locais contra os troianos, não para impedir a fundação de Roma — pois já havia aceitado que nada nem ninguém poderia detê-la —, apenas para infligir o máximo de perdas e sofrimentos aos troianos. Saber disso torna a guerra ainda mais absurda, sem nenhum propósito além de causar dor. Para Virgílio, a guerra é o pior crime da humanidade. *"Bella, horrida bella…"*: vejo guerras, horríveis guerras, e o Tibre espumando de sangue.

Afinal, o maior elogio que faz a Augusto não é por ter vencido, mas por ter trazido a paz. E seus heróis são fugitivos de uma cidade que se encontra em chamas.

Desta vez, os troianos sabem que estão destinados a vencer a nova guerra. Isso foi repetido a eles várias vezes. Porém, após terem vivido tantos horrores, não têm nenhuma vontade de comemorar um triunfo militar, e não apenas porque sabem que muitos deles morrerão, mas porque sabem que, numa guerra, não há vencedores de verdade. Portanto, não sentem alegria alguma em infligir dor, e já estão exauridos quando se veem cercados novamente, desta vez pelas tropas de Turno.

A prova do desespero e ao mesmo tempo da perseverança dos troianos e, portanto, dos romanos, é a história de Euríalo e Niso, os dois heróis que se voluntariam para cruzar as fronteiras inimigas e avisar Eneias do cerco — enquanto este tinha ido buscar reforços com Evandro, rei de outro povo itálico, os arcádios.

Niso propõe atravessar o acampamento inimigo à noite. Euríalo, muito próximo do amigo, se recusa a deixá-lo sozinho numa missão tão perigosa. É justamente pela amizade entre os dois, pela lealdade mútua e pelo sacrifício na flor da juventude que eles se tornam imortais na memória dos romanos — porque os dois jovens não sobreviverão à missão.

Euríalo acaba sendo descoberto e massacrado "como uma flor púrpura cortada pelo arado". Niso, incapaz de suportar a ideia de abandonar o companheiro, retorna, e com ele vai de encontro à morte. Os dois amigos são o símbolo do caráter romano, mas, ao mesmo tempo, a encarnação da dor infligida pela guerra, que promete a glória e assegura apenas a morte. Euríalo e Niso demoram-se no acampamento latino para massacrar os inimigos enquanto dormem — um gesto de pouca honra — e saquear seus bens, e é justamente o reflexo no elmo tomado por Euríalo, que brilha na noite, o responsável por expô-los aos cavaleiros inimigos. O que mais nos toca não é a glória eterna, mas a mãe de Euríalo, uma das poucas idosas a seguir os troianos até o Lácio para não deixar o filho. Ela se enche de angústia e chora, desesperada, com a notícia de sua morte. Uma *Mater Dolorosa* na qual muitas outras mães se reconhecerão.

Os troianos são destinados a se misturar com os latinos, portanto eles também são ancestrais dos romanos. Para dizer a verdade, os troianos que são absorvidos pelos latinos, e não o contrário: é o último pedido de Juno a Júpiter, quando a deusa se dá conta de que a guerra está prestes a terminar com o triunfo de Eneias e implora ao marido para que, se não fosse possível aniquilar a linhagem troiana, pelo menos o nome deles fosse apagado. Por isso, os heróis itálicos também merecem admiração. E os troianos, sobretudo Eneias, muitas vezes expressam pesar por terem que combatê-los e derramar seu sangue.

Entre todas as figuras, destaca-se a de Camila, jovem ousada e mais forte na batalha do que os homens. Uma verdadeira amazona, que chegou a cortar um dos seios para poder manejar o arco com mais facilidade. Desde pequena, foi confiada à deusa Diana, quando o pai, fugindo dos inimigos que o expulsaram de sua cidade, amarrou a filha a uma lança e a atirou para a outra margem do rio. Camila viveu, portanto, uma infância selvagem nos bosques, onde aprendeu a caçar e lutar. Ela semeia o medo nos troianos, enquanto avança entre eles e os massacra. Virgílio descreve o heroísmo, a força e a agilidade da jovem com um fervor que não reserva sequer a Eneias. Na verdade, apesar de ser um guerreiro muito habilidoso, Eneias não se caracteriza por essa habilidade em particular e é frequentemente ridicularizado pelos adversários. Turno o considera fraco, chama-o de "frígio afeminado" — *semiviri Phrygis* — e deseja "sujar de poeira os cabelos untados com mirra que Eneias enrola no ferro quente".

O único capaz de deter a virgem guerreira Camila é o etrusco Arrunte, que a mata, guiado por Apolo, ao lhe atirar uma lança às escondidas em um momento em que ela está distraída perseguindo um guerreiro cuja armadura brilhante deseja tomar. Diana vingará a morte dela, e o próprio Arrunte será morto por uma flecha. A morte de Camila também é um exemplo de heroísmo interrompido pela ânsia militar, pelo desejo de obter lucro e honra através da guerra. E é o prelúdio da derrota dos povos do Lácio que se posicionaram contra os troianos.

🔲🔲🔲🔲🔲

Turno também é um inimigo digno — tanto de admiração quanto de compaixão. É um comandante forte, valente, orgulhoso, portador das qualidades dos latinos que os romanos reconhecem em si. Turno é o principal antagonista de Eneias, o antagonista humano, pelo menos, já que a principal adversária de Eneias é Juno — embora, talvez, seu verdadeiro oponente seja o destino.

Antes mesmo do desembarque, havia a profecia de que Eneias encontraria um novo Aquiles, com quem de fato o rei dos rútulos compartilha muitos traços.

Turno é o verdadeiro herói guerreiro da Eneida, o verdadeiro Aquiles, com quem se assemelha também pelo excesso de combatividade. Por exemplo, quando irrompe sozinho no acampamento dos troianos, antes de ser forçado a fugir jogando-se no Tibre. No início, parece prudente, até mesmo sábio. Parece ter aceitado a chegada de Eneias e o fato de que deve se casar com Lavínia em seu lugar. Porém, Juno libera um espírito maligno, a Fúria Alecto, que perturba a mente de Turno e o induz a enxergar os troianos como uma ameaça ao seu reino. Aqui, Virgílio escreve um dos versos mais extraordinários de toda a *Eneida*: "*Flectere si nequeo Superos, Acheronta movebo*", diz Juno, "se não posso dobrar os deuses do céu, então moverei o inferno". É a citação que Freud escolhe para abrir a *Interpretação dos sonhos*. Afinal, a *Eneida* faz mais parte de nós do que imaginamos. "*Audentes fortuna iuvat*", "a sorte favorece os audazes", é uma frase da *Eneida*. No entanto, quem a pronuncia é Turno, para incitar seus homens a desencadear a guerra em que encontrará a morte.

Várias vezes, porém, Eneias sente pena de Turno. Reluta em combatê-lo. Os trechos em que expressa remorso e tristeza pelas dores que causará a seus companheiros e a seus novos aliados, mas também a seus inimigos, são mais densos e certamente mais inspirados do que aqueles que narram suas façanhas militares. Contudo, enfrentar Turno faz parte de seu destino: está estabelecido que os rumos da guerra serão decididos por um duelo entre os dois, que obviamente ecoa o confronto entre Heitor e Aquiles.

Turno é dominado pelo cansaço, sente-se abandonado pelos deuses e com o destino contra si. Sabe que está prestes a morrer. Quando cai, ferido na coxa por Eneias, que está a ponto de desferir o golpe final, Turno já perdeu toda a esperança, pede clemência — pelo menos por seus restos mortais — e invoca o pai. Então, o herói troiano, demasiado piedoso e compassivo, hesita, quase comovido pelas palavras do inimigo, querendo poupá-lo. Até que vê na cintura do outro a aljava de Palas, o jovem filho de Evandro que Turno matou. Então, tomado pela fúria, Eneias ataca, pondo fim à vida do adversário e à guerra.

Eneias completa sua missão, mas não é uma vitória. Naqueles últimos instantes, no fim do poema — tão rápido, repentino e chocante —, Eneias se desvirtua, perde a si e aos sentimentos de humanidade e compaixão que o guiaram ao longo de toda a obra. O herói que renega a guerra e a violência realiza o sacrifício final, mata por raiva e não por necessidade. Ele troca de papel com Turno. Torna-se ele mesmo Aquiles. Não por acaso, o detalhe da aljava de Palas evoca a armadura de Pátroclo usada por Heitor, que acendera a ira do herói grego. E ele perde o epíteto de piedoso, pois contraria as recomendações do pai, que, no submundo, ao expor as responsabilidades de quem comanda outros homens, o havia instado a poupar os vencidos.

A *Eneida* não tem um final feliz, ao menos não para o protagonista, porque termina com um gesto de violência, e não de paz, que era seu objetivo. E o último verso não é de triunfo, mas de morte: *"Vitaque cum gemitu fugit indignata sub umbras"*, "e a vida, com um gemido, foge indignada para as sombras".

VIRGÍLIO EM MANHATTAN

Certamente, os romanos muitas vezes agiram mais como o Eneias do duelo final do que como o Eneias humano e compassivo. Conquistaram, mataram e saquearam. Virgílio descreve os romanos como gostaria que eles fossem. Como os romanos gostariam de ser, ou pensavam ser. Não como eram.

Mas é justo aqui que vemos a verdadeira grandeza da *Eneida*. Uma obra considerada a celebração do nacionalismo, do novo regime imperial, em que no entanto se vislumbra um personagem quase revolucionário: o homem esmagado pelo dever, forçado a desobedecer aos próprios instintos compassivos para tornar-se aquilo que o povo precisa que ele seja.

Para os romanos, a história da *Eneida* é gloriosa, conecta-os a Troia, demonstra seu valor, justifica sua hegemonia, e faz de Eneias o modelo de uma nova figura, o imperador severo, mas justo. No entanto, no âmbito pessoal, a *Eneida* é uma tragédia. O protagonista não tem um instante de alívio, é obrigado a sofrer por uma missão cujos frutos não poderá aproveitar. É forçado a vagar, trazendo dor e luto a pessoas a quem não deseja mal, ou até mesmo, no caso mais angustiante, a quem ama, porque é isso que exigem dele.

A história de Dido, acima de todas, mostra-nos a ambivalência e as contradições do personagem de Eneias. Na verdade, a crítica moderna a considera um sinal de dissidência do regime de Augusto. Primeiro, Eneias é frio e obediente ao poder, no entanto, depois, ao revê-la no submundo, ele se comove, chora de desespero, implora pelo perdão dela, ou ao menos por uma palavra, um olhar. Ela, por sua vez, permanece impassível.

Por fim, a obra se encerra no que deveria ser seu triunfo, mas se torna uma derrota. No fim das contas, também Eneias é um herói trágico, dilacerado por sua natureza e suas responsabilidades, excessivamente humano.

Com ele termina a era dos heróis. A partir de então, nascerão apenas mais homens.

E é justo seu caráter tão humano que faz de Eneias um herói próximo a cada leitor de cada século, permitindo que cada geração veja sua própria história e seu próprio sofrimento no dele.

Como toda grande história, a *Eneida* fala de nós.

ㄹㄹㄹㄹㄹ

Não por acaso, é a única obra da era clássica que, desde que foi escrita, nunca deixou de ser relida e comentada. E pensar que Virgílio nem sequer queria que fosse publicada… Seu último desejo no leito de morte foi que o manuscrito fosse queimado, pois não havia conseguido concluí-lo, aperfeiçoá-lo. No entanto, uma vez criada, uma obra do tipo não pode deixar de existir. Com efeito, a vontade do autor não foi respeitada, para nossa sorte.

A *Eneida* é cheia de versos inacabados, de métrica imprecisa e de passagens que se repetem ou se contradizem. Mas é precisamente a sua incompletude que a torna uma obra viva, mutável e inquieta. E nos dá um vislumbre da alma dividida de Virgílio, que deseja honrar Augusto e narrar a glória dos romanos, mas acaba por contar o drama dos homens de todos os tempos: a incapacidade de escolher o próprio destino.

Talvez, se ele tivesse tido tempo de deixar a *Eneida* perfeita e completa, intocável e monolítica, não teria motivado tantas gerações seguintes a revisitarem a obra ao longo dos séculos, e a lê-la sempre sob uma nova perspectiva.

A *Eneida* virou um fenômeno cultural, um clássico, antes mesmo de ser publicada, quando os vários livros eram lidos em voz alta. Conta-se que Otávia, a irmã de Augusto, desmaiou de emoção assim que ouviu a dedicatória a Marcelo, seu filho, no sexto livro. E os próprios romanos — não se sabe exatamente quando — haviam começado a reescrever a *Eneida*, justamente por conta daquele final tão abrupto e confuso.

Como a obra estava incompleta, adicionaram a ela um décimo terceiro livro fictício, no qual Eneias se casa com Lavínia e se estabelece no Lácio, fundando assim sua primeira cidade. Em suma, os romanos tentam dar um final feliz ao seu herói, inventando que esse fosse o verdadeiro desejo do autor.

A essa altura, a figura de Virgílio, um jovem tímido, que era motivo de chacota dos poetas mais próximos de Augusto, se agiganta ainda mais. O maior poeta de toda a história de Roma, que resume sua vida em três linhas: aqui nasci, aqui morri, aqui estou sepultado, falei sobre três coisas. No entanto, a posteridade o considerará um poderoso taumaturgo, um feiticeiro do bem, capaz de deter as erupções do Vesúvio e curar os animais doentes.

Segundo a tradição, seus versos eram tão repletos de poder que foram investidos de capacidades proféticas. Durante séculos foi difundida a prática das "sortes virgilianas": a crença de que era possível abrir a *Eneida*, ler alguns versos e ver o próprio futuro escrito ali. É assim que Adriano obtém a garantia de que será escolhido como sucessor de Trajano — porque o livro lhe oferece um verso que fala de glórias futuras. Carlos I da Inglaterra, por sua vez, ao ler a maldição lançada por Dido, tem o pressentimento da própria morte violenta e prematura — e, de fato, Cromwell mandará decapitá-lo.

Além do mais, Virgílio é a ponte entre o classicismo e o cristianismo. É o poeta que os seguidores de Jesus sentem mais próximo de si.

Nem a doutrina cristã pode prescindir de Virgílio. Na Idade Média, ele era lido nas escolas para ensinar gramática latina, a língua da liturgia, e também era citado como exemplo de retórica e de filosofia ética. Não é por acaso que Dante o quis a seu lado no Inferno: era considerado o homem mais sábio de todos os tempos.

A *Eneida* era vista como a soma de todo o conhecimento humano e, logo, pensava-se que a ética cristã, da piedade e da compaixão, também poderia ser encontrada em seus versos, acreditando-se que Virgílio já a havia intuído, tal como havia pressentido a vinda de Cristo, profetizando nas *Bucólicas* a figura do "puer", da criança que viria para mudar a história.

Santo Agostinho confessa que, quando leu o livro de Dido, não conseguiu conter as lágrimas, que a força dramática da história foi capaz de afastá-lo da missão que se propôs: o distanciamento das coisas terrenas. A carga trágica do episódio foi captada em dezenas de obras teatrais e líricas. Nos *Troianos* de Berlioz, depois de uma noite de amor entre os dois, a voz de Mercúrio troveja no palco, gritando três vezes: "*Itália!*". E a ária do lamento de Dido é considerada a obra-prima de Purcell ("Dido e Eneias"), um final melancólico, mais íntimo e sofredor do que violento e enfático: *When I am laid in earth / May my wrongs create / No trouble in thy breast; / Remember me, but ah! / Forget my fate*". Quando eu estiver na terra, que meus erros não perturbem o teu espírito. Lembre-se de mim, mas esqueça meu destino.

⌸⌸⌸⌸⌸⌸

Por isso, uma viagem à Roma Antiga e à sua herança deve partir da *Eneida*. Porque é uma fonte de inspiração sem fim, que fala com todos os homens e pode lhes revelar algo a respeito de si mesmos.

O Colombo que chega às Américas é comparado a um novo Eneias, que chega por mar de terras distantes e subjuga povos locais para fundar uma civilização nova e maior. Mas, em outras épocas, os troianos foram considerados o símbolo do imperialismo. Hoje, na era dos migrantes, Eneias é visto como um refugiado, expulso de sua pátria por causa da guerra, que busca desesperadamente uma terra que o acolha, mas é rejeitado em todas as ocasiões. Assim, os troianos são forçados a lutar sempre por seu lugar no mundo.

Não apenas Dante, também Petrarca, Ariosto e Tasso olham para Virgílio. A *Eneida* é o modelo do romance e do poema de cavalaria, desde os primeiros versos: "*Arma virumque cano*", canto as armas e o homem; "Canto as mulheres, os cavaleiros, as armas, os amores / as cortesias, os empreendimentos audaciosos" é o início de *Orlando Furioso*. Mas a influência de Virgílio é particularmente forte no mundo anglo-saxão.

Os pais fundadores norte-americanos citam a *Eneida* muitas vezes em suas cartas. Fazem isso Franklin, Jefferson e Hamilton — eles também se veem diante da necessidade de construir a unidade nacional após um período de conflitos externos e internos, de criar uma grande nação a partir das adversidades. Depois da Primeira Guerra Mundial, porém, a *Eneida* foi enfatizada como uma epopeia contra a guerra.

Shakespeare se inspira em Virgílio como fonte para a mitologia clássica. Eneias e Dido são o modelo para seus Antônio e Cleópatra. Eneias é o guia moral de cada um dos heróis romanos que ele retrata. E Shakespeare define a Inglaterra assim: "*Like little body with a mighty heart*", um corpo pequeno com um coração poderoso, tal como Virgílio descreve as abelhas: "*Ingentes animos angusto in pectore versant*".

Tennyson se inspira em Virgílio para compor um poema sobre o mito das origens da monarquia britânica, "Idílios do rei". Assim como Virgílio, ele oscila entre celebrar o império e admitir quantas perdas acarreta. Além disso, lhe dedica um poema: "Tu que és majestoso em tua tristeza / pelo destino incerto do gênero humano… Eu te saúdo, mantuano / eu que te amei desde meus primeiros dias / detentor da obra mais grandiosa / já moldada pelos lábios do homem".

Em *Paraíso perdido*, Milton se baseia na *Eneida* para contradizê-la: desafia a noção de império sem fim dos romanos, de seu direito de reinar sobre os povos, para então se concentrar no domínio da religião cristã.

Já Eliot define a *Eneida* como o clássico da Europa, o fio condutor da literatura do Ocidente, porque varia tanto em registro, temáticas e tom que acaba tocando em diversos gêneros e, assim, influencia todos eles. É por isso que a Sociedade Virgiliana surge das ruínas de uma

Londres devastada pelos bombardeios da Segunda Guerra Mundial: porque os literatos olham para o próprio passado, para a máxima expressão do espírito europeu, a fim de reconstruir a própria identidade fragmentada e abalada pelo conflito.

Mesmo quando não é citado, Virgílio está presente. Está tão enraizado na cultura do Ocidente que não se pode prescindir dele. Todos o estudaram, faz parte do acervo cultural de todas as épocas.

O que faz de uma obra um clássico, porém, não é apenas a importância histórica ou o impacto literário. É sua capacidade de sempre falar com novos leitores, de emocioná-los, de representar seus sofrimentos e suas experiências. Portanto, são os tormentos e os contrastes do personagem de Eneias, sendo ele ao mesmo tempo refugiado e conquistador, que tornam a *Eneida* uma obra universal, sujeita a contínuas reinterpretações e, por isso, eterna.

E nossa história também só poderia começar com Virgílio.

Ainda mais depois de um verso da *Eneida* ter sido escrito no memorial do 11 de Setembro, em Nova York, retirado da história de Euríalo e Niso: *"No day shall erase you from the memory of time"*. Nenhum dia deve apagar vocês da memória do tempo.

MORRER PELA PÁTRIA

2 O MITO DA REPÚBLICA

A LISTA DOS SETE REIS de Roma é mais difícil de memorizar do que a dos sete anões: Rômulo, Numa Pompílio, Túlio Hostílio, Anco Márcio, Tarquínio Prisco, Sérvio Túlio, Tarquínio, o Soberbo... Para muitos de nós, são apenas nomes.

Na realidade, a genealogia dos reis esconde vários enigmas. A começar pelo mais importante: quem é o verdadeiro fundador de Roma? Eneias? Rômulo? Ou outra pessoa?

Inventar a verdade não é exclusividade dos poetas, como Virgílio. Às vezes, são os historiadores que criam a tradição, em particular Tito Lívio.

A lenda contada na *Eneida* precisava ser integrada a uma narrativa que parecesse crível.

Para os romanos, Eneias era o avô, e Rômulo, o pai. Mas a história do primeiro rei está longe de ser gloriosa. Começa com uma sacerdotisa virgem que fica misteriosamente grávida, prossegue com um fratricídio e é alimentada por raptos, estupros e outras mortes.

Mas os romanos gostavam dessa história.

A versão mais conhecida é precisamente a de Tito Lívio, que a escreve sete séculos depois. Conta um acontecimento sobre o qual não sabe nada de específico. Mais que uma história, a fundação de Roma é um mito.

O rei de Alba Longa, Numitor, é deposto pelo irmão, Amúlio. Numitor tinha uma filha, Reia Sílvia. Para impedir que Reia Sílvia desse à luz um possível rival, o novo rei a obriga a se tornar sacerdotisa. No entanto, ela engravida mesmo assim. Em sua defesa, ela conta que o pai é o próprio deus Marte. Trata-se, obviamente, de uma desculpa, mas gerações de romanos vão querer acreditar na veracidade dessa afirmação.

Nascem dois gêmeos: Rômulo e Remo. O rei ordena a um fiel servo que se desfaça deles, mas o servo é mais piedoso do que fiel: em vez de afogar os recém-nascidos no Tibre, abandona-os às margens do rio. Uma loba os encontra, amamenta-os com seu leite e os salva. Em latim, loba significa prostituta — bordel, de fato, é o mesmo que lupanar. Se foi um animal feroz ou uma mulher imoral, pouco importa: Rômulo e Remo sobrevivem e crescem duros e implacáveis. Eliminam o usurpador, recolocam o avô Numitor no trono de Alba Longa e fundam uma nova cidade. No entanto, brigam de imediato.

Essa é uma história que o diretor Matteo Rovere contou num interessante filme com Alessandro Borghi, falado em latim arcaico, *O primeiro rei*. Remo profana o perímetro sagrado demarcado pelo irmão Rômulo, que o mata.

Se o fundador é um fratricida, os primeiros habitantes são criminosos, desertores e devedores insolventes. Rômulo abre a cidade aos perseguidos, aos expulsos de casa e aos apátridas, que são quase todos homens. Eles precisam de mulheres. Para obtê-las, Rômulo e seus seguidores convidam para uma festa um povo vizinho, os sabinos — que aceitam o convite sem pensar duas vezes.

O restante da história é conhecido e inspirou pintores e escultores: os romanos raptam as sabinas e as tornam suas esposas. Quando os sabinos tentam recuperá-las, as mulheres se interpõem entre os pais (e irmãos) e os maridos, implorando para que fundissem as duas comunidades. O primeiro casamento forçado havia sido celebrado.

※※※※※

No entanto, duas coisas precisavam ser elucidadas.

A primeira diz respeito ao tempo. Segundo a tradição, Roma foi fundada em 21 de abril do terceiro ano após a sexta Olimpíada, que para nós é 753 a.C. No entanto, Troia é conquistada e Eneias desembarca no Lácio quase cinco séculos antes. Um vácuo que os antigos romanos preenchiam imaginando que o filho de Eneias, Iulo, tivesse fundado Alba Longa, onde a história havia começado. E, de Iulo, teria descendido a *gens Iulia*: a família de Júlio César.

A segunda questão diz respeito ao prestígio e à moralidade dos senhores do mundo. Podemos nos perguntar por que, ao ter que inventar uma história comum, um grande povo como o romano retrataria seus próprios antepassados como assassinos e estupradores. No entanto, acontece que, no início de uma grande história, há o crime. É assim também na Bíblia, quando Caim mata Abel. E, na história de Roma, o crime, a guerra civil e a violência também sexual se repetirão de modo perturbador.

Porém, a ideia de acolhimento, de integração, de um povo que nasce de uma mistura de sangues, crenças e etnias também faz parte do mito fundador. Um mundo no qual, com certeza, o poder e a riqueza são transmitidos de pai para filho, mas, ao mesmo tempo, um mundo no qual escravos libertos e soldados de origens obscuras podem se tornar senhores, quando não imperadores.

Roma guardou para sempre a memória de Rômulo, inclusive sua cabana, preservada, ou melhor, reconstruída no Palatino como um "memento", para que os dominadores se lembrassem de onde vieram. No Fórum, por sua vez, a árvore — uma figueira — sob a qual Rômulo havia sido abandonado junto com o irmão gêmeo era cuidadosamente guardada. E podia-se visitar a caverna onde a loba os havia alimentado. A mesma loba reproduzida em bronze e conservada nos Museus Capitolinos, que veio a se tornar o símbolo do time de futebol AS Roma, ao qual os descendentes de Rômulo dedicam os mais belos pensamentos.

⌘⌘⌘⌘⌘

Uma vez criado o mito do nascimento e da vida de Rômulo, era necessário encontrar também um jeito de fazê-lo morrer. Segundo alguns, ele foi assassinado pelos senadores por ele mesmo instituídos — o mesmo destino que caberia a César. Lívio, porém, não podia validar um fim tão sangrento para o pai da pátria. Na verdade, escreve que, durante uma tempestade, Rômulo foi oportunamente envolvido por uma nuvem e desapareceu, como se tivesse sido levado aos céus. Um fim mais digno de um deus do que de um homem.

Roma permaneceria politeísta por mil anos após Rômulo. Em geral, as pessoas mais instruídas acreditavam em um deus único; ou não acreditavam em deus algum. Porém, a fronteira entre o humano e o divino era muito mais permeável do que se tornaria na era cristã. Tornar-se um deus era possível. Na verdade, Rômulo tornou-se um. Chegaram até a construir um templo para ele, dirigiam-lhe preces, dedicavam-lhe sacrifícios — algo que aconteceria também com muitos imperadores.

A aliança entre Roma e Alba Longa não durou muito. Na verdade, as duas cidades entraram em guerra — eram próximas demais para coexistirem sem que uma dominasse a outra. No entanto, também não podiam lutar até a última gota de sangue: afinal de contas, tinham um antepassado comum, o agora deus Rômulo. Assim, decidiram que o resultado do conflito seria determinado por um duelo entre representantes, três de cada lado.

O episódio deu título a romances, tragédias, pinturas: Horácios e Curiácios. Porém, o mito é tão obscuro que ainda não sabemos quais foram os representantes de Roma e os de Alba Longa. Lívio parece acreditar que os Horácios fossem os romanos. No entanto, não tem certeza.

O duelo começa bem para Alba Longa: dois romanos caem mortos. O sobrevivente não pode lutar sozinho contra três. Percebe que precisa salvar a própria vida e, ao mesmo tempo, dividir os inimigos. Entre os três perseguidores, um está ileso e os outros dois ficam feridos, um mais gravemente do que o outro. Então, eles vão à caça, mas cada um no seu próprio ritmo.

O Horácio sobrevivente se dá conta disso. Finge tropeçar, cai. Permite que o único adversário intacto o alcance. De repente, ele se levanta, pega-o de surpresa e o esfaqueia. Os outros dois, feridos, ensanguentados e cansados, chegam cada um por conta própria — o romano pode, assim, enfrentá-los separadamente e matá-los.

Roma venceu a guerra e governará Alba Longa. Quando volta para casa, o Horácio vencedor, em vez de ganhar uma recepção triunfal como acredita merecer, é repreendido pela irmã, Camila Horácia, prometida a um dos Curácios caídos. Indignado, ele a mata — e será punido por isso.

Na verdade, a guerra foi longa e sangrenta, e terminou com a derrota do rei de Alba Longa, Mettius Fufetius, que teve um fim horrível: amarrado a duas carroças que foram lançadas em direções opostas, e então esquartejado.

SETE REIS E BASTA

Os romanos nunca tiveram simpatia pelos reis. Sempre se orgulharam de acorrentar os reis inimigos e exibi-los pelas ruas da cidade. A monarquia em Roma durou pouco e não foi muito bem-sucedida. Dos sete reis, dois ou talvez três foram assassinados, um foi incinerado por Júpiter e outro — o último — morreu no exílio.

Depois de Rômulo, o Senado tentou consolidar seu poder, transformando Roma em uma oligarquia. Mas o povo exigia um rei, e foi atendido. O acordo era que os senadores romanos propusessem um rei sabino, e os sabinos, um rei romano — então, tomariam uma decisão. Segundo a tradição, os romanos propuseram o sabino Numa Pompílio, homem piedoso, nascido em 21 de abril, dia da fundação da cidade, e ninguém se opôs.

Homem de paz, em 42 anos de reinado não travou sequer uma guerra. É Numa que funda a civilização religiosa latina. Não por acaso, institui o cargo de Pontífice Máximo, que chega até o papa através dos imperadores. Numa também é o responsável por criar o primeiro calendário dividido em doze meses (lunares, portanto, mais curtos que os nossos: a cada três anos era necessário adicionar um mês, até a reforma de Júlio César). Setembro era o sétimo mês, outubro era o oitavo e assim por diante, porque o ano começava no mês de março, dedicado a Marte, o deus da guerra.

Numa Pompílio morreu cheio de dias, e sua morte foi muito lamentada. Enterraram-no com os livros de suas leis no Janículo. Contava-se que a ninfa Egéria as havia ditado a ele — talvez ela fosse uma personagem símbolo do matriarcado vigente entre os sabinos.

Verdade seja dita, provavelmente Numa Pompílio nunca existiu. Tudo em sua figura parece inventado, até mesmo o nome. Numa vem do grego *nomos*, lei; Pompílio vem de *pompé*, o manto cerimonial sagrado. Depois do rei guerreiro Rômulo, era necessário um rei sacerdote, jurista e filósofo para compor a outra alma do cidadão romano, a civil.

٭٭٭٭٭٭

Segundo a tradição, Numa não havia deixado nenhum filho homem. Sua filha Pompília tinha lhe dado um neto, Anco Márcio, que, no entanto, tinha apenas 5 anos. O pai da criança, marido de Pompília, era um senador sabino, que esperava herdar a coroa, mas preferiram outro homem, chamado Túlio Hostílio, e, desapontado, deixou-se morrer de fome.

Túlio Hostílio, descendente de um companheiro de armas de Rômulo, parece, aos historiadores modernos, moldado à imagem do primeiro rei. Grande soldado, expandiu o território de Roma. Mas, concentrado nas guerras, negligenciou seus deveres religiosos. A cidade foi atingida por uma peste, e Túlio Hostílio também adoeceu. Só então invocou a clemência de Júpiter, que, indignado, incinerou-o com um raio — pelo menos é o que reza a lenda. Segundo Dionísio de Halicarnasso, o raio foi apenas uma forma de encobrir um assassinato, orquestrado pelo novo soberano: Anco Márcio, o neto de Numa Pompílio — portanto, outro rei sabino.

Anco Márcio é o primeiro a construir um porto no Tibre, a lançar uma ponte sobre o rio, a ligar Roma ao mar: funda Óstia e traça a via Ostiense. Depois dele, porém, chegam os estrangeiros. Os etruscos: a dinastia dos tarquínios, breve e violenta, que seria seguida pela República, nascida do sangue e do sentimento de redenção.

٭٭٭٭٭٭

Lúcio Tarquínio talvez fosse de origem grega, mas havia se casado com uma etrusca de Tarquínia, Tanaquil. Ele chegou a Roma numa carruagem e foi recebido por uma águia que lhe arrancou o chapéu, levou-o ao céu e o deixou cair bem na sua cabeça. Tanaquil, que como etrusca sabia interpretar os sinais divinos, assegurou aos romanos que o marido realizaria grandes feitos. Anco Márcio ficou muito impressionado. Tornou-se amigo dele e o adotou como filho. Daí a sucessão.

Mas uma entrada tão lendária na cidade provavelmente foi a forma que os romanos encontraram de esconder a conquista etrusca.

A Tarquínio — depois chamado de Prisco para distingui-lo do último rei, Tarquínio, o Soberbo — são atribuídos o Circo Máximo, a primeira rede de esgoto, a Cloaca Máxima, e a invenção dos *fasces lictoriae* (feixes dos lictores). Mal sabia ele que acabariam se tornando o símbolo de um movimento político, o fascismo, fundado em Roma 25 séculos depois e exportado pelo mundo.

Tarquínio foi assassinado pelo primogênito de Anco Márcio, que esperava herdar a coroa. Contudo, enquanto esperava que o filho — também chamado Tarquínio — tivesse idade suficiente para reinar, a rainha Tanaquil conseguiu impor ao trono um homem de origens obscuras e extraordinárias qualidades: Sérvio Túlio.

Como o nome indica, o novo soberano era um escravo liberto, talvez um prisioneiro de guerra. O nome do pai era desconhecido. A Sérvio Túlio, Roma deve a primeira grande muralha e a organização do exército, que também coincidiu com o primeiro embrião de democracia.

O exército era dividido em 193 centúrias, organizadas de acordo com o censo, isto é, com a riqueza. Havia 18 centúrias de cavaleiros, 85 de soldados com armas de bronze, outras de engenheiros e músicos. Depois, vinham as centúrias de pobres, que lutavam a pé, armados apenas com fundas, como Davi. Os muito pobres eram isentos do serviço militar.

A assembleia dos homens armados — os comícios centuriatos — se tornaria a base do Estado romano. Um Estado que nasce com a guerra e que, ao mesmo tempo, requer força e consenso. Deve saber decidir sobre a paz e a guerra e envolver os homens que têm que financiá-la e lutar. A assembleia elege os cônsules e outros magistrados, aprova leis e declara hostilidades. O poder de cada indivíduo e de cada classe social é vinculado ao dinheiro — e assim será até a era moderna e o advento do sufrágio universal. E o censo seria a primeira forma de declaração de renda.

Para o nascimento da República, faltava apenas uma revolução. A queda do rei. E a expulsão dos etruscos.

A HONRA VINGADA DE LUCRÉCIA

A violência é a parteira da história — ao menos da história de Roma. Os momentos fundamentais são marcados pela força, pela agressão, por uma morte dramática. Por um assassinato, um estupro ou um suicídio — ou por todos esses crimes juntos. Como sempre, não está evidente onde termina a história e começa a lenda, onde está a verdade e onde está o mito — e, no fim das contas, não é tão importante estabelecer isso. Os romanos estavam convencidos dessas coisas, porque amavam pensar no próprio passado como grandioso e terrível.

Sérvio Túlio foi assassinado pelo filho de Tarquínio Prisco — Lúcio Tarquínio, que seria lembrado como Tarquínio, o Soberbo. Um dia, o rei deu de cara com Tarquínio em seu lugar no Senado. Então o confrontou, foi lançado escada abaixo e atropelado pela carruagem conduzida por sua filha Túlia, que se casara com Tarquínio. Um regicídio e um parricídio juntos.

O novo rei seria o último. Enquanto o exército romano sitiava a cidade rival, Ardea, certa noite os filhos do soberano e outros nobres começaram a falar de mulher: qual das esposas era a mais fiel? Um dos aristocratas, Lúcio Tarquínio Colatino, propôs voltar a Roma de madrugada para ver como elas estavam se comportando. Enquanto as noras do rei se divertiam festejando, a esposa de Colatino, Lucrécia, estava fiando lã com as servas, e imediatamente se pôs de pé para preparar o jantar para o marido e seus convidados.

Mas um dos filhos do rei, Sexto Tarquínio, apaixona-se por Lucrécia. Não se sabe ao certo se realmente foi tocado por sua virtude ou se queria apenas desonrá-la. O que se sabe é que, algumas noites depois, Sexto vai à casa de Lucrécia. Ela o recebe sem suspeitas, alimenta-o e o acomoda no quarto de hóspedes. Mas, à noite, ele vai até Lucrécia com uma espada na mão. Declara seu amor por ela e alterna elogios e ameaças, mas ela é inflexível: não vai ceder, prefere ser morta. Então, ele muda de tática: além dela, matará um servo e colocará o corpo ao lado do dela, para que todos acreditem que Lucrécia traiu o marido. Diante da perspectiva de desonra, ela se rende.

Então, Sexto vai embora satisfeito, alimentado por aquela perversão que leva alguns homens a serem atraídos pela rejeição, e não pela disponibilidade das mulheres, desrespeitando a liberdade e a escolha delas. Mas a tragédia apenas começou.

Lucrécia recusa-se a ignorar o ocorrido. Envia um mensageiro a Ardea, implorando ao pai e ao marido que viessem imediatamente, acompanhados de um amigo. Ao lado de Colatino há, portanto, um outro soldado: Lúcio Júnio Bruto.

Quando eles chegam, Lucrécia desata a chorar. O marido pergunta: "O que houve? Está tudo bem?". Ao que ela responde: "Como pode estar tudo bem para uma mulher que perdeu a honra? Em tua cama, Colatino, há marcas de outro homem: somente meu corpo foi violado, meu coração permanece puro e provarei isso com minha morte. Mas jurem-me que o adúltero não ficará impune". O marido, o pai e Júnio Bruto juram, mas tentam acalmar Lucrécia. A culpa do ocorrido não é dela, é única e exclusivamente do abusador, Sexto Tarquínio.

Esse é o elemento de modernidade de uma história milenar. As justificativas de Lucrécia podem parecer injustas ou absurdas para a sensibilidade moderna. Mas, durante séculos, uma mulher violada também era vista como desonrada. Na Itália, só na década de 1960 uma jovem siciliana, Franca Viola, recusou-se a se casar com o homem que havia abusado dela, alegando: "A honra é perdida por quem comete tais atos, não por quem os sofre". Hoje em dia, isso nos parece óbvio. Até pouco tempo atrás, porém, não era. Ainda mais na Roma Antiga.

Lucrécia não se deixa persuadir. O marido tenta, em vão, lembrá-la de que ela não tem culpa alguma, já que, embora o corpo tenha sido violado, a mente não consentira. Tito Lívio escreve: "Dito isso, ela crava no coração uma faca que escondia sob a veste e cai morta, curvando-se sobre a ferida. O marido e o pai explodem em gritos".

Colatino manterá o juramento de punir o estuprador e vingar a própria mulher. Será ele, com Júnio Bruto, a liderar a revolta dos romanos, cansados das guerras, do trabalho forçado e exaustivo para construir a Cloaca Máxima e, de modo geral, do domínio etrusco.

Tarquínio, o Soberbo, o filho estuprador, Sexto e seu clã são expulsos de Roma. E assim nasce a República. Os primeiros cônsules são Colatino, o viúvo de Lucrécia, e seu amigo, Júnio Bruto — muitos séculos depois, seu homônimo, o assassino de Júlio César, reivindicaria a descendência dele.

Começa a guerra. Tarquínio pede ajuda a outro rei etrusco — Porsena, soberano de Clúsio, uma cidade 150 quilômetros ao norte. O exército etrusco sitia Roma. Os defensores tentam bloquear o caminho derrubando a ponte Sublício, porém o inimigo avança. Horácio Cocles, descendente dos heroicos Horácios, controla os etruscos, com a ajuda de outros dois soldados, para que os companheiros tenham tempo de cortar a ponte. Quando resta somente a última prancha, ele ordena que os dois se retirem e enfrenta, por conta própria, os invasores. No último momento, enquanto o que restava da ponte desaba, Horácio Cocles se joga no Tibre, de armadura e tudo. Segundo Políbio, ele se afoga. Mas, segundo Tito Lívio, ele chega à margem nadando e é recompensado pelos compatriotas com o mais precioso dos bens: a terra. Terá dela o máximo que puder arar num só dia. E, no imaginário dos povos, Horácio Cocles viveu como um exemplo de resistência quando tudo parece perdido. Não por acaso, é mencionado no maravilhoso filme sobre Winston Churchill, *O destino de uma nação*, em que se fala da solidão, mas também da força moral do primeiro-ministro britânico no momento em que o mundo parecia se ajoelhar diante do nazismo. Além disso, a batalha do abismo de Helm, em *O senhor dos anéis*, é inspirada na versão de Tito Lívio da façanha de Horácio Cocles.

Aliás, foi um escritor inglês, Thomas Babington Macaulay, que em seus *Canti di Roma antica* [Cantos da Roma Antiga, em tradução livre] deu voz ao herói solitário:

> *Então assim falou o bravo Horácio,*
> *capitão do portão:*
> *"Para cada homem nesta terra,*
> *a morte chegará mais cedo ou mais tarde.*
> *Como então pode um homem morrer melhor*
> *do que enfrentando riscos assombrosos*
> *em nome das cinzas de seus ancestrais*
> *e dos templos de seus deuses?"*

A ideia de que não existe forma mais gloriosa e significativa de morrer do que pela pátria é a pedra angular da República romana.

Os heróis da República não são grandes conquistadores. São símbolos de resistência. De obstinação. De sacrifício. E também de lealdade.

Porsena não conseguiu tomar Roma e concordou em recuar em troca de um grupo de reféns, escolhidos entre os jovens romanos como garantia da trégua. Entre eles está Clelia, uma moça rebelde, determinada a fugir para preservar sua dignidade e liberdade.

Existem duas versões da história. Na primeira, Clelia é entregue ao rei etrusco com outras nove companheiras, mas as incentiva a fugir. Elas aproveitam o momento em que os inimigos descem para dar de beber aos cavalos no Tibre e, escondidas entre os animais, jogam-se no rio e o atravessam a nado. As companheiras se salvam, mas Clelia fica na margem etrusca para dar cobertura à fuga delas e os guardas de Porsena a capturam. Contudo, o rei, admirado por sua coragem, liberta-a.

Tito Lívio, porém, conta outra história. Clelia consegue fugir, nada sob uma chuva de flechas e volta a Roma, mas Porsena exige seu retorno. Os romanos a devolvem, mas, como sinal de estima, o rei etrusco lhe dá um cavalo e permite que ela volte à sua pátria.

Esta versão é, talvez, a mais significativa. Porque não fala somente da façanha de uma heroína, mas da cultura de um Estado que mantém sua palavra e seus compromissos, apesar dos interesses individuais. Não é por acaso que os romanos erguem uma estátua equestre de Clelia na parte mais alta do Fórum, no início da Via Sacra. E, com um comentário que, hoje em dia, pode parecer insuportavelmente machista, mas que na época era considerado o maior dos elogios, Sêneca observou que a Clelia só faltou ser considerada um homem.

⌸⌸⌸⌸⌸⌸

As desventuras do pobre Porsena ainda não haviam terminado. Um nobre romano, Caio Múcio Cordo, oferece-se para infiltrar-se no acampamento inimigo e matar o rei. O Senado aprova. Múcio se mistura aos soldados que aguardavam o pagamento e apunhala aquele que pensava ser Porsena, sem perceber que está matando seu escrivão. Capturado e levado diante do soberano, diz-lhe: "Era a ti que eu desejava matar. Minha mão errou o alvo e, agora, eu a punirei". Então, enfia a mão direita no braseiro aceso e a deixa ali até que se carbonize, em um estalido horrível. Impressionado, Porsena ordena a liberação do jovem corajoso. Múcio se dá conta de que seu ato desesperado lhe concede uma vantagem psicológica, olha nos olhos do rei e sussurra: "Para agradecer por tua clemência, revelarei que trezentos jovens nobres romanos juraram solenemente matá-lo. O destino quis que eu fosse o primeiro. Falhei, mas, mais cedo ou mais tarde, um dos outros conseguirá". Então, Porsena conclui que não vale a pena arriscar-se contra aquele bando de loucos. Abre mão, de uma vez por todas, de guerrear contra Roma. E abandona os Tarquínios à própria sorte.

Múcio adota o sobrenome Cévola, que significa canhoto. Tarquínio, o Soberbo, que ficou sozinho na empreitada, lança suas tropas na última batalha. Mas, em um momento decisivo, os romanos viram, ou acreditaram ver, Castor e Pólux, os Dióscuros — filhos de Zeus —, irrompendo a cavalo no campo e lutando, evidentemente, ao lado deles. Assim como, quinze séculos mais tarde, os castelhanos, na batalha de Clavijo, viram São Tiago cavalgar para dizimar soldados muçulmanos, e então o agradecem enchendo as igrejas da Espanha de estátuas e retratos de Santiago Matamoros.

Ainda hoje, na cidade de Roma, Castor e Pólux são homenageados com estátuas da era clássica que adornam a fonte do Quirinal, antiga residência do papa e do rei e, agora, casa do presidente da República.

Se a história de Múcio Cévola pode parecer terrível, outros heróis romanos tiveram destinos ainda mais amargos. Mas, na construção do mito, o sacrifício próprio e o valor da palavra dada são ainda mais significativos quando a história termina mal.

OS HERÓIS DA REPÚBLICA

No Tate Britain, tesouro da arte e do orgulho britânico, entre diversos quadros de William Turner destaca-se um pela total ausência de figuras no centro da cena. Pode ser considerada uma obra abstrata, pintada quase um século antes de Kandinsky. É uma tela cheia de luz. Uma luz ofuscante, que machuca os olhos de quem a observa. O título do quadro é o nome de um romano antigo: Régulo. No entanto, o espectador não enxerga o protagonista, enxerga através dos olhos — feridos pela luz — do protagonista.

Atílio Régulo teve as pálpebras cortadas para que não pudesse fechar os olhos. Em seguida, foi amarrado e exposto ao sol, que ofuscou sua visão e o cegou. Por fim, ele foi fechado dentro de um barril repleto de pregos e lançado colina abaixo. É difícil imaginar um fim mais aterrorizante, que parece reunir todos os medos humanos: claustrofobia, dor física e moral, a consciência do fim inevitável e a impossibilidade de apressá-lo.

A figura de Atílio Régulo também pertence mais à lenda do que à história — por isso, é ainda mais significativa. De fato, Régulo foi cônsul durante a Primeira Guerra Púnica, um conflito de 23 anos entre Roma e Cartago pelo controle da Sicília (não por acaso, os romanos conquistaram a vitória decisiva na costa das Ilhas Égadas, em 241 a.C.) e pela supremacia no Mediterrâneo. Régulo leva a guerra à África e derrota os cartagineses — em latim, também chamados de *puni* —, mas, por fim, não recebe suprimentos adequados da Itália e é derrotado e capturado. Então, seus captores pedem que ele vá a Roma advogar pela paz e depois volte a Cartago para relatar o resultado de sua missão.

Régulo volta para casa, no entanto aconselha os senadores a continuar a guerra. Os cartagineses têm pavor dos romanos. Não é hora de iniciar negociações, e sim de atacar. O bom senso o aconselharia a ficar, sua família implora para que não parta; no entanto, Régulo vai a Cartago para ser morto, a fim de não faltar com o próprio compromisso com o inimigo — que não hesita em matá-lo da maneira mais cruel possível.

Não existem provas concretas de que tenha acontecido exatamente assim. Contudo, Santo Agostinho, que era norte-africano de Hipona (hoje na Argélia), parece acreditar na tradição. É certo que os romanos viam assim os seus heróis: corajosos, decididos, voltados ao interesse público e dispostos a morrer não apenas pela pátria, mas também pelo respeito aos inimigos, que, no fim das contas, é um respeito por si próprios.

🝔🝔🝔🝔🝔

A história da Roma republicana é cheia de figuras que simbolizam a prevalência do interesse público sobre o privado. Homens incorruptíveis.

Como Lúcio Quíncio Cincinato (ou seja, o "Encaracolado"), que, após cada vitória, saía de cena só para depois ser chamado de volta. Os senadores que vieram lhe oferecer os poderes absolutos da ditadura — cargo recorrido apenas em caso de emergência — encontraram-no enquanto ele arava o próprio campo. Cincinato limpou o suor, vestiu a toga, aceitou a incumbência, derrotou o povo inimigo dos équos, distribuiu o espólio entre seus soldados e, depois de dezesseis dias, renunciou à ditadura para voltar ao próprio campo.

A posteridade o admirava muito. Dante o menciona duas vezes no Paraíso, Petrarca o inclui no seu catálogo de homens ilustres, a cidade norte-americana de Cincinnati, Ohio, recebe tal nome em sua homenagem e tem um lema latino: *Iuncta iuvant*, a união faz a força.

Incorruptível é, também, Caio Fabrício Luscino, que recusa duas vezes o ouro que lhe é oferecido pelos inimigos. Primeiro os samnitas, a belicosa tribo do Sâmnio (entre a Campânia e Molise); depois, Pirro, o rei de Épiro (atual Albânia), aquele das vitórias que custavam mais do que as derrotas. Fabrício, que saiu triunfante de todas as batalhas, ao morrer não tinha nada — a República teve que prover seu funeral. Um exemplo de virtude, elogiado por Virgílio, Horácio, Rousseau, Robespierre e até por Dante, que, no Purgatório, lembra do "bom Fabrício", que preferiu ser virtuoso e pobre "a possuir grande riqueza com vício".

Os samnitas também tentaram o comandante Mânio Cúrio Dentato (assim chamado porque havia nascido com todos os dentes). Após derrotar Pirro na batalha de Malevento, depois rebatizada Benevento, Dentato recusou o triunfo e se retirou para o campo. Para cair nas boas graças dele, os samnitas — tradicionais inimigos de Roma — foram visitá-lo cheios de ouro e preciosidades, mas receberam uma recusa: "Não me interessa possuir ouro, mas comandar aqueles que o possuem". Ao menos é o que relata Cícero, que dois séculos mais tarde se orgulhava de ter uma casa próxima àquela em que Dentato tinha morado. E, mais uma vez, Dante o cita, no Convívio, entre os romanos antigos inspirados por Deus em seu amor à pátria: Dentato teria respondido aos samnitas que "os cidadãos romanos queriam possuir não o ouro, e sim os donos do ouro", como se dissesse que a virtude individual se tornava a virtude do povo inteiro.

〔〔〔〔〔〔

E, como em toda história, não poderia faltar o vilão. O traidor. Ele também, porém, incapaz de resistir ao chamado da pátria. Caio Márcio derrotou os volscos, tomando deles a cidade de Corioli, por isso foi chamado de Coriolano. Depois, porém, entrou em conflito com a plebe, distribuindo o espólio aos soldados em vez de entregá-los ao tesouro público, e opondo-se à redução do preço dos cereais. Um tribuno da plebe propôs jogá-lo da rocha Tarpeia, de onde os romanos lançavam os inimigos do Estado e — pelo menos segundo a crença popular — crianças nascidas com deformidades. Decidiu-se, em vez disso, enviá-lo ao exílio perpétuo.

Tendo se tornado adversário de Roma, Coriolano aliou-se aos volscos e derrotou os compatriotas uma série de vezes. Ao chegar às portas de Roma, foi confrontado por cinco embaixadores, que imploraram para que ele desistisse, sem sucesso. Quando, no entanto, viu chegar ao seu acampamento a mãe, Veturia, e a esposa, Volumnia, com os dois filhos nos braços, o traidor foi tomado por uma emoção avassaladora e correu "como uma fúria" ao encontro das duas mulheres para abraçá-las. Mas a mãe, indignada, deteve-o: "Parado aí! Espere antes de me abraçar! Primeiro, quero saber se temos diante de nós um inimigo ou um filho, e se devo me considerar uma prisioneira ou uma mãe no seu acampamento".

Coriolano irrompeu em lágrimas, dissolveu o exército e desistiu de guerrear contra Roma. Segundo Cícero, ele se suicidou. Segundo Tito Lívio, porém, ele foi assassinado pelos volscos — e é esta versão que inspirou a tragédia de Shakespeare, *Coriolano* ("Quem já está decidido a morrer por sua própria mão não teme morrer pelas mãos de outro…"). O certo é que a mãe já era uma figura muito importante até mesmo para os heróis romanos, assim como é para nós. Como era a pátria, ou, se preferirem, a "mátria": a terra das mães.

〔〔〔〔〔〔

Na entrada da Galeria Borghese — não a entrada atual dos visitantes, e sim aquela por onde eram admitidos, durante séculos, os convidados

dos príncipes e dos cardeais Borghese —, há uma grande estátua de um cavalo e um cavaleiro lançando-se ao vazio.

É um tema misterioso, uma obra fascinante — que esconde uma história dentro da história.

Em meados do século XVI, no auge do Renascimento — e, portanto, em plena redescoberta do classicismo —, durante as escavações na Vila Adriana de Tivoli, foi descoberto um cavalo que parece cair num desfiladeiro: as quatro patas suspensas no ar, a boca aberta, os olhos arregalados de terror, a crina agitada, até as orelhas dobradas pelo vento.

A Roma do século XVI era uma cidade rica, porém frágil. O papa era um soberano temporal, uma autoridade também política que, no entanto, dependia dos exércitos de outros e, quando tomava a atitude errada — como aconteceu em 1527 com Clemente VII, o papa Medici amante das artes —, podia ver a Cidade Eterna ser invadida e devastada pelos lansquenetes. Aquela estátua evocava uma história gloriosa, de outros tempos, que falava de sacrifício, mas também de redenção e salvação. Assim, decidiu-se completá-la.

No início do século XVII, Pietro Bernini, pai do famoso Gian Lorenzo, esculpiu o cavaleiro: um jovem imberbe, mas resoluto, com um olhar febril que não pertence a uma vítima, mas a alguém que havia feito uma escolha.

A estátua impressiona profundamente, não por acaso sempre foi exposta em posição dominante: no início, na fachada, e desde 1776, no hall de entrada. Dizia-se que a ideia era comemorar o gesto de generosidade de Scipione Borghese, que em 1606 percorreu a cidade de Roma montado numa mula para distribuir ajuda à população afetada pela cheia do Tibre. No entanto, é mais provável que a intenção fosse lembrar aos visitantes a virtude romana, da qual os aristocratas da Urbe eram herdeiros. Não é por acaso que fica de frente para um afresco com Marco Fúrio Camilo, o líder que expulsou os gauleses invasores do Capitólio.

A estátua do cavalo e do cavaleiro caindo no vazio celebra, porém, um episódio que aconteceu no Fórum. Era 362 a.C. quando um abismo se abriu no coração de Roma. Os adivinhos interpretaram aquilo como um mau presságio e previram que a fenda se abriria até engolir a cidade inteira, a menos que os romanos jogassem dentro dela o que tivessem de mais precioso.

Outro povo teria jogado ouro, prata, joias. Mas um jovem soldado, Marco Cúrcio, considerou que o bem mais precioso que tinha era sua própria coragem. Assim, sacrificou sua virtude e, portanto, a si mesmo, lançando-se no abismo com a armadura e o cavalo. O perigo foi superado e, no lugar do abismo, formou-se um pequeno lago. Monumentos equestres foram erguidos em homenagem a Marco Cúrcio — e, 2.300 anos depois, o ator de comédia mais famoso do cinema italiano, Antonio de Curtis, conhecido como Totò, afirmava, meio brincando e meio sério, que descendia dele.

〇〇〇〇〇

É evidente que se trata de uma lenda. Tito Lívio é, para a história, o que Virgílio é para a poesia: um narrador de mitos. Suas histórias, contudo, são inventadas, e não falsas.

Os historiadores modernos argumentam que nem mesmo Coriolano existiu. Para justificar as derrotas contra os volscos, os romanos precisavam imaginar um general romano traidor, o único que poderia tê-los vencido. O *civis*, cidadão virtuoso, altruísta, incorruptível e indiferente à fama e à riqueza talvez nunca tenha existido.

Contudo, esses habitantes de uma cidadezinha igual a tantas outras, que se tornaram senhores do mundo conhecido sem rei, sem dinastia e sem uma família dominante, deviam ter algo de especial.

A história da República é marcada por derrotas e calamidades que podem ser consideradas desastrosas.

A obstinada resistência dos etruscos e dos itálicos, sabinos e picentinos, équos e volscos.

Os samnitas que derrotam os legionários e, em vez de exterminá-los, como fariam os romanos, limitam-se a humilhá-los, forçando-os a passar pelas forcas caudinas (que, porém, poderia ser apenas uma metáfora para encobrir uma violência sexual), e acabam por estimular a sede de revanche.

O orgulho das cidades gregas, que são subjugadas uma a uma, de Taranto a Siracusa, apesar dos espelhos ustórios inventados por Arquimedes, que queimam os navios romanos.

A lista de inimigos ainda é longa.

Os piratas que infestam os mares e chegam a capturar o jovem Júlio César (e depois se arrependem amargamente, como veremos).

Os gauleses que afugentam o exército, profanam o Capitólio, zombam e puxam a barba dos antigos notáveis romanos, exigem um resgate em ouro, trapaceiam na pesagem e ainda jogam a espada na balança. "Ai dos vencidos!", teria gritado Breno, o líder deles, antes que Fúrio Camilo chegasse para afugentá-los: "Com ferro, e não com ouro, resgata-se a pátria".

Os povos do norte da Itália, no início vistos como bárbaros, celtas a serem colonizados antes que se tornassem aliados a serem federados.

E, lógico, os cartagineses. *Hannibal ad portas* — Aníbal guiando seu exército vitorioso até os portões de Roma, para depois recuar misteriosamente. O inimigo implacável. O bicho-papão que, durante séculos, as mães romanas usaram para amedrontar as crianças agitadas: "Fique quieto e comporte-se, senão Aníbal vem te pegar!".

Após a vitória nas Ilhas Égadas, Roma teve que enfrentar na Segunda Guerra Púnica a mais terrível ameaça à sua própria sobrevivência. Aníbal atravessa os Alpes com os seus elefantes e derrota todos os exércitos romanos que encontra pela frente — no Ticino, na Trébia, no lago Trasimeno. Mas o massacre ocorre na planície de Canas, na Apúlia. É o dia 2 de agosto de 216 a.C., os cartagineses atraem os legionários para o centro da formação, cercam-nos e dão início a uma matança que dura o dia inteiro.

O número de mortos é calculado a partir dos anéis de ouro retirados dos senadores e cavaleiros caídos em batalha: os vencedores coletam, como até Dante lembra no Inferno, três alqueires cheios. O alqueire era um cilindro de madeira usado para medir grãos, com capacidade de quase nove litros. Aníbal enviou para Cartago 50 quilos de ouro (e sabe-se lá quantos manteve para si). Estima-se 25 mil mortos, mas alguns falam em 50 mil. O terror é tanto que, em Roma, realiza-se um rito macabro, estranho às tradições da cidade: quatro escravos, dois gregos e dois gauleses foram enterrados vivos para apaziguar as divindades hostis.

No entanto, Aníbal não ataca.

Há séculos discute-se os motivos que levaram o gênio da estratégia a não aproveitar a vitória. A doçura do ócio em Cápua. O medo de um longo cerco. A espera por reforços que não chegarão: os romanos derrotam seu irmão, Asdrúbal, cortam sua cabeça e a jogam no acampamento inimigo. A tática prudente do cônsul Quinto Fábio Máximo "Cunctator", o procrastinador, que evita o confronto direto para desgastar o inimigo forçado a uma longa guerra na Itália.

Em sua homenagem, no fim do século XIX, os reformistas britânicos fundaram a Sociedade Fabiana, argumentando que, assim como o Cunctator, os socialistas também tinham que saber esperar o momento propício e separar um tempo para preparar a classe trabalhadora para gerenciar os meios de produção: "É preciso esperar o momento certo, assim como Fábio fez com paciência enquanto enfrentava Aníbal…". Na Fabian Society militaram alguns dos maiores expoentes da cultura britânica, como George Bernard Shaw, Virginia Woolf e o marido, a feminista Emmeline Pankhurst e, por um período, também Bertrand Russell e John Maynard Keynes.

No fim, Cipião, não por acaso conhecido como Africano, leva a guerra até a casa de Aníbal e a vence. Mas não menos digno de nota é o sacrifício dos romanos ricos, que aceitam pagar impostos extraordinários — uma verdadeira taxação de fortunas — a fim de financiar a frota que transportaria as tropas até as muralhas de Cartago, revertendo a iniciativa e o destino da longa guerra.

Com Aníbal derrotado, Cartago destruída e Corinto — a maior cidade da Grécia — saqueada, Roma se depara com o vasto e ensolarado teatro do Mediterrâneo. Novos cultos religiosos e novos estilos de vida chegam do Oriente.

A conquista da Grécia coincide com a descoberta da filosofia e da literatura; grandes historiadores gregos, como Políbio, chegam a Roma; dramaturgos latinos, como Plauto e Terêncio, adaptam para a sensibilidade romana o teatro grego. Todos se lembram do início do verso de Horácio, *"Graecia capta ferum victorem cepit"* — ou "a Grécia conquistada conquistou o selvagem vencedor". Contudo, poucos se lembram da continuação: "*Et artes intulit agresti Latio*", "e a Grécia introduziu as artes no rústico Lácio".

Catão, o Censor, adverte em vão que os afeminados gregos serão a ruína dos viris romanos, com seus exercícios de ginástica para serem realizados ao ar livre e nus, corpos depilados e untados de óleo e o culto aos filósofos, a começar por Sócrates, "terrível falador" e corruptor da juventude. Mas é um outro verme que começa a corroer o corpo agora imenso de Roma.

O território da República, a essa altura, é vasto demais e já não pode ser governado por uma assembleia de cidadãos — até porque a cidade está ficando enorme. E seu ventre insaciável gera sofrimentos atrozes e ambições desmedidas.

É o início das guerras civis. E o nascimento dos dois partidos que lutariam entre si por mais de um século: os populares de Caio Mário e os optimates, os patrícios, de Lúcio Cornélio Sula.

É justamente Sula que se torna o primeiro ditador propriamente dito da história, capaz de compilar listas de proscritos com os nomes dos inimigos a serem eliminados. Encerra-se a era mítica da fundação e expansão e abre-se a terrível era das revoltas, das conspirações e das guerras civis.

REVOLUCIONÁRIOS E GOLPISTAS

3

O SONHO DE ESPÁRTACO E O PESADELO DE CATILINA

O VERDADEIRO ABISMO do mundo romano são os escravos. Não pessoas, objetos. Propriedades de posse, das quais o senhor dispõe livremente. Pode comprá-los e vendê-los, violentá-los e matá-los. Pode até lhes ordenar que o matem.

"Vive cum servo clementer", escreve Sêneca. Trate seu escravo com clemência, considere que ele nasceu da mesma semente, desfruta do mesmo céu, respira como você, vive como você e morre como você. "Viva com quem é inferior como gostaria que seu superior vivesse com você". Naquela época, essas palavras deviam soar progressistas, generosas, nobres, mas nem mesmo a sensibilidade do filósofo questiona o princípio de que existem escravos, que os homens não nascem livres e iguais e que a sociedade é dividida entre os superiores e os inferiores.

A escravidão não começa nem termina com Roma. É algo que marca toda a história da humanidade. A ideia de igualdade entre os homens surge em 4 de julho de 1776, com a declaração de independência dos Estados Unidos: "Todos os homens são criados iguais e são dotados pelo Criador de certos direitos inalienáveis. Entre esses direitos estão a Vida, a Liberdade e a busca pela Felicidade". No entanto, para abolir a escravidão foi necessário mais um século e uma sangrenta guerra civil.

"Os homens nascem e permanecem livres e iguais em direitos", declaram os revolucionários franceses em 26 de agosto de 1789, mas logo viria a Restauração e o caminho ainda seria longo. Os italianos tiveram que esperar pela Constituição de 1948 para estabelecer que todos os cidadãos são iguais, sem nenhuma distinção de raça, sexo, língua, religião e opiniões políticas, mas apenas em 1975 foi abolido o "poder conjugal" e a obrigação da esposa de se mudar para onde o marido decidisse.

Hoje, para os povos do Ocidente, parece óbvio que todos os seres humanos têm os mesmos direitos e deveres. Ainda assim, existem ricos e pobres. Mas ninguém vale mais ou menos que o outro por conta da cor da pele, da condição dos pais, do lugar de origem, do nome que carrega ou do Deus em que acredita. No entanto, é uma ideia muito recente e que, em muitos países, ainda não é reconhecida.

Em resumo, se a história da humanidade durasse um dia, o tempo da igualdade de direitos entre os seres humanos duraria apenas alguns minutos.

Em Roma, a condição de inferioridade do escravo foi estabelecida desde o início da República. Pelo mesmo crime cometido, um homem livre escapava com uma surra e um escravo era condenado à morte. Bater em um escravo custava metade do que bater em um homem livre. O testemunho de um escravo só tinha valor se prestado sob tortura.

O escravo podia reivindicar o direito de asilo ao abraçar a estátua de uma divindade ou, mais tarde, a de um imperador. Mas, nos tempos de Nero, quando um alto magistrado, Lúcio Pedânio Segundo, foi assassinado possivelmente por um escravo, todos os quatrocentos escravos que tinha foram executados. O povo protestou, pedindo que apenas o culpado fosse punido. Contudo, o imperador mandou mobilizar o exército para proteger os algozes.

Muitas vezes, recém-nascidos deformados ou simplesmente indesejados que eram expostos ou que sobreviviam ao cruel rito da rocha Tarpeia viravam escravos (até nas famílias patrícias, a mortalidade infantil era assustadora: metade das crianças não sobrevivia à infância. A principal causa de morte, como em todo o mundo antigo e na história em geral antes da descoberta dos antibióticos, eram as infecções: um simples machucado podia se revelar fatal).

Um escravo podia ser libertado, é claro — a história de Roma é feita também pelos libertos, muitas vezes gregos ou estrangeiros altamente cultos. Mas, para cada nome salvo pela história, há milhões que caíram no esquecimento sem deixar vestígios. Com exceção de um, um nome destinado a atravessar os séculos, como o eco de uma esperança ou de uma ameaça.

"EU SOU ESPÁRTACO"

O que se sabe com certeza é que Espártaco era um escravo. Talvez um soldado de Mitrídates, rei do Ponto, derrotado pelos romanos. O mais provável é que Espártaco fosse ele próprio um legionário, reduzido à escravidão por deserção. Certamente conhecia bem as táticas das legiões, e as usou para derrotá-las repetidas vezes.

Suas façanhas têm, em parte, um véu de lenda. Muitos historiadores antigos falaram dele, cada um acrescentando um detalhe, uma anedota, um pormenor curioso ou assustador. Porque os romanos tinham um medo terrível de Espártaco. A liberdade, afinal, muitas vezes dá medo.

Ele nasceu na Trácia, na periferia oriental da Europa, uma terra hoje dividida entre Grécia, Bulgária e Turquia. Ficou preso em Cápua, na Campânia, onde havia uma grande arena, para lutar contra outros seres humanos no papel de gladiador. Os gladiadores eram homens treinados e mantidos para a morte, sem outro horizonte na vida além de matar. Sua esposa também foi vendida como escrava junto dele, e essa injustiça acendeu em seu espírito um desejo de revolta.

Espártaco se rebela contra um destino selado. Com ele há outras pessoas desesperadas que nada têm a perder. Os rebeldes matam os soldados romanos que tentam detê-los, apoderam-se de suas armas, forjam outras com o ferro das próprias correntes, fabricam escudos tecendo vime coberto com pele de cordeiro e se fortificam no Vesúvio. O ano é 73 a.C.

No início, os romanos cometem um erro grave: subestimam os adversários. Espártaco e os seus são apenas escravos, não têm posses e valem pouco mais que nada. Derrotá-los não traz saque nem glória. Assim, o primeiro exército a enfrentá-los é composto por três mil soldados desorganizados e desmotivados.

Os escravos primeiro escapam do cerco utilizando cordas feitas de vinhas selvagens do Vesúvio a fim de descerem à noite utilizando uma parede rochosa. Em seguida, atacam os legionários de surpresa e os massacram.

A notícia se espalha: um exército de homens libertos derrotou o exército da potência que já domina o Mediterrâneo. Outros escravos se rebelam e se juntam a Espártaco. Até itálicos livres, cansados de serem explorados pelos proprietários romanos, pedem para se unir a ele. E ele acolhe todo mundo, inclusive mulheres e crianças. Já houve revoltas no passado, mas nunca se viu nada que se assemelhasse a um plano político.

Ainda hoje se discute quais eram os planos de Espártaco. Fugir? Mas então por que não fazer isso escondido, com a ajuda dos piratas e de outros inimigos dos romanos? Por que reunir todas aquelas pessoas? Por que desafiar Roma de maneira tão aberta e clamorosa?

Há quem já tenha pensado que Espártaco queria mudar o mundo, derrubar o poder dos cônsules e dos patrícios, tomar o lugar deles e refundar a sociedade. No entanto, isso teria sido demais, até mesmo para uma mente revolucionária como a dele.

Provavelmente, Espártaco se viu no centro de uma história maior que ele. Não ousou dizer não àqueles que lhe confiavam a própria vida e a própria esperança. Assim, seu povo foi crescendo a cada dia. E o mesmo aconteceu com seu exército.

As legiões romanas atacam Espártaco nove vezes e nove vezes são derrotadas. Até os dois cônsules, Gélio Publícola e Lêntulo Clodiano, precisam bater em retirada. Os rebeldes encontram por acaso uma manada de cavalos, domam todos e, assim, formam uma cavalaria. O exército dos escravos percorre toda a península, primeiro em direção ao sul, depois em direção ao norte, na Gália Cisalpina.

Toda a Itália está em revolta. Gauleses e germânicos são aliados de Espártaco, mas contra a vontade dele devastam e saqueiam grandes propriedades. Os latifundiários, hoje diríamos burgueses, estão aterrorizados e exigem o restabelecimento da lei e da ordem.

No entanto, toda vez que enfrenta um exército romano, Espártaco o aniquila. E se vinga cruelmente: um dia — pelo menos segundo o historiador Appiano — ele força trezentos prisioneiros a lutarem entre si, como se fossem gladiadores.

A vitória mais sensacional acontece em Mutina, hoje Modena, onde Espártaco derrota um exército de dez mil homens. Depois, em vez de rumar para o norte, em direção à liberdade, volta para o sul e vai até Roma. E Roma já não pode mais aceitar o que passou a ser um verdadeiro desafio a seu poder.

௫௫௫௫௫௫

Um grande líder se mobiliza contra Espártaco: Marco Licínio Crasso, o homem mais rico da Urbe, que arma às próprias custas oito legiões. Seu tenente, Múmio, é derrotado na região de Piceno e, enfurecido por conta da humilhação, ordena que suas tropas sejam dizimadas. Quatro mil soldados são mortos pelos companheiros com o *verberatio*: espancamentos. Os demais entendem que precisam vencer ou morrer. E, como é inevitável, acabam vencendo.

O outro homem forte de Roma é Cneu Pompeu, que a essa altura ainda não é chamado de Magno. Naquele momento, estava envolvido em uma campanha militar na Espanha. Crasso não o ama, mas é forçado a lhe pedir reforços.

Perseguido, Espártaco tenta, em vão, fugir para a Sicília. Depois, pensa na ideia de se refugiar no Oriente e se dirige a Apúlia, talvez para embarcar rumo a Trácia, sua terra, com a ajuda dos piratas. Mas quase todos já o haviam abandonado.

Não se sabe ao certo onde as legiões e os escravos rebeldes lutaram a batalha final. Talvez na atual Calábria, talvez nas nascentes do rio Sele, em Irpinia. Diz-se que, no início do confronto, Espártaco sacrificou o próprio cavalo, proclamando: "Se eu vencer, tomarei os dos inimigos; se perder, não precisarei mais de cavalos". Então, lançou-se à luta a pé, em busca de Crasso. Foi ferido na virilha. Caiu de joelhos, brandindo a espada até o fim. O ano é 71 a.C.

Seu corpo, misturado aos de sessenta mil caídos, nunca será encontrado, e isso alimentará a lenda dele. Segundo alguns, o líder da revolta caiu em batalha e nunca foi reconhecido, desfigurado pelos golpes. Segundo outros, foi crucificado com seis mil companheiros ao longo da via Ápia, entre Cápua e Roma. E de acordo com uma versão mais reconfortante, Espártaco teria conseguido fugir.

Na cena final do filme *Spartacus*, de Stanley Kubrick, imagina-se que Crasso ofereça a salvação aos vencidos, contanto que Espártaco revele sua identidade. Ele está prestes a se levantar quando um companheiro o antecede e grita: "Eu sou Espártaco!". Mas outro logo se levanta: "Não, o verdadeiro Espártaco sou eu!". Dezenas afirmam ser Espártaco. O verdadeiro permanece em silêncio, comovido, e enfrenta o martírio misturado à multidão anônima de seus irmãos de guerra.

É uma cena memorável, fruto da imaginação do roteirista Dalton Trumbo, um dos artistas de Hollywood perseguidos pelo macarthismo por serem comunistas ou amigos de comunistas. *Spartacus* não deveria ter sido filmado. Mas o protagonista — o grande Kirk Douglas, pai de Michael — gostou tanto daquela cena que exigiu e conseguiu que o filme fosse feito de qualquer maneira, ao custo de financiá-lo do próprio bolso — e que o nome de Dalton Trumbo aparecesse nos créditos finais.

Quando o príncipe Harry serviu como soldado no Afeganistão e o Talibã ameaçou identificá-lo e matá-lo, alguém na Inglaterra se lembrou da história de Espártaco e mandou fazer, com grande sucesso, camisetas com a frase "Eu sou Harry". Mas não foi bem a mesma coisa.

巴巴巴巴巴巴

Obviamente, não temos como saber se a história de fato aconteceu como Trumbo, Kubrick e Douglas imaginaram. Pompeu chegou com seus soldados após o fim da batalha e massacrou os sobreviventes, obtendo o triunfo também por suas vitórias na Espanha. Crasso teve que se contentar com a "ovação", um triunfo menor, mas conseguiu ser coroado com louros, em vez de murta, como previa o ritual. Para não parecer menos grandioso que Pompeu, mandou crucificar seis mil escravos rebeldes. Assim confirmou — além de sua própria crueldade — a brutalidade com que Roma mantinha a ordem estabelecida e a dureza com que, de modo geral, os regimes impõem a hierarquia sobre a qual são construídos.

Crasso também não teria um bom fim. Os partos, o povo herdeiro do império persa, os temíveis guerreiros que, por séculos, desafiariam os romanos nas fronteiras orientais, vingariam Espártaco sem saber ao massacrarem as legiões e o próprio líder em Carras. Conta-se que Crasso foi decapitado e que, para zombar de sua avareza, o rei dos partos, Orodes, derramou ouro derretido na sua boca, dizendo: "*Aurum sitisti, aurum bibe*", você tinha sede de ouro, agora beba ouro. Tal história impressionou Dante. No Purgatório, as almas gritam: "Crasso, diga-nos, pois você sabe: qual é o sabor do ouro?".

O paradoxo é que hoje, de fato, começamos a comer ouro. O chef Gualtiero Marchesi foi o primeiro a enfeitar seu risoto com folhas de ouro. Agora, o açougueiro turco Nusret Gökçe, que ficou famoso na internet como Salt Bae, cobra até 1.800 dólares por suas bistecas laminadas em ouro — o ingrediente mais importante de seus restaurantes é a conta.

Mas o legado mais significativo dessa história é o próprio nome de Espártaco, que, no decorrer da história, soará como um grito de rebelião, um pedido de justiça, uma esperança de redenção. Por mais que, em seu nome, sejam cometidos erros, às vezes crimes.

🝙🝙🝙🝙🝙🝙

Spartaco era o nome de um jornal "comunista-anarquista" na Itália do início dos anos 1920, e quem o vendia em praça pública era regularmente atacado pelos fascistas, que rasgavam e queimavam os exemplares.

Spartaco Perini, comunista, foi o líder de um dos primeiros grupos de resistência. Entre seus membros havia príncipes, farmacêuticos, operários, açougueiros, desempregados, sapateiros, professores. E também policiais, entre eles um jovem suboficial, Carlo Alberto Dalla Chiesa, que se tornaria general e seria morto pela máfia. Os homens de Spartaco Perini, ativos nas Marcas, ajudavam prisioneiros fugitivos ingleses a atravessar as fronteiras, transportando-os de bote pelo Adriático e confiando-os aos seus camaradas. Quando começa o cerco alemão, Perini e Dalla Chiesa conseguem fugir e embarcam para o sul, onde se colocam sob as ordens do rei para continuar lutando contra os nazistas.

Spartaco seria o nome de batalha escolhido por Carlo Salinari, um dos *partigiani* que atacaram os nazistas na rua Rasella e que se tornaria um renomado estudioso de literatura.

No entanto, os mais famosos são os espartaquistas alemães, que sob a liderança de Karl Liebknecht e Rosa Luxemburgo tentaram fazer revolução na Berlim abalada pela derrota na Primeira Guerra Mundial. Enfrentando oposição tanto dos social-democratas quanto da direita dos Freikorps, os espartaquistas tiveram um fim terrível, bem como seus mentores: Karl foi torturado e morto, Rosa foi desmembrada e jogada no rio Spree. Em sua homenagem, Bertold Brecht compôs versos talvez ingênuos, mas certamente românticos:

A Rosa vermelha desapareceu
Para onde ela foi, é um mistério
Porque ao lado dos pobres combateu
Os ricos a expulsaram de seu império.

O nome de Espártaco ressurge na União Soviética (URSS). Em 1923, a URSS recusa o convite para participar das Olimpíadas que aconteceriam no ano seguinte em Paris, e então cria as Spartakiadas, destinadas ao proletariado internacional. Os primeiros Jogos dedicados a Espártaco são disputados em Moscou, no ano de 1928. A inauguração ocorre no dia do encerramento das Olimpíadas de Amsterdã, mas os participantes da versão comunista são mais que o dobro, sete mil contra três mil.

A União Soviética participa dos Jogos de Helsinque de 1952. Mas as Spartakiadas ainda durariam anos, atraindo milhões de atletas. Aos campeões uniam-se os amadores. Outras Spartakiadas nacionais foram convocadas na Tchecoslováquia e na Albânia. E o Spartak Moscou não é só um time de futebol, mas também de hóquei, basquete e até de futebol americano.

MATE OS GRACO

Por mais que a ideia de justiça social e luta de classes seja um conceito moderno, isso não significa que a sociedade e a política da Roma Antiga fossem vistas como eternas e imutáveis. Alguma forma de conflito existia.

Às vezes, a plebe organizava secessões, as antepassadas das greves modernas: retirava-se da cidade, subia o Monte Aventino e recusava-se a colaborar. Depois, talvez Menenio Agripa persuadisse o povo com seu apólogo, no qual os plebeus eram os braços e, os patrícios, o estômago — se os braços não trabalham, o estômago não recebe alimento. Mas, em longo prazo, os próprios braços também enfraquecem. Em suma: cada um no seu lugar.

No entanto, naquela época, ao lado dos conservadores já existiam os reformistas, os progressistas, os "liberais" — muitas vezes pertencentes às classes abastadas, mas dispostos a lutar pelos pobres.

A primeira grande reforma da era republicana, 494 anos antes do nascimento de Jesus — precisamente no ano da secessão e da parábola dos braços e do estômago —, foi a introdução do tribuno da plebe: o defensor do povo, com direito a veto de leis indesejadas. Em 367 a.C., estabeleceu-se que um dos dois cônsules poderia ser plebeu e, 25 anos depois, que ambos poderiam sê-lo. Dois homens do povo podiam liderar o Estado, independentemente de sua riqueza. Hoje em dia, em qual democracia ocidental isso acontece de fato?

A cada geração avançava-se um passo. As decisões da assembleia do povo — os comícios tributos — ganharam força de lei e passaram a vincular também os patrícios. O veto a casamentos entre patrícios e plebeus foi abolido. A escravidão por dívidas foi eliminada. Nenhum cidadão romano, por nenhum motivo, poderia perder a liberdade.

É evidente que os votos eram comprados e vendidos, como, no fim das contas, também acontece em muitas democracias modernas. Para fazer política, eram necessários grandes patrimônios. A verdadeira diferença em relação a hoje é outra. Agora, temos uma grande dívida pública e uma grande poupança privada — o convento é pobre, mas os frades são ricos. Na Roma Antiga, por outro lado, o erário — outra palavra de origem latina — transbordava de ouro. Tanto que, em 167 a.C., a cidade foi isenta de quase todos os impostos. Roma se tornou, então, um paraíso fiscal, como Monte Carlo ou as Ilhas Cayman.

O sistema político tinha seu equilíbrio. Os cônsules representavam o elemento monárquico. O Senado representava a aristocracia. Mas era o povo reunido em assembleia que elegia os magistrados, julgava os crimes e decidia sobre a paz e a guerra. Nenhum político, nem mesmo o mais rico e poderoso, podia agir sozinho, todos, de alguma forma, tinham que responder ao povo. E, no ano de 139 a.C., para fortalecer a liberdade dos eleitores, foi introduzido o voto secreto.

Mas, quando os privilégios eram atingidos, as dinâmicas de poder eram colocadas em xeque, e os notáveis se sentiam ameaçados; eles se mostravam dispostos a fazer qualquer coisa para suprimir nobres aspirações, mas que eram vistas como ameaças intoleráveis. E a reação podia ser sangrenta e impiedosa.

🔳🔳🔳🔳🔳

Quando Tibério Graco, tribuno da plebe, fez aprovar a reforma agrária para limitar os latifúndios e redistribuir terras aos camponeses pobres, os optimates ordenaram que um esquadrão armado o massacrasse. Tibério era filho de um plebeu e de Cornélia (aquela para quem os filhos eram suas joias), filha de Cipião, que venceu Aníbal. Mas isso não significava nada aos olhos de quem temia pelos próprios privilégios.

No fervor de defender sua lei e sua vida, Tibério irrompeu em lágrimas na assembleia, suscitando a emoção do povo. Centenas se ofereceram para passar a noite diante da casa dele para protegê-lo. Mas foi em vão: na manhã seguinte, Tibério foi espancado até a morte com trezentos seguidores e seu corpo foi jogado no Tibre. Ainda assim, sua figura transcendeu os séculos, como símbolo de ousadia e modernidade.

Foi de Tibério Graco a ideia de que um magistrado pudesse ser removido caso não agisse no interesse do povo ou simplesmente não tivesse mais sua confiança. Com esse argumento, fez votar em assembleia a destituição de um tribuno da plebe que se opunha à sua reforma agrária. O mesmo aconteceria mais de 21 séculos depois, em 2003, com o governador da Califórnia Gray Davis, destituído por votação popular (depois dele seria eleito um ex-ator nascido na Áustria, Arnold Schwarzenegger, conhecido por ter interpretado o personagem de Conan, o Bárbaro).

Para dar continuidade ao trabalho de Tibério, seu irmão, Caio Graco, entra em cena. O Senado o envia como questor à Sardenha para impedi-lo de causar estragos, mas ele volta, elege-se tribuno da plebe duas vezes e tenta impor uma reforma ainda mais corajosa, com verdadeiras expropriações de terras. Consegue aprovar outra lei que permite a qualquer um, inclusive aos habitantes das províncias, processar e ser ressarcido pelo dinheiro injustamente tirado deles por funcionários romanos — o embrião da ação coletiva. Se os ricos mandam construir um palanque de madeira no Fórum para alugar lugares com vista para uma luta de gladiadores, Caio o desmonta à noite: todos devem poder assistir ao espetáculo gratuitamente. É um visionário. Gostaria de conceder cidadania romana a todos os itálicos. Mas, desta vez, a plebe de Roma não o segue.

Abandonado pelos seus, Caio faz um escravo matá-lo. Como os optimates prometeram pagar por sua cabeça a peso de ouro, alguém a corta e a enche de chumbo derretido. Milhares de seus apoiadores são assassinados no cárcere. Um deles é condenado a uma punição atroz: ser fechado dentro de um saco cheio de escorpiões.

O nome dos Graco é condenado à *damnatio memoriae*: não pode ser gravado nem pronunciado, e a mãe, Cornélia, não pode sequer vestir o luto pela morte dos filhos.

Mas não terminaria assim. O nome dos Graco seria para sempre símbolo de redenção social. Autodenominava-se "Gracchus" o líder jacobino François-Noël Babeuf, que lutou contra os excessos de Robespierre e, após a virada moderada do Termidor, liderou a Conspiração dos Iguais. Condenados à morte, ele e seu companheiro de luta, Augustin Darthé, tentaram se suicidar como romanos antigos, apunhalando-se com as próprias adagas. No entanto, não conseguiram, e foram levados sangrando à guilhotina.

Um grande admirador dos Graco seria o poeta Ugo Foscolo, que no alvorecer do Ressurgimento incendiou os ânimos dos milaneses com o seguinte discurso: "Que se desperte a antiga virtude, o antigo valor. Que ressurjam os antigos Heróis Republicanos, que voltem os belos dias de Roma, Atenas e Esparta. Que todos os tiranos sejam extintos e o mundo seja livre. Viva a República do Universo!".

Na realidade, com os Graco não desaparecia apenas uma esperança de justiça, começava também o declínio da velha República, erguida sobre o alicerce do soldado camponês, dos pequenos proprietários de terras dispostos a pegar em armas para defender a pátria, que coincidia com a cidade. Àquela altura, os senadores tinham terras do tamanho de províncias, que eram cultivadas por escravos. E, no fim das contas, foi inevitável conceder cidadania a quase todos os habitantes da península, também para conter a revolta: os não romanos sonhavam em fundar um Estado chamado Itália, com uma cidade de nome Itálica como capital, o touro como animal totêmico e, na moeda, a imagem — precisamente — de um touro chifrando uma loba, símbolo de Roma. Uma vez que os itálicos foram acolhidos pela República, o projeto de unidade nacional italiana só seria discutido dali a dois mil anos. Todos aqueles que queriam votar, porém, tinham que ir até Roma. Não havia seções eleitorais em outros lugares.

Havia, contudo, estradas. Um tribuno aliado de César, Curião, propôs que a manutenção das vias fosse financiada pelos ricos: quanto mais luxuoso o meio de transporte, mais teriam que pagar — algo semelhante ao que acontece hoje em dia com o imposto sobre veículos.

🔲🔲🔲🔲🔲

Mas, se para deter os reformistas foi necessário derramar seu sangue e se os escravos rebeldes conquistaram grandes triunfos, havia uma razão. Roma passava por uma crise não tanto política ou militar, mas moral. Era a época das guerras civis. E foi nessa era de conspirações e de sangue que surgiu, como um meteoro, uma figura enigmática e fascinante — muito pelas grandes e terríveis façanhas escritas a seu respeito.

O retrato de Lúcio Sérgio Catilina que Salústio nos deixou é para a literatura o que a *Mona Lisa* é para a pintura. Representa, talvez, o mais belo retrato já escrito e o modelo de como um retrato deveria ser feito. Permitam-me lembrar ao menos o início:

Catilina, nascido de uma nobre família, foi um homem de grande força de espírito e de corpo, mas de natureza maligna e viciosa. Desde muito

*jovem, amou as guerras civis, os massacres, os roubos e a discórdia,
e a estes dedicou a própria vida. Corpo resistente à fome, ao frio e às
vigílias mais do que se possa acreditar. Espírito audacioso, astuto, vo-
lúvel, capaz de simular e dissimular qualquer coisa, ávido pelo alheio,
pródigo com o próprio, ardente nas paixões. Bastante eloquência, pouca sabedoria. Sua alma insaciável sempre desejava coisas exageradas,
incríveis, demasiadamente elevadas.*

Definitivamente, não era um homem a quem se deveria confiar
um Estado, mas era um homem a quem se poderia dedicar um livro, ou
ao menos um parágrafo.

E SE CATILINA ESTIVESSE CERTO?

Infelizmente, o que sabemos dele vem justamente de Salústio ou de Cícero, dois de seus grandes inimigos. Salústio, por exemplo, escreve que
Catilina matara a primeira esposa, Gratídia, sobrinha de Caio Mário, e
o próprio filho, para poder se casar com outra mulher, Aurélia. Teria até
mesmo violentado ou seduzido uma sacerdotisa devotada à virgindade.
Por falar nisso, diziam que ele e seus seguidores beberam vinho misturado com sangue humano para selar o pacto com o qual pretendiam
subverter a República. E não satisfeitos, haviam jurado sobre o corpo
de uma criança sacrificada antes de devorá-la. Mas, como se sabe, a
acusação de matar e comer crianças é algo recorrente na história, feita
em várias ocasiões contra comunidades acusadas das piores crुelda-
des, dos judeus — as chamadas Páscoas de sangue — aos comunistas.

Segundo a *Eneida*, sua família, a *gens* Sergia, descendia de Sergesto,
que chegou à Itália com Eneias. Catilina seria, portanto, o herdeiro de
uma dinastia que havia contribuído para fundar Roma, mas nem mesmo Virgílio o trata bem. Pelo contrário, condena-o a uma tortura eterna
no Hades, ou seja, no inferno.

O tataravô havia sido um herói nas guerras contra os cartagineses:
perdera uma mão em batalha e a substituíra por um gancho de metal,
como o Capitão Gancho.

Ele, Catilina, havia lutado no Oriente com Sula, e na guerra civil se
destacara por sua crueldade. Ainda segundo os inimigos, havia torturado

e matado até mesmo o próprio cunhado, Marco Mário Gratidiano, irmão da infeliz primeira esposa. Depois, havia cortado a cabeça dele e a jogado no Fórum aos pés de Sula.

No entanto, quando se candidata a cônsul, em vez de se dirigir aos aristocratas como ele, busca as graças do povo. Promete cancelar as dívidas, redistribuir as terras, abolir os privilégios hereditários. Ainda segundo os opositores, garante que eliminará todos os antigos líderes políticos. Na verdade, almeja um renascimento, uma refundação. Parece que está disposto a incendiar a cidade inteira — mas esta é a acusação recorrente feita aos malfeitores a quem se deseja deslegitimar. Não por acaso dirão o mesmo de Nero. O certo é que termina os discursos com uma frase de efeito: "O povo romano é um corpo robusto, mas sem cabeça. Eu serei a cabeça".

Catilina, porém, é derrotado nas eleições tanto em 64 a.C. quanto no ano seguinte. Os romanos preferem outro candidato, a quem não falta oratória: Cícero.

ⴲⴲⴲⴲⴲ

Os dois são divididos não apenas pela rivalidade, mas pela inimizade. Cícero ganha a confiança de Fúlvia, a amante de um dos homens mais próximos de Catilina. Dois conspiradores marcam um encontro com Cícero — usando-se do pretexto de cumprimentá-lo, pretendiam matá-lo. No entanto, graças à informação dada por Fúlvia, não encontraram o cônsul em casa. Em seguida, ele se apodera de várias cartas comprometedoras: Catilina reuniu tropas ao norte de Roma e está pronto para atacar a cidade a fim de tomar à força o poder que não conseguiu obter pelo voto. O que está em curso é um verdadeiro golpe de Estado.

Em 8 de novembro de 63 a.C., Cícero discursa no Senado, diante de seu inimigo, e abre assim, com uma introdução que seria citada milhares de vezes: "Até quando, Catilina, abusará de nossa paciência?". Em seguida, soterra-o com uma avalanche de injúrias e acusações, incluindo a de incesto. Os senadores são favoráveis a Cícero, que conclui: "Já que um de nós administra o Estado com a palavra e o outro com as armas, é necessário que um muro nos separe". Naquela noite, Catilina foge de Roma com trezentos seguidores leais.

Cícero entende que tem o jogo nas mãos. Manda prender os conspiradores que restaram. Um líder emergente da facção popular, Caio Júlio César, tenta salvar a vida deles, usando um argumento um tanto capcioso: diz que a morte é uma pena ineficaz, já que coincide com o fim do sofrimento humano. A prisão, sim, seria uma punição adequada. Mas Cícero manda estrangular os conspiradores na cela, sem julgamento. Trata-se de uma violação de direito que lhe custará caro: cinco anos depois será condenado ao exílio precisamente por isso. Mas, por enquanto, Cícero triunfa. Anuncia a execução à multidão com uma só palavra: "*Vixerunt*", viveram, logo, estão mortos.

Enquanto o Senado discute, César recebe um bilhete. Seu grande inimigo, Catão, o aponta como cúmplice de Catilina: "Vejam, César recebe instruções dos conspiradores!". Com um sorriso no rosto, César mostra ao acusador a mensagem: é da irmã de Catão, a pouco virtuosa Servília, que, apaixonada por César, oferece-se a ele com palavras explícitas. Catão recua e diz: "Pegue isto de volta, seu louco beberrão!". Fora da Cúria, um grupo de optimates quer despedaçar César — é Cícero quem o defende. Faltam dezoito intensos anos para os Idos de Março.

É feito um anúncio: o conspirador que denunciar um cúmplice terá, se for um homem livre, impunidade e 200 mil sestércios. Se for escravo, liberdade e 100 mil sestércios. No entanto, ninguém fala. Os sobreviventes permanecem fiéis ao líder.

Catilina reúne suas tropas e marcha em direção à Gália. Pelo caminho, tenta recrutar os pobres — que viram suas terras requisitadas pelos veteranos de Sula — e os ladrões, "dos quais há grande abundância naquelas regiões", escreve Salústio, que acrescenta: "Não havia degenerado, adúltero, esbanjador, não havia indivíduo condenado ou à espera de julgamento que não estivesse entre os seus". A ele se unem, como antes a Espártaco, aqueles que não têm nada a perder. Catilina também tem consigo senadores arruinados, a quem não desagrada a ideia da extinção de todas as dívidas.

Em Pistoia, os insurgentes precisam parar: um exército romano os persegue do sul e outro bloqueia o caminho para o norte. Não resta nada a fazer a não ser aceitar uma batalha desesperada. Cícero permaneceu em Roma. As tropas fiéis à República são comandadas pelo outro cônsul, Caio Antônio Híbrida, que, porém, alega estar doente, sofrendo de um ataque de gota — talvez esteja envolvido na conspiração e não queira lutar contra os velhos amigos.

ⓖⓖⓖⓖⓖ

Catilina fala às tropas. E faz um discurso memorável. Começa sem retórica: "Soldados, sei muito bem que palavras não dão coragem, que um exército covarde não se torna valente e que um exército medroso não se torna forte graças a um discurso de seu general". Mas há algo importante a dizer: "Nós temos uma vantagem sobre nossos inimigos. Eles não têm interesse em lutar pelo poder de poucos, pela glória dos oligarcas. Nós lutamos pela pátria, pela liberdade, pela vida". Eles — insiste Catilina — pegaram em armas por coisas fúteis, e nós pelo essencial: "*Pro patria, pro libertate, pro vita*". E conclui com palavras sangrentas: "Se a sorte se opuser à sua coragem, não se deixem matar sem vingança. E, se forem capturados, não se deixem trucidar como ovelhas; deixem aos inimigos uma vitória sangrenta e lúgubre, lutando como heróis".

E os soldados de Catilina lutaram como heróis. Encontraram-no ainda respirando, ao lado da águia de prata que havia sido o estandarte de Mário nos Campos Raudii contra os cimbros. Desmembraram-no e o jogaram no rio. Apenas a cabeça foi salva e levada a Roma pelo cônsul Antônio Híbrida — àquela altura, Catilina não podia mais acusá-lo de cumplicidade. Salústio escreve que, mesmo morto, o rebelde conservava a indômita bravura que o distinguia em vida.

Anos depois, Cícero admitiria que, ao lado de Catilina, havia também pessoas boas, sobretudo jovens, e que, no fim das contas, ele mesmo não era tão ruim. "Havia naquele homem características singulares: a capacidade de atrair muitos com sua amizade, de preservá-los com respeito, dividir o que tinha com todos, ajudar qualquer um com dinheiro, conexões e ações".

Fazendo um resumo, o inimigo dos optimates tinha ideias progressistas, precisamente como os Graco também tinham. Uma parte da plebe acreditava em Catilina porque, como escreve Salústio, "os pobres sempre invejam os ricos e exaltam os malfeitores. Odeiam as coisas antigas, desejam fortemente novidades. Por ódio à própria situação, aspiram a subverter tudo, alimentam-se de tumultos e desordens, até porque, sendo pobres, não têm nada a perder".

Salústio também não era indiferente a dinheiro e poder. Não era apenas um escritor, mas também político. Amigo de César, foi governador na África, de onde teve que fugir após acusações de roubo e extorsão. E é possível que, quando escreveu sobre um homem de grandes intrigas e ambições desmedidas, ávido pelo alheio e capaz de simular ou dissimular qualquer coisa, não pensasse em Catilina, mas em si mesmo.

🝖🝖🝖🝖🝖

A posteridade será mais generosa com o jovem rebelde. Na tragédia *Catilina*, Alexandre Dumas o retrata como uma vítima da esposa, que por ciúmes mata o filho que ele teve com a vestal. Outro escritor francês, Prosper de Crébillon, imagina que Catilina se vingou de Cícero seduzindo sua filha Túlia (já Voltaire, por sua vez, fica ao lado de Cícero em sua tragédia *Roma salva*).

Henrik Ibsen retrata Catilina como um revolucionário. Românticos admiradores lhe inventam um filho de nome Uberto, do qual descenderia Farinata degli Uberti, um dos personagens mais fascinantes de Dante, tão orgulhoso que parece desprezar o Inferno: "Já tinha meu rosto voltado para ele / e ele se erguia com o peito e a fronte / como se tivesse o Inferno em grande desprezo".

Muitos anos depois, em uma escola do Arkansas, durante uma aula de latim na Hot Springs High School, aconteceria um júri simulado sobre Catilina. O jovem aluno encarregado de defendê-lo acabaria se apaixonando pela causa, decidiria estudar Direito e nutriria interesse pela política. Chamava-se William, mas já era conhecido como Bill, Bill Clinton.

A conspiração de Catilina pode ser interpretada de muitas maneiras. Certamente é sinal de que as instituições republicanas são instáveis. Roma é contestável. Não pode mais ser governada por uma classe social privilegiada ou pela assembleia dos cidadãos. Chegou a hora de um mestre.

Se esse mestre for um tirano que não tem qualidades, poderá arrastá-la à ruína. Mas, por outro lado, se for um gênio, poderá torná-la a maior potência da história.

CÉSAR

4

O MITO DA VITÓRIA

SE TIVESSE SIDO APENAS ESCRITOR, comandante militar ou líder político, Caio Júlio César já teria garantido seu lugar na história. Tendo sido os três, podemos considerá-lo um dos maiores homens que já viveram, em qualquer lugar e época.

De temperamento ao mesmo tempo alegre e astuto, espírito audacioso e ambicioso e uma mente brilhante. Capaz de escrever o capítulo de um livro às vésperas de uma batalha decisiva, enquanto dita a um escriba uma carta que mudaria a política de Roma.

Além disso, ao contrário de seu grande admirador Napoleão, era alto e bonito, algo que sempre pode ajudar na vida. Assim como Napoleão, porém, começou a perder cabelo e sofria com isso. Naquela época, não era possível ir à Turquia para fazer um transplante. Podia-se, no máximo, esconder a calvície com coroas de louros. Por isso mesmo, ele fez questão de obter muitas.

É preciso dizer que ele foi implacável, sem nunca perder, se não a ternura, ao menos a calma. Cometeu crueldades terríveis, massacres sem precedentes — historiadores modernos lhe atribuem quase um milhão de mortes, numa época em que os homens eram mortos um a um. Por outro lado, sua astúcia e sensibilidade podiam inspirá-lo a gestos nobres e generosos, ou até mesmo a reações inesperadas.

Quando os egípcios, querendo agradá-lo, mostraram-lhe a cabeça decepada de seu grande inimigo Pompeu, César chorou. No entanto, tinha acabado de chegar ao Egito para matar Pompeu.

Mas sua grande e verdadeira contradição é outra. Por toda a vida, César oscila entre o apoio popular e a ambição autocrática, digamos até imperial. Entre políticas sociais em favor dos pobres e a abolição das liberdades republicanas. Era amigo do povo, mas ainda mais de si mesmo. Foi morto por ter matado a República na qual havia crescido. Lançou as bases do Império, mas nunca se tornou imperador.

Paradoxalmente, a defesa da República não viria do povo, mas da aristocracia. Em vão. Após Caio Júlio César, Roma e o mundo jamais seriam os mesmos. E todos devemos algo do que somos a ele.

TIO MÁRIO E AVÓ VÊNUS

No início, era um *outsider*. Sua família, a *gens Iulia*, era certamente importante, mas tinha decaído havia tempos. O pai, também chamado Caio Júlio César, era um dos pretores ligados a Mário. Morreu de repente, em Pisa, enquanto calçava os sapatos, quando o filho tinha apenas 15 anos.

César nasceu em Roma, em 12 de julho de 100 a.C., no meio de um verão particularmente quente, no bairro popular da Suburra. Em língua cartaginesa, César significa elefante — um de seus antepassados havia matado um em batalha, durante as Guerras Púnicas. Outro antepassado havia nascido por *sectio caesarea*, cesariana, mas essa expressão parece não ter relação direta com nosso herói.

A tia paterna, Júlia, havia se casado com Mário, o grande comandante que derrotara todos os inimigos de Roma: na África, o rei da Numídia, Jugurta; em Provença e em Vercelli, as hordas bárbaras dos cimbros e dos teutões. No entanto, Mário estava em desgraça e morreu quando César tinha 13 anos. Em Roma, quem comandava era seu histórico rival, Sula, líder do partido dos optimates, ou seja, os aristocratas. Mas César se sentia ligado ao partido de Mário — homem de origens humildes —, os populares.

Desde jovem, demonstrou qualidades excepcionais, a começar por uma memória prodigiosa. Aprendeu perfeitamente o grego, que se tornou sua segunda língua. O fato de pertencer à nobreza, mas ter nascido no coração de Roma, foi desde o início uma vantagem. Sabia escutar, captando expressões populares que ouvia nas ruas e transcrevendo-as em versos. Quase nunca andava pela cidade numa liteira, como faziam aqueles de sua classe social. Preferia transitar a pé e conversar com as pessoas, mostrando-se sempre acessível a todos.

As opiniões dos historiadores antigos sobre ele obviamente se dividem, mas todos concordam em uma coisa: César era um homem de grande fascínio. Seja porque jamais perdia o controle e tinha o dom da ironia, que às vezes exercia até sobre si mesmo, seja por sua aparência. Magro, forte, resistente, capaz de cavalgar sem segurar as rédeas, apenas com a força das pernas. Contudo, tinha um quê de feminilidade. Usava uma toga macia, quase desamarrada, meio aberta; depilava regularmente as pernas e o peito; coçava a nuca com um único dedo, para não desarrumar o cabelo, levantando o mindinho de forma afetada. Isso lhe renderia algumas zombarias, tanto de inimigos quanto de seus soldados, nas festas de camaradagem que se seguiram às suas várias vitórias. Mas, de alguma maneira, isso contribuiria para sua aura, que não podia ser explicada em palavras, mas emanava de sua pessoa como a de um homem carismático, um predestinado, um indivíduo escolhido pelo destino — mesmo que atormentado por um mal misterioso considerado sagrado, a epilepsia, que apareceu algumas vezes, em dias de intensa emoção, na hora da batalha.

A sua ascensão, apesar de tantas qualidades, foi lenta.

A mãe, Aurélia, encontrou-lhe uma noiva, Cossúcia, de família plebeia, mas muito rica. Seria um casamento por dinheiro, mas César queria um casamento político e casou-se com Cornélia, filha de Cina, que havia sucedido Mário na liderança dos populares.

Era a época das listas de proscritos: Sula compilava os nomes dos inimigos do Estado, ou seja, seus próprios inimigos, e qualquer um podia matá-los e confiscar seus bens. Sula chegou a mandar desenterrar e espalhar as cinzas de Mário no rio Aniene. Impôs que César se divorciasse de Cornélia, por ser filha de um de seus adversários. Fez o mesmo com outro jovem ambicioso, Pompeu, que obedeceu e renunciou à esposa para casar-se com a enteada de Sula, grávida de outro homem.

Mas César amava Cornélia, com quem tivera uma filha, Júlia, e rejeitou a ordem. Assim, Sula adicionou pessoalmente seu nome à lista dos proscritos, oferecendo uma recompensa a quem o capturasse, vivo ou morto.

᧤᧤᧤᧤᧤

César fugiu vestido de camponês e se escondeu nas florestas de Sabina. Adoeceu de malária e, em noites repletas de pesadelos, sonhava que Sula o encarava com olhos ardentes. Seus perseguidores o seguiam de perto e conseguiram capturá-lo. No entanto, César manteve o sangue frio e convenceu o líder deles, Cornélio Fagita, a aceitar o valor da recompensa e deixá-lo ir embora. Tinha apenas 19 anos. E aquela calma absoluta nos momentos cruciais jamais o abandonaria pelo resto da vida.

Enquanto isso, em Roma, a mãe de César conspirava para protegê-lo. Aurélia tinha um primo muito próximo, Caio Aurélio Cota, seguidor de Sula. Cota, que era um grande orador, insistiu por muito tempo para que Sula perdoasse o jovem. Por fim, o senhor de Roma aceitou a contragosto, com palavras proféticas: "Pois bem, fiquem com esse rapaz. Vocês se arrependerão. Querem salvá-lo a todo custo, mas cedo ou tarde ele será a ruína do patriciado que juntos defendemos. Porque em César vejo não um, mas muitos Mários".

César voltou e começou a lutar por um posto militar para poder demonstrar seu próprio valor. Sula não queria saber e seguiu alertando os homens de seu partido: "Cuidado com aquele jovem que veste toga de maneira indecorosa, como se fosse uma garota". E, pouco tempo depois, sua primeira aventura militar reacenderia o murmúrio dos adversários.

César seguiu para a Ásia com as tropas de Marco Minúcio Termo e participou da tomada de Mitilene, capital de Lesbos, a ilha grega de onde viera Safo, a poeta. O comandante o favoreceu e lhe confiou uma missão: ir à Bitínia cobrar do rei Nicomedes IV, aliado dos romanos, os navios prometidos.

Nicomedes logo se entendeu com o jovem encantador. Confiou-lhe a frota, e César a conduziu a Mitilene. No entanto, logo depois, partiu novamente para a Bitínia, com a desculpa de cobrar um empréstimo. Dizia-se que a missão de César tinha sido tão prontamente bem-sucedida porque ele se entregara a Nicomedes — daí o apelido de "rainha da Bitínia".

Seus soldados se lembrariam disso, zombando dele durante o triunfo sobre os gauleses: "César subjugou as Gálias, mas Nicomedes o dominou", e também: *"Aperite portas regi calvo et reginae Bitiniae!"*, abram as portas ao rei calvo e à rainha da Bitínia.

Cícero se lembraria disso quando em uma carta escreveu que, na Bitínia, César "perdera a flor da juventude" — e até ousaria jogar isso na cara dele no Senado. Quando César, para apoiar a causa da filha de Nicomedes, Nisa, relembra os benefícios recebidos do rei da Bitínia, é interrompido por Cícero: "Esqueça, porque ninguém ignora o que ele lhe deu e o que você deu a ele".

E até Dante se lembrará disso, quando no Purgatório, ao falar da alma dos sodomitas, escreve que eles se macularam pelo mesmo pecado pelo qual César foi chamado de rainha: "Os que não se juntam a nós se ofendem / pelo motivo que fez César, ao triunfar, / ser apelidado de 'Rainha'; / por isso, retiram-se gritando 'Sodoma' [...]". Vale notar que Dante não dava crédito à acusação; caso contrário, teria posto César entre os sodomitas, e não no limbo, entre os grandes espíritos. Quem de fato acreditava nisso era um de seus adversários, Curião, que, para zombar de sua vida erótica livre e desordenada, chamou-o de "marido de todas as esposas e esposa de todos os maridos".

De volta a Roma, César não se sentia seguro. Por um lado, tinha Sula como inimigo. Por outro, era acometido por uma inquietação, um desejo de aventura, um ardor — como diria Dante — de tornar-se conhecedor do mundo e da alma humana. Não é por acaso que César viveria quase sempre longe de casa, e poucos homens conheceram o mundo e as pessoas como ele.

Assim, partiu para Rodes, onde grandes mestres lecionavam, e onde Cícero também havia estudado. Mas, durante a viagem, foi capturado por piratas, que pediram por ele um resgate de 20 talentos. César, nada assustado, viveu o sequestro como uma etapa de sua formação. Em sinal de afronta, caiu na gargalhada: "Vocês não sabem quem eu sou. Valho muito mais do que 20 talentos. Darei 50". Então, enviou seus mensageiros para coletar o dinheiro. Enquanto isso, passou de prisioneiro a capitão do navio: exigia silêncio sempre que queria dormir, obrigava os corsários a assistirem à declamação de seus versos e, quando os via distraídos, acusava-os de serem bárbaros incapazes de compreender poesia. Quando o dinheiro chegou, foi libertado. De volta à costa, em Mileto, convenceu as autoridades a fornecerem-lhe navios e soldados, com os quais derrotou os piratas que o haviam sequestrado e que acreditavam ter se tornado seus amigos. Os sobreviventes foram primeiro degolados, depois enforcados.

Em Roma, um cargo pouco proeminente o esperava: administrador da justiça na Espanha. Percorreu todo o território e, ao chegar a Cádis, onde terminava o mundo conhecido, quis visitar o templo de Hércules, que, segundo a tradição, havia erguido ali suas colunas para que nenhum homem fosse além — e lá foi sepultado. Era um lugar sagrado e fatal, já visitado por Aníbal e Cipião e onde fora erguida uma grande estátua de Alexandre, o Grande. Lá, César teve um momento de fraqueza. Chorou. E, a seus atônitos companheiros de viagem, explicou: "Não vos parece digno de lágrimas que, na minha idade, Alexandre já governasse tantos povos, enquanto eu ainda não fiz nada de glorioso?".

À época, César tinha 32 anos. Mais de dois séculos o separavam da morte de Alexandre, mais do que o tempo que nos separa da morte de Napoleão. O fato de ter Alexandre, o rei macedônio que conquistou quase todas as terras conhecidas, como referência, poderia parecer, para um romano da época, uma loucura: Roma não era nem um reino nem um Império, era uma República. É lógico, o sistema pelo qual os magistrados mais importantes, os cônsules, eram dois e ficavam no cargo apenas por um ano já não funcionava mais para um território tão vasto. O poder se concentrava em outro lugar. Mas, naquele momento, estava firmemente nas mãos dos optimates, em particular nas do riquíssimo Crasso e de Pompeu, conhecido como Magno justamente como Alexandre.

No entanto, César manifestou imediatamente sua ambição sem limites. E a demonstraria um dia, na Gália, ao passar por uma aldeia dilacerada pela luta entre clãs. Os tenentes de César riram da fúria com que os líderes disputavam o controle daquelas miseráveis cabanas, mas ele lhes deu um fora: "Saibam que eu preferiria ser o primeiro nesta aldeia a ser o segundo em Roma".

Em Cádis, perturbado pela visita ao templo de Hércules e à estátua de Alexandre, César teve um sonho estranho. Sentiu que se unia de forma incestuosa à mãe, Aurélia. Freud teria tirado conclusões diferentes, mas, aos adivinhos do templo de Hércules, pareceu uma bela oportunidade de agradar aquele romano ambicioso, e explicaram que a mãe com quem ele havia sonhado era, na verdade, a Terra: César se tornaria seu dominador.

🔲🔲🔲🔲🔲🔲

A oportunidade para seu verdadeiro ingresso na vida pública o aguardava ao voltar da Espanha. Sua tia paterna, Júlia, viúva de Mário, havia falecido, e César transformou o discurso fúnebre em uma exaltação de si mesmo, de sua família e de seu projeto político. Lembrou que a falecida descendia de Anco Márcio, o mais sábio entre os reis de Roma. Já ele, Júlio César, pertencia à *gens Iulia*, os descendentes de Iulo, filho de Eneias, por sua vez filho de Vênus. Nas veias de César corria, portanto, o sangue dos reis e dos deuses — quase como Alexandre, que se proclamava filho de Zeus.

A partir daquele dia, César sempre usaria um anel com a imagem de Vênus armada, que na mão direita segurava uma estatueta da Vitória. Mas o funeral reservava outra reviravolta.

De repente, César revelou uma estátua, escondida debaixo de panos: era uma efígie de Mário, vestida com a túnica bordada de púrpura do triunfo e fixada em um suporte que a fazia girar em todas as direções. O líder dos populares havia morrido quase vinte anos antes e seu nome tinha sido condenado ao *damnatio memoriae*. Mostrar sua imagem era uma afronta aberta aos optimates que dominavam Roma e, de fato, gritos de protesto surgiram da multidão. No entanto, muito mais foram os aplausos, e os veteranos das guerras de Mário beijaram, aos prantos, as vestes de seu comandante.

Um escândalo inesperado, no entanto, ameaçou a boa reputação e as grandes esperanças do descendente de Vênus. A esposa, Cornélia, morreu quando tinha 30 anos, e César casou-se com Pompeia: bela, rica e parente de Pompeu, o que não era um detalhe insignificante. Mas, após cinco anos, um verdadeiro mistério rompeu o casamento e pôs em risco a carreira e a imagem de César.

A ESPOSA DE CÉSAR

Pompeia tinha um amante, o homem mais bonito de Roma, mais ainda que o próprio marido: Públio Clódio, não por acaso conhecido como Pulcro, o Belo. Era um aliado político de César, mas isso não o impedia de amar a esposa dele. Naquele ano, 62 a.C., os rituais da *Bona Dea*, que ocorriam sempre na casa de um magistrado da República, deviam ser realizados na *domus* de César. A *Bona Dea* era o símbolo da virtude feminina, celebrada exclusivamente pelas mulheres. Todos os homens eram banidos. Moças e matronas aproveitavam a oportunidade para se soltar em rituais que lembram nossas despedidas de solteira: músicas, danças, cantos e copos de bebida que oficialmente continham leite, mas que, na realidade, eram enchidos de vinho, como nos Estados Unidos nos tempos da proibição.

O belo Clódio tentou se aproveitar da situação disfarçando-se de mulher para visitar Pompeia. No entanto, uma escrava o descobriu e relatou tudo à dona da casa, a implacável Aurélia, mãe de César e sogra da adúltera.

Foi um escândalo e tanto. Clódio foi acusado de sacrilégio, mais por ter profanado uma cerimônia religiosa do que a casa do amigo. Por ser patrício e magistrado, seus juízes naturais eram os senadores. Obviamente, estes interrogaram também o marido traído, que, por sua vez, havia rejeitado a esposa.

César declarou não saber nada sobre Clódio e não considerar Pompeia culpada. "Por que a repudiou, então?", perguntaram-lhe. "Porque quero que os membros de minha família não sejam sequer suspeitos", foi a resposta, que, com o tempo, ao ser citada e distorcida, tornou-se: "A esposa de César deve estar acima de qualquer suspeita". (Muitas frases históricas, aliás, nunca foram realmente ditas, ou pelo menos não da maneira como as lembramos.)

Clódio, o Belo, foi absolvido, e César foi eleito *edil curul*, uma espécie de ministro das obras públicas, responsável pela manutenção da cidade.

Organizou um grande espetáculo de gladiadores e aproveitou a ocasião para reafirmar sua filiação política, expondo no Capitólio estátuas e troféus de Mário, com inscrições que recordavam seus triunfos. Os aristocratas protestaram, mas o povo apreciou. Não por acaso, quando chegou a hora de eleger o novo Pontífice Máximo — a mais importante autoridade religiosa —, César, surpreendentemente, venceu, até porque os partidários de Sula se dividiram entre dois candidatos.

As comemorações foram generosas. Todas pagas com crédito — ele ainda não era tão rico e vivia pedindo empréstimos para manter o estilo de vida. O banquete foi memorável: frangos cozidos e assados, tordos, patos, lebres, aspargos, corças, javalis, ouriços-do-mar e peixes cujos nomes hoje desconhecemos. (Aliás, não sabemos muito sobre a gastronomia romana. Como de qualquer povo antigo, só podemos afirmar com certeza o que não comiam: tomate, batata, milho, chocolate, feijão, pimentão, abóbora, peru e tudo o que só chegaria da América quinze séculos depois.)

🔁🔁🔁🔁🔁

O que trouxe César de volta à realidade foi o retorno de Pompeu. No ano de 62 a.C., o homem forte da República, o verdadeiro herdeiro de Sula, chega do Oriente e surge em Roma vitorioso. Derrotou e forçou ao suicídio o rei do Ponto, Mitrídates VI, conquistou a Síria, a Fenícia e a Cilícia. Entrou em Jerusalém. Com medo, Licínio Crasso fugiu da Itália para a Macedônia. César também tinha razões para se preocupar: entre suas amantes havia Múcia, esposa de Pompeu, que de fato se apressou em repudiá-la, por carta (como Daniel Day-Lewis, que deixaria a esplêndida Isabelle Adjani via fax. Hoje, há quem se limite a enviar uma simples mensagem de WhatsApp).

No mais, o homem forte mostra-se clemente. Pompeu renuncia às listas de proscritos. Estende a mão aos inimigos. Contenta-se com um triunfo nunca visto desde os tempos das vitórias sobre Aníbal.

Crasso pode voltar a Roma. César é nomeado governador da Espanha. Na hora da partida, encontra-se cercado por credores, mas é salvo por Crasso, que garante pagar pessoalmente um quinto de suas dívidas.

No entanto, César tinha um caso com a esposa dele, Tertula, que não era mais jovem, mas dotada de uma beleza lendária.

Na Espanha, ele se empenha em cobrir-se de glórias. Derrota os lusitanos, ancestrais dos portugueses, que buscam refúgio na ilha de Berlenga. Mas César os persegue e os vence também lá. Depois, ainda com a frota, dirige-se ao norte e subjuga os galegos rebeldes. Era a primeira vez que os romanos navegavam pelas águas do oceano.

Pompeu reconhece suas qualidades e aceita um pacto a três, estendido também a Crasso: trata-se do primeiro triunvirato. As instituições republicanas sobrevivem apenas no nome. César, por exemplo, é eleito cônsul, mas a gestão do poder já é profundamente pessoal. A imensa riqueza de Crasso e a força militar de Pompeu, que comanda as legiões, representam uma ruptura com o passado — a República como era conhecida já não existe mais.

A fim de se diferenciar dos outros, César tenta se apresentar como defensor do povo. Propõe ao Senado uma reforma agrária ambiciosa para distribuir terras aos pequenos agricultores: é a *lex Iulia agraria*. Nem um pouco entusiasmados, os optimates recorrem ao que hoje chamamos de obstrução parlamentar, falando sem parar por algumas horas a fio.

O mais tenaz, ou pelo menos o mais falante, é Catão, que segue falando por quase um dia, até que César, exasperado, ordena sua prisão. Indignados, os senadores se levantam e vão embora. Um deles, Marco Petreio, intransigente opositor de César, confronta-o dizendo: "Prefiro dividir o cárcere com Catão a este plenário com você". Catão é libertado, mas, na saída, encontra a plebe enfurecida, que o agride. Os outros senadores encontram refúgio no templo de Júpiter Estator. A lei é aprovada.

Para selar o triunvirato, Pompeu casa-se com a única filha de César, Júlia, cuja mãe era Cornélia. A jovem tem apenas 17 anos, trinta a menos que o marido, mas tal detalhe não é visto como um problema. César, após ter rejeitado Pompeia, casa-se pela quarta e última vez, escolhendo Calpúrnia, filha de um aliado político.

Entretanto, fica evidente que o triunvirato não pode durar. Trata-se de um acordo temporário, entre homens que se temem e se uniram para evitar confrontos diretos. Como Pompeu domina efetivamente o Oriente, graças às grandes vitórias que obtém, César volta os olhos para o Ocidente.

Os romanos controlam as costas do Mediterrâneo, as rotas da Itália para a Espanha através da Gália Narbonense, hoje chamada com uma palavra de origem latina, Provença — província —, terra de óleo e lavanda, do mar quente do Mediterrâneo e do clima ameno. Resta conquistar o norte da Gália, ventoso e chuvoso, habitado por povos bárbaros completamente alheios e hostis.

César sente que seu espaço político está ali, na parte da Europa ainda fora do controle romano. É lá que estaria em jogo o futuro da República e o seu próprio, que lhe é ainda mais caro.

DA BRETANHA AO RENO

"Gallia est omnis divisa in partes tres", toda a Gália é dividida em três partes. Assim começa um dos livros mais famosos de todos os tempos, os *Comentários sobre a Guerra Gálica*, o diário de guerra de Júlio César. E essa afirmação lapidar ainda é verdadeira hoje — ao sul do Garona fica a Aquitânia, entre o Garona e a confluência do Sena e do Marne está a Gália propriamente dita, o coração da França. A leste vivem os belgas (um nome recuperado da história romana para designar uma nação surgida em 1830).

Onde hoje existem cidades e estados, para os romanos se estendia uma terra incógnita, percorrida por rios de tamanho e comprimento desconhecidos pelos itálicos, e habitada por povos que assustavam os exércitos romanos. César, no entanto, parecia ter mais curiosidade do que medo.

Após subjugar os helvécios, que viviam no que hoje chamamos de Suíça, as legiões se depararam com um povo germânico, os suevos, comandados pelo temido rei Ariovisto. Ninguém jamais os tinha visto, mas comerciantes e viajantes falavam de homens de estatura gigantesca e de uma crueldade insaciável. Até mesmo os centuriões e os veteranos tremiam de medo. César, por outro lado, estava ansioso pela batalha. Ele lembrou seus homens das grandes vitórias de Mário contra os cimbros e os teutões e liderou as tropas ao combate.

Na verdade, Ariovisto revelou-se mais um diplomata do que um grande guerreiro, ou ao menos tentou ser. Solicitou um encontro com

César, com o entendimento de que ambos estariam desarmados. Mas, quando se viu alvo de pedras lançadas pelos suevos, César se esquivou à provocação, interrompeu as negociações e ordenou o ataque. As legiões, com sua formação ordenada, venceram facilmente a horda bárbara e a massacraram. César empurrou os suevos para além do Reno, que nos quatro séculos seguintes seria a fronteira do mundo romano.

Pelo menos duas vezes, ele próprio atravessou o grande rio para expulsar os germânicos — e foi o primeiro exército romano a fazê-lo —, mas logo retornou. Muito tempo depois, Napoleão, que sempre viu em César um modelo, escreveria que ele havia salvado os gauleses ao expulsar os germânicos e estabelecer uma fronteira entre o mundo germânico e a futura França. Havia lançado as bases da civilização galo--romana. Contudo, antes que aquelas terras fossem pacificadas, ainda correriam rios de sangue.

🔲🔲🔲🔲🔲

Inicialmente, os romanos se viram em grande dificuldade contra os belgas, e apenas a coragem física de César conseguiu impedir a retirada: desmontando do cavalo, agarrou o escudo de um soldado que fugia e impulsionou o exército ao ataque e à vitória. Era uma cena vista pela primeira vez e destinada a se repetir em outros momentos decisivos de sua vida extraordinária.

Em seu livro, César dedica-se a descrever os gauleses, seus costumes, seus cabelos compridos, os misteriosos rituais dos druidas no coração da floresta. Surpreende-se com o fato de que os jovens evitam o amor, convencidos de que, se permanecerem virgens até pelo menos os 20 anos, crescerão mais. E também consegue nos transmitir o espanto dos gauleses diante dos romanos, aqueles homens tão pequenos, "de corpo curto", mas terrivelmente organizados, convencidos como estavam de que lutavam não apenas por si mesmos, por um companheiro ou pela própria tribo, mas por uma ideia maior, por uma comunidade da qual eram o braço armado, por um Estado que os recompensaria.

Diante das torres de cerco, das catapultas e da tecnologia dos invasores, os gauleses sentiam o mesmo espanto que um romano poderia sentir diante das imensas planícies que se abriam à sua frente. Os gauleses lutavam em suas próprias terras, mas estavam irremediavelmente divididos. E tinham diante de si um homem, César, convencido de sua superioridade, assim como seriam os conquistadores que derrubariam os Impérios dos astecas e dos incas.

Os conquistadores eram muito diferentes entre si. Cortés era um homem culto; Pizarro, um soldado bruto. César era as duas coisas. E, como os conquistadores, por vezes mostraria uma crueldade sem limites. Não por acaso, Napoleão, dividido entre as origens italianas e o amor por sua nova pátria francesa, comentaria, com palavras amargas: "César abusou terrivelmente da própria vitória".

Além disso, essas conquistas, embora despertassem o orgulho do povo, eram vistas pelo Senado como derrotas. César travava uma espécie de guerra particular. Enquanto vencia, Roma também vencia, se fosse derrotado, seria abandonado à própria sorte. Catão sugeriu entregá-lo como criminoso de guerra aos gauleses e germânicos, pois os perigos da República não vinham deles, e sim de César.

Mas, em Roma, César tinha olhos e ouvidos. Solicitava e recebia notícias. E, enquanto isso, continuava anexando novas terras à República.

༺ ༻ ༺ ༻ ༺

Os gauleses falaram-lhe de uma ilha na costa norte, e César quis levar a guerra até lá. Era fascinado pelos homens que viviam "nos confins do mundo" e, assim, invadiu a terra que os romanos chamaram de Bretanha — e que ainda hoje chamamos de Grã-Bretanha.

Era uma ilha inexplorada, da qual nada se sabia. Dizia-se que as noites duravam três meses e que o solo era coberto de gelo eterno, como o planeta onde a nave espacial do filme *Interestelar* aterrissa. César afirmava querer explorar os confins do mundo. Na verdade, por trás de sua decisão de atacar os britânicos estava a necessidade de assegurar a retaguarda da Guerra Gálica e fazer os nativos experimentarem a severidade romana, como acontecera com os germânicos.

César atravessou o Canal da Mancha com o mesmo espírito com que havia cruzado o Reno: não para ficar, mas para experimentar outro mundo, outros povos. E, certamente, a ideia de ser o primeiro romano a pisar naquela ilha desconhecida devia lhe agradar muito.

Para surpreender a todos, não apenas os britânicos, mas também o Senado, atravessou a Gália em seis dias, ditando cartas continuamente, até mesmo a cavalo, e dormindo poucas horas em uma carruagem em movimento. Escreveu até um livro, *De analogia*, a respeito de questões linguísticas e dedicado a um homem a quem muito estimava, apesar de ser seu oponente: Cícero.

Cruzou o Canal da Mancha com oitenta navios para os homens e dezoito para os cavalos. Esses últimos, porém, erraram a rota, e os soldados, após desembarcarem nas falésias de Dover e derrotarem os britânicos, não conseguiram persegui-los.

César ficou muito impressionado com os novos inimigos. Eles pintavam o rosto, os braços e até o peito de azul, após se depilarem. Tinham esposas em comum e se alimentavam sobretudo de leite. Ele prometeu a si mesmo retornar em breve e, de fato, dez meses depois, uma frota romana muito mais poderosa, de mais de oitocentos navios, desembarcou na Bretanha.

Desta vez, os inimigos foram afugentados para além do rio Tâmisa, numa área que os romanos chamariam de Londínio — até Londres é um nome de origem latina. Depois, César voltou à Gália carregado de grãos, tributos, reféns e escravos. Os britânicos nunca mais seriam inimigos. E ele já havia se tornado o homem mais rico de Roma e, portanto, do mundo.

VERCINGETÓRIX ACORRENTADO

César tratava como aliadas as tribos gaulesas que se rendiam e se dispunham a colaborar. No entanto, era impiedoso ao ponto da crueldade com aqueles que se recusavam a se submeter. Mandou cortar as mãos dos cadurcos derrotados. Quando os eburões, liderados por Ambiórix, atraíram suas coortes para uma emboscada, César jurou deixar crescer o cabelo e a barba até que se vingasse. Os eburões foram caçados por meses e literalmente massacrados. Os líderes sobreviventes se suicidaram com veneno.

A dureza da ocupação romana acabou por exasperar os gauleses, decididos a arriscar tudo, a vencer ou morrer.

No inverno de 52 a.C., o país inteiro estava à beira da revolta. Para César, começa a batalha decisiva.

Em fevereiro, os primeiros a se insurgirem são os carnutos, a tribo que habita a área onde surgiria Orleães. Mercadores e funcionários romanos são trucidados. É a faísca que inicia o fogo. César está longe, além dos Alpes, e os gauleses avaliam que ele não poderá intervir. Ainda não o conheciam bem. Ele reúne as legiões e, abrindo caminho em meio à neve e passando pelos desfiladeiros da Provença, alinha-as para a batalha.

Os gauleses precisam de um líder, e o encontram no príncipe dos arvernos, Vercingetórix. Filho de um grande druida morto por tribos rivais depois de ter tentado tornar-se rei de todos os gauleses, Vercingetórix tem apenas 30 anos. O historiador latino Floro o descreve como "*corpore, armis spirituque terribilis*", terrível em corpo, armas e coragem. Ele comandou um esquadrão de cavalaria a serviço dos romanos, portanto, conhece a tática das legiões. Mas, aos olhos de César, isso faz dele um traidor.

A guerra seria longa e terrível.

ⅅⅅⅅⅅⅅⅅ

César conquista a cidade rebelde de Avárico, hoje Burges, massacrando quarenta mil pessoas, inclusive mulheres e crianças. Quando depois sitia Gergóvia, a capital dos arvernos, as mães sobem as muralhas, implorando misericórdia para os filhos e oferecendo-se aos soldados. Mas, dessa vez, Vercingetórix intervém para defender sua cidade e os romanos são severamente derrotados. César acaba perdendo 46 centuriões e setecentos soldados, além de arriscar a vida. Segundo Plutarco, os gauleses lhe tomam a espada para pendurá-la em um templo como troféu. Anos depois, César a reencontraria. No entanto, diria a seus homens que o incentivavam a recuperá-la que é melhor deixá-la ali, pois havia se tornado sagrada.

Encorajado pela vitória de Gergóvia, Vercingetórix se entrincheira em outra cidade-fortaleza, Alésia. Se Gergóvia era seu reduto, Alésia é a cidade sagrada de todos os gauleses, porque abriga os templos mais antigos. Nunca se entendeu por que o líder rebelde, que podia contar com o controle do território, acabou em uma armadilha. Talvez pensasse em repetir a tática defensiva que tinha funcionado em Gergóvia. Talvez quisesse reafirmar sua hegemonia ocupando um local representativo para todas as tribos.

Diante das fortificações de Alésia, César responde construindo outra fortaleza, feita de torres e paliçadas. Inicia-se uma guerra de desgaste, um cerco duplo, que a longo prazo só poderia beneficiar os mais poderosos e organizados.

Vercingetórix aguarda reforços. Quando chegam, ele deixa a cidade para lutar. César se vê cercado por inimigos. O confronto dura quatro dias e termina com uma grande vitória romana.

A luta vai até a meia-noite, sob a luz da lua. César, reconhecível por sua túnica púrpura, parece estar em todo lugar. A seu lado, o que se destaca é um jovem tenente, rústico e corpulento, corajoso e cruel: Marco Antônio. E ainda hoje se diz na Itália que um homem grande e robusto é um "marcantonio".

O massacre é terrível. Vercingetórix se rende. Sai do campo a cavalo, dá uma volta ao redor de César sentado em seu assento, desmonta e hesita por um momento diante do vencedor. Então, larga as armas e senta-se a seus pés, esperando para saber seu destino.

César não decide o que fazer de imediato. Durante anos, levaria Vercingetórix acorrentado de aldeia em aldeia, como advertência aos gauleses ainda rebeldes. Depois disso, obriga-o a segui-lo até Roma para testemunhar seu triunfo, antes de estrangulá-lo.

A vitória é comemorada com uma proclamação aos romanos: "Na Gália, tínhamos apenas um caminho. Agora, para além dos Alpes e até o oceano, não há nada que a Itália possa temer". Talvez seja a primeira vez que a palavra Itália aparece em um texto político significativo. Na Itália, porém, nem todos comemoram.

"ALEA IACTA EST": OU VAI OU RACHA

A grande vitória na Gália certamente não agradou nem ao Senado nem a Pompeu. Depois da trágica morte de Crasso e de seu filho em batalha contra os partos, o triunvirato deixou de existir. Restavam César e Pompeu: e Roma era pequena demais para os dois.

Pompeu havia subjugado o Oriente, trazendo para o domínio de Roma um território que ia do Mar Negro à Judeia. César havia conquistado a Gália e sido o primeiro a invadir a Germânia e a Bretanha. Teoricamente, cada um tinha sua esfera de influência. Mas quem prevaleceria na capital?

Foi Pompeu que rompeu a aliança. Quando Júlia, sua esposa e filha de César, morreu aos 29 anos durante o parto, o próprio César lhe ofereceu em casamento uma de suas sobrinhas-netas, Otávia, e se disse pronto para se divorciar novamente, a fim de se casar com a filha de Pompeu. Mas Pompeu recusou-se a firmar uma nova aliança matrimonial com ele. Preferiu casar-se com a viúva do filho de Crasso, que pertencia à poderosa família dos Cipião, salvadores de Roma. O sinal político não poderia ter sido mais evidente: Pompeu reforçava seu laço com os aristocratas, os patrícios e os optimates, recusando qualquer compromisso com os populares de César, que àquela altura poderia considerar-se seu inimigo.

A maioria dos senadores estava com Pompeu, mas temia sua fraqueza militar. "Não se preocupem, no momento certo, basta eu bater o pé no chão e duas legiões aparecerão", ele os tranquilizava, certo de que sua ascendência política lhe garantiria as tropas necessárias. César era mais forte, entretanto sabia que, caso desobedecesse ao Senado e desarmasse e dissolvesse suas legiões, teria o mesmo destino dos Graco.

Seu acampamento ficava em Ravena, na fronteira entre a Gália Cisalpina e a Itália. A lei o proibia de cruzá-la armado. Se o fizesse, acabaria se tornando inimigo de Roma e desencadearia uma guerra civil como insurgente.

Certa noite, ele decidiu aparecer em público. Assistiu a um combate de gladiadores. Depois, ofereceu um jantar a magistrados e comandantes militares. Levantou-se do triclínio, convidando a todos a prosseguirem o banquete: "Volto já". Mas, em vez disso, partiu para o sul, com a vanguarda de seu exército.

Ao amanhecer, chegou à margem de um pequeno rio que chamavam de Rubicão, pela cor avermelhada de suas águas. Do outro lado estava a Itália.

CÉSAR: O MITO DA VITÓRIA **103**

Foi um momento solene. Não por acaso, cada escritor o reconstruiu à sua maneira. Lucano imagina que o fantasma da Pátria apareceu para César. Mas quem o teria convencido foi um amigo, Escribônio Curião, que teria lhe dito: "Você não pode dividir o mundo, deve ser seu e de mais ninguém".

Na verdade, foi uma decisão tomada sozinho. César sentia-se militarmente invencível. Pompeu, apenas seis anos mais velho, parecia-lhe um velho que ainda vivia das glórias de triunfos fáceis no Oriente, onde não havia enfrentado bárbaros gigantes como os que ele havia dominado. Claro, Pompeu tinha o apoio das grandes famílias e do Senado, mas a nobreza pouco valia em batalha. Os veteranos adoravam César, assim como o povo.

Atravessar o Rubicão, no entanto, significava declarar guerra civil e enfrentar as incertezas que todo conflito traz. Por isso, César, mais do que na razão, confiou na sorte. E disse a famosa frase *"alea iacta est"*, que traduziríamos no colégio como "a sorte está lançada" — expressão que, na verdade, não significa muito. Mais do que um desafio, César pretendia expressar o sentido de um risco, de uma aposta, de confiar no destino, algo como "ou vai ou racha" ou "Deus nos ajude". Mas César era um homem de pensamentos elevados e acreditava ser, de fato, descendente de Vênus — e Vênus era a deusa da sorte.

Na manhã seguinte, entrou em Rimini, a primeira cidade da Itália. Era 12 de janeiro de 49 a.C.

Em Roma e ao longo da via Flaminia, que ligava Rimini à capital, espalhou-se o pânico. Acreditava-se que César liderava um exército de bárbaros que massacraria os romanos. No entanto, nada disso aconteceu. Ao contrário, os soldados de Pompeu juntaram-se aos cesarianos, que entraram em Ascoli Piceno, Camerino, Fermo e Gúbio.

Em Roma, os aristocratas se desesperaram. No Senado, o pretor Favônio permitiu-se zombar de Pompeu: "Pois bem, agora esperemos que bata o pé no chão". Pompeu fugiu para Brindisi, na esperança de embarcar para o Épiro.

A única cidade a resistir foi Corfínio, nos Abruzos, onde Lúcio Domício, um grande inimigo de César, havia se entrincheirado. Abandonado pelos próprios soldados, ordenou a um escravo que o matasse com veneno. Quando foi informado de que César o perdoara, desesperou-se. Mas, por sorte, o escravo lhe dera apenas um sonífero. César deu-lhe um tapa paternal nas costas.

O novo senhor de Roma fazia questão de demonstrar que queria restaurar a República, e não a derrubar. Além disso, reconciliou-se com Cícero, a quem escreveu uma carta muito bonita: "Venha a mim com seus conselhos, seu nome, sua glória". No entanto, apoderou-se do tesouro do erário. Os pompeianos haviam fugido com as chaves, então ele mandou arrombar as portas. E, a um adversário que tentava resistir, deixou bem nítido que o mataria: "Você sabe que me custa mais falar do que fazer". Era uma frase que tinha tudo de César: a concisão, a falta de escrúpulos e a ideia de que parecer piedoso era mais importante do que ser. Ele também cunhou moedas com seu rosto e seu título militar: imperador, comandante.

Depois, abandonou mais uma vez a cidade para perseguir Pompeu.

Essa seria uma constante em sua existência: toda vez que César entrava triunfante em Roma, logo encontrava um motivo para partir. Como se a vida confortável não fosse para ele. Ou como se pressentisse que, na cidade, algo terrível poderia lhe acontecer.

Antes de partir, ele ordenou sacrifícios aos deuses. Um touro conseguiu escapar do Templo da Fortuna, lançou-se num trecho pantanoso do Tibre e atravessou-o a nado. Os adivinhos previram que, se César ficasse, seria assassinado, e se cruzasse o mar, teria glória e vitória.

🝔🝔🝔🝔🝔🝔

A guerra civil revelou-se mais incerta e difícil do que o esperado. No início, os dois exércitos hesitavam em aprofundar os golpes e confrontavam-se trocando insultos e ameaças, mas eram capazes de confraternizar. Afinal, ainda eram todos romanos, embora nos dois lados lutassem homens vindos de todas as partes: César tinha consigo belgas, hispânicos, germânicos, gauleses e até gladiadores a quem havia salvado da morte. Houve também algumas tentativas de conciliação, que, no entanto, estavam fadadas ao fracasso.

César e Pompeu não eram apenas dois rivais. Representavam duas visões de Roma e do mundo. Pompeu era um homem do passado, ligado ao partido aristocrático que fora de Sula e era de Cícero. Mas, se Sula tinha sido formidável com a espada e Cícero com a pena, isso não era suficiente para enfrentar as novidades da época: a pressão da plebe e dos provincianos, a inclusão de novos povos no sistema romano e a complexidade de governar um território gigantesco com as antigas regras ditadas por uma oligarquia.

César se antecipou. Havia concedido cidadania romana aos habitantes da Gália Cisalpina. Sendo assim, todos que viviam ao sul dos Alpes passaram a ser romanos. E, em última análise, ele também não acreditava na possibilidade de se reconciliar com Pompeu.

Para não lhe dar trégua, atravessou o Adriático e chegou a Durazzo, no Épiro — a terra que hoje chamamos de Albânia —, com poucas tropas. A maior parte de seu exército, sob o comando de Marco Antônio, estava parada em Brindisi. Temendo que esperassem o desfecho da guerra civil para então se aliar ao vencedor, César decidiu buscar suas tropas pessoalmente. Agiu mais uma vez de repente, sem dizer nada a ninguém, e embarcou num pequeno barco, à noite, disfarçado de escravo. No entanto, naquela noite, o mar estava agitado, e os ventos, contrários. O timoneiro dera ordem de retorno à terra quando César se levantou e se revelou: "Coragem, homem valente, você leva César e seu destino".

Foi uma cena grandiosa, mas inútil: o timoneiro voltou mesmo assim. Àquela altura, César escreveu a Marco Antônio uma carta duríssima: *"Ad suos severius scripsit"*, o tenente entendeu então que não poderia mais procrastinar.

Em Durazzo, César sofreu uma dura derrota, perdendo mil homens em um dia, e teve que recuar para o sul, na Tessália. Mas, no confronto decisivo, em Farsália, seu gênio militar prevaleceu. Apesar de contar com menos da metade dos soldados de Pompeu — 22 mil contra 45 mil —, encurralou o adversário com uma série de manobras e truques. Por exemplo, ordenou que seus homens mirassem no rosto dos cavaleiros, todos jovens aristocratas, que certamente não estavam dispostos a arriscar os belos olhos, enquanto pelo menos quatro centuriões de César ficaram cegos em batalha.

Pompeu não entendeu mais nada. Derrotado, trancou-se atordoado na própria tenda. Tiveram que arrastá-lo quase à força, arrancar-lhe o manto de general, colocá-lo no primeiro cavalo disponível, escondê-lo em um navio carregado de grãos.

César havia ordenado a seus homens que não fossem implacáveis: "Peço-lhes, soldados, que não ataquem o inimigo pelas costas. Quem foge de vocês deve ser considerado um cidadão, um amigo. Mas, se forem confrontados, não tenham piedade, por mais que estejam diante de seus pais, a quem amam. A espada do filho deve, então, atingir o rosto do pai". Quinze mil pompeianos caíram em campo, dos quais seis mil eram cidadãos romanos. Eram 24 mil prisioneiros. César ordenou que fossem poupados e estabeleceu que cada um de seus soldados poderia escolher um inimigo-amigo para libertar.

Para resistir à tentação de se vingar, mandou queimar o arquivo secreto de Pompeu, sem ler as cartas dos notáveis que juravam fidelidade e amaldiçoavam César.

Entre os aristocratas que seguiam Pompeu, havia um jovem especialmente querido por César. Chamava-se Marco Júnio Bruto, e era filho de uma amante de César, Servília. Ela era justamente a irmã de Catão, a mulher que enviara um bilhete a César no Senado na época da conspiração de Catilina, induzindo o austero irmão ao erro. Havia quem murmurasse que o verdadeiro pai de Bruto era César.

De natureza sensível e incerta, Bruto não havia participado da batalha, preferindo ficar dentro da tenda. Depois, escreveu uma carta a César, que o chamou e o perdoou. Os dois foram vistos tendo uma longa conversa. O vencedor perguntou para onde o derrotado iria, e Bruto não hesitou em trair Pompeu: "O plano, em caso de derrota, era refugiar-se no Egito", respondeu.

Não seria sua última traição.

CRUZEIRO NO NILO COM CLEÓPATRA

Em vez de partir imediatamente para o Egito, César deseja fazer uma pausa inusitada, uma viagem de turismo religioso. Afinal, além de ser um grande general, escritor e político, César é também um grande viajante, tendo percorrido o mundo conhecido de uma fronteira à outra, por mais que, até então, conhecesse mais o Ocidente do que o Oriente, que sempre fora o centro da civilização antiga.

Assim, antes de chegar a Alexandria, visita as ruínas de Troia. E, em Troia, faz algo que lhe é incomum: reza. Espalha incenso. Confia nos deuses, sobretudo em uma deusa, Vênus, que, por ser mãe de Eneias e avó de Iulo, é vista por ele como sua progenitora. Seu êxtase místico é tanto que ele promete reconstruir Troia. Depois, parte para acertar as contas com Pompeu.

A campanha egípcia não é particularmente gloriosa. Mais do que um confronto militar, é um duelo político e diplomático com a casta sacerdotal que governa o país, colocando no trono reis e rainhas ainda crianças e fazendo-os casar-se entre si. Naquele momento, o rei era justamente um menino, Ptolomeu, que, segundo o testamento do pai, dividia o trono com a irmã mais velha, uma jovem de grande beleza e inteligência: Cleópatra. Evidentemente, os dois tinham brigado. Ptolomeu e seus conselheiros haviam expulsado Cleópatra, que marchava sobre Alexandria com seu exército. Para complicar essa disputa familiar, no Egito estavam chegando Pompeu e seu perseguidor, César.

Pompeu pede asilo a Ptolomeu. No entanto, a corte egípcia — ou melhor, grega — não quer se arriscar defendendo a causa de um derrotado. Como o teme, a corte responde que sim e envia um barco para buscá-lo. Ele se despede da esposa — que implora a ele que não confie —, sobe a bordo e é recebido por uma lâmina nas costas. A cabeça dele é oferecida a César como garantia de aliança contra a rebelde Cleópatra. E, aqui, ocorre um fato estranho, que revela a profundidade — mas também a contradição — de seu espírito.

Um cortesão de Ptolomeu vai ao encontro de César com um navio, trazendo-lhe de presente um prato coberto por um véu. Debaixo do pano, estão a cabeça de Pompeu e o anel com seu selo, um leão armado com uma espada. Lucano atribui ao cortesão uma declaração pomposa: "A este preço, ó César, pagamos a amizade contigo […]. Se isso é um crime, reconhece que nos és ainda mais devedor: não foste tu quem teve que cometê-lo". Mas César irrompe em lágrimas — e não é uma comoção momentânea. Começa a se lamentar, a lembrar que Pompeu era um compatriota, tinha sido seu parente e aliado, e seu assassinato o priva do "único prêmio possível em uma guerra civil: conceder salvação aos vencidos".

Esquece-se apenas de dizer que, se os egípcios não tivessem cortado aquela cabeça, ele mesmo a teria cortado.

🔁🔁🔁🔁🔁

Em Alexandria, César se viu envolvido na guerra civil. Aliou-se a Cleópatra, que tinha bons argumentos. O irmãozinho Ptolomeu caiu em batalha aos 14 anos: reconheceram-no pela armadura de ouro que vestia, sentindo-se um pequeno Alexandre, o Grande.

Graças ao poderio romano, Cleópatra recuperou o poder, ainda que obrigada, também pelo testamento do pai, a se casar com mais um irmãozinho, de apenas 10 anos, que foi chamado de Ptolomeu XIV. César se recompensou concedendo a si mesmo outra viagem, que conciliava seu anseio por explorar o mundo e o impulso erótico que o movia.

Um barco dourado, com um quarto de dormir a bordo, navegou pelo grande rio de Alexandria até a fronteira da Etiópia. Crocodilos, hipopótamos, palmeiras, templos e povos de pele cada vez mais escura. Cleópatra parecia realmente apaixonada e vivia de bom humor — característica que César apreciava.

Foi o primeiro cruzeiro pelo Nilo da história.

Após sessenta dias, César voltou a Alexandria. Estava no Egito havia nove meses e, enquanto isso, o rei do Ponto, Fárnaces, rebelara-se contra Roma. O Ponto, região na costa sul do Mar Negro, era a ligação natural entre o Mediterrâneo e a Ásia Central, portanto, estratégica. Sendo assim, Roma não podia perdê-la de jeito nenhum. César partiu, derrotou Fárnaces em quatro horas, saqueou suas cidades e mandou a Roma ouro, joias, colunas e outros tesouros para serem exibidos no Capitólio com uma placa: *"Veni vidi vici"*: vim, vi, venci. Três palavras, seis sílabas e doze letras que diziam tudo.

Os romanos adoraram. *Veni vidi vici* tornou-se um slogan, uma expressão, um lema de orgulho destinado a ser repetido inúmeras vezes e que dura até hoje. Um lema que tinha tudo de César: a inteligência, a velocidade, a concisão e também a habilidade de fazer propaganda de si mesmo, o que hoje chamaríamos de autopromoção. Hoje, as redes sociais nos exigem concisão e rapidez todos os dias, mas não consigo pensar em nenhum post, em nenhum tweet tão eficaz quanto *veni vidi vici*.

※ ※ ※ ※ ※ ※

Pompeu tinha morrido, mas a guerra civil não havia terminado. Àquela altura estava nítido que César vinha impondo um regime pessoal, ao qual toda a oligarquia que comandava Roma havia décadas era contrária. Ainda havia exércitos pompeianos estacionados na África, na Espanha e no Oriente, muitas vezes aliados a reis locais que haviam se rebelado contra Roma. Era necessário derrotá-los um por um. Mas antes, porém, de volta à capital, César teve que enfrentar um motim.

Muitos de seus legionários estavam cansados de lutar. Reivindicavam sua parte no saque e terras para cultivar. Salústio, um homem de fala fácil, que não por acaso viria a se tornar um historiador famoso, foi enviado para negociar. Ele apareceu de mãos vazias, acreditando que poderia apaziguar os soldados com promessas. No entanto, eles o perseguiram até as muralhas de Roma. Queriam falar com César e com mais ninguém.

O comandante aceitou de bom grado, com a única condição de que deixassem as armas fora da cidade. Ele mesmo apareceu no Campo de Marte desarmado. Os legionários mostraram as marcas das feridas, queixaram-se dos esforços que tinham aguentado, pediram para receber imediatamente as recompensas prometidas e depois para serem dispensados. César manteve a calma, como sempre. E respondeu: "Terão suas recompensas quando eu celebrar meu triunfo com soldados que não serão vocês. Pedem dispensa? Pois bem, estão dispensados, ó *quirites*". César os chamou de *quirites*, ou seja, cidadãos, e não mais *milites*, soldados. Eles ficaram furiosos: "Nós somos *milites*! Leva-nos contigo para a África, para a Espanha, para o Oriente, para toda parte!". A situação havia se invertido: agora, eram eles que precisavam de César, e não vice-versa.

A primeira parada da última cruzada é a África, governada pelo irredutível Catão. As coisas começam de forma desastrosa. César desembarca na costa tunisiana, mas, assim que pisa em terra firme, tropeça e cai estatelado. Os soldados ficam em silêncio, pensando ser um mau presságio. Mas ele prontamente exclama: *"Teneo te, Africa"*, você é minha, África — quase como se tivesse se inclinado para beijar o solo, numa antecipação do que, dois milênios depois, se tornaria um gesto habitual de outro grande viajante e conquistador de povos, o papa João Paulo II. Os legionários acreditam, ou fingem acreditar, na cena e irrompem em gritos de triunfo.

Além disso, César gosta de brincar com o destino. De acordo com uma profecia, os Cipião seriam invencíveis na África, e seus inimigos eram liderados por Metelo Cipião, sogro de Pompeu. César, porém, não se abala e pergunta: "Não temos também um Cipião entre nós?". Havia, sim, um Cipião entre os cesarianos, mas tão insignificante que mal era considerado. César o põe simbolicamente à frente das tropas e conquista uma grande vitória em Tapso.

Lutando ao lado dos pompeianos estava Juba, rei da Numídia, com seus elefantes. Mas um trombeteiro de César, percebendo um momento de desorientação entre os imponentes animais, deu o sinal para atacar — assim, de repente, sem aguardar ordens. Assustados, os elefantes viraram-se e atropelaram as tropas de Juba. Foi um triunfo. Certamente exagerando, Plutarco escreve que, em Tapso, morreram cinquenta mil rebeldes, enquanto César perdera apenas cinquenta homens. Sem dúvida, em seu exército, assim como no de Napoleão, um simples soldado — neste caso, um trombeteiro — poderia carregar na mochila o bastão de marechal.

Plutarco afirma que César não participou da batalha de Tapso devido a um ataque do "mal de sempre", a epilepsia, que já o havia afligido duas vezes na Espanha e que se manifestaria às vésperas de sua morte. No entanto, se um homem de imensos sucessos foi de fato prejudicado pela doença, isso só faz aumentar sua dimensão histórica.

Juba escolheu uma forma estranha de cometer suicídio: promoveu um banquete fúnebre em vida, embriagou-se e desafiou para um duelo até a morte um dos comandantes romanos e seu aliado, Marco Petreio, que também estava decidido a acabar com a própria vida. Petreio venceu e matou Juba. Depois, sem encontrar coragem para cometer suicídio, ordenou que um escravo o empalasse.

Bem mais nobre foi o destino de Catão, entrincheirado na capital da África romana, Útica. Convocou todos à resistência extrema, entretanto os mercadores não tinham a menor intenção de se sacrificar em defesa do sonho da República — pelo contrário, estavam ansiosos para se lançar aos pés de César e retomar seus negócios.

Catão se recolheu a seus aposentos. Tomou um banho quente e demorado. Convidou amigos para um jantar, sem lhes contar que havia decidido suicidar-se. Saiu para caminhar no jardim. Em seguida, trancou-se no quarto para ler o *Fedão*, o diálogo platônico em que Sócrates, antes de beber a cicuta, reflete sobre a imortalidade da alma (vale dizer que não se trata do diálogo mais cativante. Quando Platão o leu em público, os atenienses, entediados, foram embora, restando apenas um estrangeiro para ouvir, vindo da Macedônia — chamava-se Aristóteles). Catão encontrou no livro consolo para sua escolha: melhor morrer livre do que viver em escravidão.

Assim, pegou a espada e a cravou no próprio ventre. Seu filho e o médico Cleantes correram até ele, costurando a ferida. Mas Catão a reabriu e arrancou as entranhas, morrendo em meio a dores terríveis.

A comoção em Roma foi intensa e duradoura, inspirando algumas das frases mais marcantes da literatura latina. Sêneca escreveria, esplendidamente, que "*generosum illum contemptoremque omnis potentiae spiritum non emisit sed eiecit*", esse espírito generoso e desafiador de todo poder não o exalou, arrancou-o à força. Lucano observaria que "*victrix causa diis placuit, sed victa Catoni*", os deuses gostaram da causa dos vencedores e Catão, da dos vencidos.

Quando Cícero soube da notícia, comentou que Catão havia preferido o suicídio a ter que encarar o rosto do tirano. De fato, César estava a caminho de Útica. Em grego, a língua que usava nos momentos de maior emoção, disse: "Catão, tenho ciúmes desta tua morte, que me priva da glória de salvá-lo". Mas, naquela ocasião, ele não chorou. Pelo contrário, para celebrar o próprio triunfo, ergueu pelas ruas de Roma a imagem de Catão enfiando as mãos nas próprias entranhas.

O povo não gosta. Uma coisa era comemorar vitórias sobre os bárbaros, outra bem diferente era celebrar vitórias sobre os compatriotas. A partir de então, Catão passaria a ser chamado de "o Uticense" —

também para distingui-lo de Catão, o Censor. Santo Agostinho expressaria admiração por ele. E Dante o colocaria como guardião do Purgatório, a maior honra possível para um pagão.

O SENHOR DO TEMPO

César retornou a Roma em 25 de julho de 46 a.C. Voltando da África, seu inquieto espírito aventureiro o levara à Sardenha, onde se estabeleceu por três meses e fundou uma cidade à beira-mar, perto de Turris (Porto Torres), uma espécie de Costa Esmeralda da época.

A recepção na capital foi memorável. No Capitólio, ergueram uma estátua equestre para ele com a inscrição "semideus" — que, por modéstia, César mandou remover.

Foram organizados não apenas um, mas quatro triunfos. O primeiro celebrou a vitória sobre Vercingetórix, acorrentado à carruagem de César. Após seis anos de cadeia, saía da Prisão Marmetina, encarando sua tortura como uma libertação. Contudo, teve que suportar os insultos e cuspidas da multidão. O vencedor usava uma toga escarlate e havia pendurado na carruagem um amuleto contra a inveja: um falo ereto. Apesar disso, a carruagem derrapou e César quase caiu. O povo interpretou isso como um mau presságio, e ele se viu forçado a subir as escadas do Capitólio de joelhos, em um gesto de humildade e reconexão com os deuses. Curiosamente, durante séculos, gerações de cristãos fariam o mesmo em Roma, na Escada Santa, no Latrão.

O segundo triunfo celebrou a vitória no Egito. Contudo, Cleópatra não foi acorrentada, mas acomodada em uma propriedade de César perto do Tibre, junto com o filhinho a quem ela astutamente dera o nome de Cesarião, sinalizando a todos que o pai era justamente o novo senhor do mundo. Como, porém, nenhum triunfo é completo sem um derrotado, quem sofreu a humilhação foi a irmã mais nova de Cleópatra, Arsínoe, que havia tentado usurpar-lhe o trono de Alexandria.

Quando César também celebrou um triunfo pela campanha contra Fárnaces, os cartazes com o que já havia se tornado seu lema e um grito de vitória para todos os romanos — *Veni vidi vici* — voltaram a ser exibidos. Festejou-se também a vitória sobre Juba, embora ele já estivesse morto — em seu lugar desfilou um menino às lágrimas, seu filho de 5 anos. Os romanos aplaudiram a passagem de quarenta elefantes, que também serviam para lembrar a origem do nome de César e o ancestral que, muitos anos antes, havia matado um elefante de Aníbal. Pela primeira vez, as ruas da Urbe viram um animal que parecia saído da pré-história: a girafa.

Foi durante esse quarto e último triunfo que o povo grunhiu ao ver a representação da trágica morte de Catão em Útica. Sabiamente, César havia decidido não evocar a decapitação de Pompeu, que, nas classes dominantes, certamente era mais querido do que ele. Cícero escreveu *Catão*, um elogio ao falecido e uma defesa fervorosa da República. César, que tinha um apreço literário pelo adversário, respondeu-lhe com os *Anticatones*, uma invectiva para argumentar que Catão não era exatamente o santo que se imaginava. Por exemplo, havia emprestado, por dinheiro, a esposa Márcia ao milionário Quinto Hortênsio. Na realidade, Catão havia oferecido a própria mulher a um amigo que não podia ter filhos.

Os triunfos de César entrarão para a iconografia da arte ocidental, inspirando afrescos e tapeçarias que vão de Rafael a Mantegna, mais tarde reunidos pela coroa britânica e hoje preservados em Hampton Court. Naturalmente, as gerações seguintes acrescentaram suas próprias interpretações. Por exemplo, foi escrito que mais ninguém ousava tratar César pelo pronome "tu", e sim por "vós", tal como Mussolini exigiria que fizessem com ele (e quase todos obedeceram, exceto Italo Balbo e pouquíssimos outros).

Isso, no entanto, é falso. Mais do que aos títulos de honra, César dava valor ao apoio popular. Distribuiu 50 mil denários a cada legionário e 150 denários a todos os cidadãos, inclusive aqueles que nunca haviam empunhado uma arma. Organizou espetáculos teatrais, incluindo um concebido e interpretado por Décimo Labério, um autor e ator que, por isso, havia sido expulso da ordem equestre. Assim como Shakespeare não pôde ser enterrado em terra sagrada, os romanos viam os atores como seres desprezíveis. Contudo, César apreciou a peça e devolveu a Labério sua posição social. Para encerrar as celebrações, ofereceu um banquete para duzentas mil pessoas que durou três dias.

No Circo Máximo, os gladiadores lutaram contra quatrocentos leões, em memória de Júlia, filha de César, que havia sido esposa de

Pompeu. Um gesto político. O vencedor renunciou aos expurgos. Permitiu que os exilados retornassem, desde que se arrependessem. Lembrou a todos que havia queimado todas as cartas do arquivo de Pompeu, sem lê-las, justamente para evitar planos de vingança: muito sangue romano já havia sido derramado por romanos. Mandou reinstalar as estátuas de Pompeu, que alguns zelosos haviam derrubado. Garantiu que a tirania era contrária ao seu caráter. César se considerava benevolente — ou, pelo menos, fazia questão de se apresentar como tal.

Também não perdeu o senso de ironia, que às vezes beirava o sarcasmo. Ao desfilar pelo Fórum, um dos dignitários recusou-se a se levantar e cumprimentá-lo. Era Pôncio Áquila, tribuno da plebe. César considerou o gesto um desrespeito e, por dias, sempre que anunciava uma decisão, acrescentava: "Desde que Pôncio Áquila esteja de acordo", "Desde que não desagrade Pôncio Áquila", "Naturalmente, após consultar Pôncio Áquila…".

Na verdade, como observou Cícero: "Tudo agora depende de um só homem. César não ouve sequer os seus. Só aceita conselhos de si mesmo".

🏛🏛🏛🏛🏛

Sua ambição de mudar o mundo concentrou-se em um aspecto que dizia respeito a todos, em todo o império: o tempo. Roma adotava o calendário lunar, resultando num ano de 354 dias e 8 horas, ao qual se adicionava um mês a cada três anos. Mas a confusão havia se estabelecido de tal maneira que a festa da colheita era celebrada no verão e a da semeadura, no inverno. Tendo estado em Alexandria e observado os astrônomos egípcios e gregos em ação, César redesenhou o calendário.

O ano de 46 a.C. foi o mais longo da história, tendo durado quinze meses. Os ponteiros do tempo foram redefinidos. Dali em diante, o ano duraria 365 dias, com um dia adicional a cada quatro anos — o *bis sextus dies ante kalendas martias*, de onde vem o "bissexto". O novo calendário foi chamado de juliano, e *Quintilis*, o mês de nascimento do ditador, foi renomeado *Iulius*, julho. O povo ficou impressionado. Mesmo assim, ainda ouviam-se resmungos aqui e ali.

César também tomou medidas impopulares. Reduziu pela metade o número de pobres que tinham direito à *frumentatio*, a distribuição gratuita de grãos — foi como abolir a renda básica dos cidadãos. Expulsou de Roma os estrangeiros que tinham ido até a cidade em busca de uma vida melhor e não haviam encontrado trabalho, numa espécie de repatriação forçada. Também impôs austeridade, proibindo a importação de seda e pedras preciosas do exterior, requisitando joias e talheres de ouro e limitando o uso de liteiras somente aos ricos de certa idade. No entanto, ofereceu dinheiro às famílias numerosas, para tentar reverter a curva demográfica. Estabeleceu que nenhum veículo para transporte de mercadorias pesadas podia circular por Roma durante o dia, uma medida à frente de seu tempo, em comparação com os nossos prefeitos. E também reformou a escrita. No Egito, tinha visto que os papiros não eram enrolados, como em Roma, mas encadernados, e adotou o mesmo sistema. Depois do calendário solar, também os livros haviam sido inventados.

CÉSAR NÃO CHORA MAIS

As guerras não tinham acabado. Os pompeianos que sobreviveram haviam deixado a África e se refugiado na Espanha. Eram liderados pelos dois filhos de Pompeu, Cneu e Sexto, que nutriam um ódio profundo por César. O ato final do conflito civil foi travado sem o espírito cavalheiresco e sem aquele remorso de derramar sangue romano que havia marcado os primeiros confrontos. De um lado, estavam os irredutíveis, decididos a vencer ou morrer. Do outro, homens determinados a erradicar a rebelião de uma vez por todas. Os prisioneiros cesarianos eram estrangulados, os pompeianos tinham as mãos decepadas. Os civis que se recusavam a abrir as portas de sua cidade aos dois exércitos eram atirados das muralhas.

Em Munda, na atual Andaluzia, não muito longe de Cádiz, travou-se uma batalha cruel e silenciosa. Não se ouviram as trombetas de guerra, as músicas do ataque e os cantos de intimidação e triunfo. Ouviam-se somente gritos de *laede, occide, neca*: fere, mata, aniquila.

César quase perdeu tudo. Ele também arriscava a própria vida em cada batalha. Para surpreender o inimigo, partiu com apenas duas legiões, às quais se uniram as seis que ele já tinha na Espanha. Os pompeianos, contudo, eram quase o dobro em número.

Quando a derrota parecia iminente, César mais uma vez desceu do cavalo, arrancou o escudo de um legionário e correu em direção ao inimigo, agarrando os porta-estandartes que fugiam e forçando-os a segui-lo. Para alguns, parecia que buscava a morte, mas, na realidade, buscava evitar a derrota, que para ele significava o fim. Ele gritava: "Quem diabos são Cneu e Sexto? Dois garotinhos comandando um exército de rebeldes. Tenham vergonha de serem derrotados por garotinhos! Tenho 55 anos e prefiro morrer a ser capturado vivo!".

Ele também tinha um garotinho consigo, ainda mais novo que os filhos de Pompeu. Chamava-se Otaviano, seu sobrinho-neto. A mãe, Ácia, era filha da irmã de César. Aos 17 anos, a batalha de Munda acabou sendo seu batismo de fogo, embora tenha sido mais espectador do que participante.

Os pompeianos perderam trinta mil homens. Sem torres de cerco, César ordenou que amontoassem os corpos para escalar as muralhas de Munda (alguns, contudo, dizem que foi para bloquear os portões) e exterminar os últimos resistentes — uma cena que não tinha sido vista sequer nas guerras contra os bárbaros.

Depois, ele voltou a Cádiz para visitar o templo de Hércules, o mesmo onde, 23 anos antes, havia se emocionado ao concluir que ainda não havia realizado nada de significativo. Ele comemorou saqueando o tesouro. Trouxeram-lhe a cabeça de Cneu Pompeu e, dessa vez, ele não chorou.

ⴲⴲⴲⴲⴲ

Roma era dele, restava decidir o que fazer com ela. Depois de quatro anos, a guerra civil havia sido vencida. No entanto, não se deve acreditar que César ficou sem inimigos. A mudança abrupta nas instituições e a forte repressão que ele havia aplicado ao sistema foram demais. As famílias que haviam passado o poder umas às outras durante séculos começaram a se sentir insignificantes. E o povo oscilava: amava César, reconhecia suas vitórias e a distribuição de comida e dinheiro, contudo a perspectiva de ter um líder absoluto — como nos tempos não saudosos dos reis — inquietava a todos.

Quase que de imediato começaram a tramar esquemas para eliminá-lo. Já durante a viagem de volta da Espanha, um de seus tenentes, Caio Trebônio, propôs a Marco Antônio uma aliança para matar César. Antônio, que era o braço direito do ditador, recusou — mas, curiosamente, não sentiu a necessidade de avisá-lo.

Em Roma, César permitiu-se mais um triunfo e, quebrando mais um tabu, comemorou abertamente uma vitória sobre outros romanos. Cícero fez vista grossa e o recebeu em sua casa à beira-mar, em Pozzuoli, perto de Nápoles. O jantar foi agradável, até porque não se falou de política, mas de literatura.

Em suas cartas, Cícero não reclama do hóspede, e sim de seu séquito: viu a própria casa cheia de oficiais famintos, com dois mil soldados acampados do lado de fora. Mas a paixão de César pela oratória e poesia era genuína, e convidou Catulo — que o havia insultado em versos que hoje consideraríamos homofóbicos — para jantar.

Ergueram uma estátua para ele no Capitólio e outra no templo de Rômulo. E dedicaram um templo a *Iuppiter Iulius*, Júpiter Julio. O Senado o proclamou ditador vitalício e imperador, um título transferível aos herdeiros. Todos os dias em que conquistara uma vitória foram declarados feriados. Contudo, apesar da introdução de tantos dias festivos, o povo permanecia perplexo. Para piorar o descontentamento, os pompeianos competiam em propor novos títulos e novas honras a seu inimigo.

O próprio César hesitava. Por um lado, havia se afeiçoado ao poder pessoal, a ponto de enviar um de seus amantes, Rufião — filho de um escravo liberto — para comandar as três legiões que controlavam o Egito. Por outro, temia que formalizar o controle sobre o império pudesse trazer mais riscos do que benefícios. Na dúvida, agia com arrogância. Parecia ter perdido aquele estilo informal e acessível que havia conquistado as pessoas.

Um dia, convocou o Senado ao templo da Vênus Genetrix, a deusa que César considerava sua ancestral. Recebeu os senadores sentado num trono dourado e, contrariando a tradição, não se levantou quando eles entraram. Os senadores ficaram muito ofendidos. César então percebeu que havia cometido um erro e sentiu a necessidade de se justificar, explicando que tivera um ataque de epilepsia. No entanto, alguns espalharam o boato de que se tratava de uma enfermidade bem menos nobre: uma diarreia. Enquanto voltava para casa, César apontava para o próprio pescoço diante dos transeuntes e dizia em um tom meio expiatório, meio desafiador: "O que estão esperando para me degolar?".

Muitos não esperavam mais nada.

OS IDOS DE MARÇO AINDA NÃO ACABARAM

A verdade é que Roma sempre havia sido pequena para César, e continuava sendo. Ele já planejava uma campanha no Oriente, contra os partos, para expandir as fronteiras do Império e vingar a derrota de Crasso. Sonhava em voltar passando pela Germânia, para subjugar também os povos que viviam a leste do Reno. Já havia começado a reunir tropas do outro lado do Adriático, na Ilíria (que hoje conhecemos como Bálcãs), e tinha enviado para lá seu protegido, Otaviano.

Na mente de César, a ideia de império já estava nítida. O modelo ainda era ele: Alexandre, o Grande. E o verdadeiro inimigo, como escreveu Plutarco, era si mesmo. César tinha ciúmes do que havia sido, como se fosse um estranho. Desejava sempre mais.

A Gália Cisalpina, isto é, a planície do Pó, passou a fazer parte da Itália. Os líderes das Gálias e da Espanha entraram no Senado, para grande indignação dos optimates romanos. César refundou Cartago e Corinto, que seus antecessores haviam destruído, e planejou cortar o istmo do Peloponeso e drenar as planícies pontinas, como Mussolini viria a fazer dois milênios depois. Recebeu em Roma os judeus exilados de Jerusalém. Também tinha planos de reunir todos os grandes livros gregos e latinos em uma imensa biblioteca pública, seguindo o modelo da biblioteca de Alexandria, que havia sido destruída justamente na guerra que ele levara ao Egito. Mesmo em tempos de paz, assim como na guerra, César revelava uma alma grandiosa, uma visão superior. Mas ainda enfrentava forças poderosas.

Alguém pôs um diadema, uma coroa de louros com uma faixa branca, na cabeça de uma estátua sua, mas ele mandou retirá-la.

Proclamaram-no rei, mas ele respondeu: *"Caesarem se, non regem esse"*, ele era César, e não um rei — já era César, e não poderia ser nada além disso. Preferia ser ele mesmo a ser um rei. E nenhum título teria sido capaz de lhe acrescentar qualquer coisa a mais.

Parecia uma demonstração de humildade, mas, na verdade, era um grande sinal de orgulho. Paradoxalmente, terminaria bem assim: seus sucessores teriam o título de césar, que também seria reivindicado por muitos imperadores na história. Mas César, o verdadeiro, nunca teria o título de rei ou de imperador.

Corria o boato de que ele estava prestes a fazer um testamento. Na verdade, ele já o tinha feito, nomeando Otaviano como herdeiro. Mas Marco Antônio não sabia. E tentou aproveitar a festa de Lupercália para coroar César, colocando-se, então, como seu sucessor natural.

A Lupercália era um rito antigo. Homens nus, lambuzados de óleo, percorriam as ruas de Roma açoitando os transeuntes com uma pele de cabra, como os pastores açoitavam os lobos para proteger os rebanhos. E os transeuntes se submetiam de bom grado ao auspicioso rito, sobretudo as mulheres que queriam engravidar. Era 15 de fevereiro de 44 a.C. Animados pelo clima festivo envolto em sensualidade, os romanos viram um dos participantes se ajoelhar diante de César e lhe oferecer mais uma vez a coroa. Ele, porém, recusou-a, em meio aos aplausos da multidão. Antônio insistiu, mas César pegou o diadema e o jogou para o povo: "Levem-no ao Capitólio, pois seu rei é Júpiter".

Aos pretensos assassinos de César não faltava motivação, e sim um líder. Pompeu e seus filhos haviam sido mortos. Catão, o líder moral dos republicanos, havia escolhido a morte. Restava seu sobrinho, Marco Júnio Bruto, que também era seu genro. Bruto havia se casado com a filha de Catão, Pórcia, e era filho da irmã de Catão, Servília. Mas Servília também era uma das amantes históricas de Júlio César. E Bruto, após ter seguido e traído Pompeu, fora perdoado e acolhido pelo novo senhor.

De Bruto, restaram retratos contraditórios. Era um homem culto, havia estudado em Atenas. Segundo Plutarco, era movido por um verdadeiro amor pela República, e se sentia como Harmódio e Aristógio, que desprezaram a própria vida para matar o tirano ateniense Hiparco e garantir a liberdade de todos. Dizia-se que descendia daquele Júnio

Bruto que havia expulsado os tarquínios de Roma, e isso aumentava o peso da responsabilidade que sentia sobre si.

Outros, porém, o consideram um homem ganancioso e corrupto — Cícero o descreve como um usurário —, cruel e ao mesmo tempo covarde, inquieto e, acima de tudo, indeciso. Naqueles dias, ele se recolhera para meditar, sem confidenciar-se com ninguém, nem mesmo com a esposa. Assim, Pórcia, em um gesto digno de uma romana antiga, se feriu na coxa com um ferro, para mostrar sua resistência à dor, e ao mesmo tempo sacudir o marido: "Não sou uma meretriz com quem se divide apenas o triclínio, sou uma mulher com quem se pode abrir o coração". Assim, Bruto revelou seus planos a ela.

A conspiração começava a ganhar forma. Onde matar César? Alguns propunham esperá-lo na entrada do teatro de Pompeu, outros na via Sacra que atravessava o Fórum, e outros ainda sugeriam jogá-lo de uma ponte.

Incrivelmente, César havia renunciado à segurança pessoal e dispensado os guardas pessoais. Alguém o alertou sobre a conspiração, mencionando até o nome de Bruto, mas ele sorriu e disse: "Bruto saberá esperar o fim deste corpo doentio". No fundo, César se considerava intocável. Sua sobrevivência era a garantia da paz, e sem ele as guerras civis retornariam. Por isso, afirmava: "Minha vida é mais útil ao Estado do que a mim mesmo". Ele não poderia ter mais nada, mas sua morte significaria a ruína do Estado.

᳘᳘᳘᳘᳘᳘

Os presságios que se manifestaram no fim do inverno de 44 a.C. foram tantos e tais que parecem ter sido inventados posteriormente. Tudo indicava que algo terrível estava prestes a acontecer.

Os cavalos com os quais César e seus partidários haviam cruzado o Rubicão, guardados como relíquias, choravam como os cavalos de Aquiles, prenunciando sua morte. No céu, viram-se bolas de fogo. Chovia sangue. Uma cariça entrou na Cúria de Pompeu — sede provisória do Senado — com um ramo de louro no bico, mas foi agredida e morta por um bando de aves malvadas.

Em Cápua, veteranos de César que estavam arando a terra a eles atribuída descobriram algo muito perturbador: o túmulo de Capi, fundador da cidade e companheiro de Eneias. A placa de bronze dizia: "Quando a ossada de Capi for encontrada, um descendente de Iulo será assassinado pelas mãos de seus parentes, mas a morte logo será vingada com infinitos lutos por toda a Itália".

Alguns presságios relatados por historiadores parecem, francamente, inverossímeis. Um touro foi sacrificado, mas seu coração não foi encontrado. Como o bovino poderia viver sem coração foi uma dúvida que ninguém jamais elucidou. O fato é que os adivinhos extraíram disso péssimos presságios.

Mas o aviso mais evidente veio de um famoso adivinho, Spurinna. "Cuidado com os Idos de Março", disse ele a César. Uma indicação tão precisa que leva a crer que Spurinna não havia lido aquilo nas entranhas de um animal, mas ficara sabendo por meio de um dos conspiradores.

Talvez até César tivesse pressentido algo. Adotou Otaviano como filho. Como herdeiro secundário, nomeou um de seus tenentes, Décimo Bruto, sem saber que ele também estava envolvido na conspiração. Certa noite, César foi jantar na casa de um amigo, Marco Lépido. Entre os convidados estava também Décimo. Alguém perguntou a César como ele gostaria de morrer. "De uma morte rápida e repentina", respondeu. Poucos dias depois, teria seu desejo atendido.

〽〽〽〽〽

No dia 15 de março de 44 a.C., os Idos de Março, estava prevista a sessão do Senado que finalmente coroaria César rei de Roma, por mais que o título só fosse válido fora da Itália. O pretexto era uma outra profecia, guardada ou descoberta para a ocasião nos Livros Sibilinos: os partos só seriam derrotados por um rei. Portanto, um rei precisava liderar as legiões na batalha nos confins orientais do mundo.

Na noite anterior, porém, tanto César quanto sua esposa, Calpúrnia, tiveram sonhos perturbadores. Ele imaginou-se voando até o Olimpo, onde era recebido por Júpiter em pessoa, que lhe estendia a mão. Ela teve uma visão mais realista: o marido era apunhalado e morria em seus braços. Acordou gritando e, naquele momento, as portas e janelas da casa se abriram sozinhas. Além disso, os Idos de Março — o dia central do mês, o quinze — sempre foram considerados um dia de azar, talvez também por ser o dia em que venciam as contas.

O choro de Calpúrnia convenceu César a não ir ao Senado. Em seu lugar, Marco Antônio se apresentaria para pedir o adiamento da sessão. Contudo, os Idos de Março eram de fato o dia que os conspiradores haviam escolhido para eliminar o ditador, antes que ele partisse para o Oriente e fosse tarde demais. Não podiam hesitar, seria muito perigoso. Precisavam de alguém capaz de fazer César mudar de ideia. Alguém em quem César confiasse.

Décimo Bruto se prontificou e soube ser persuasivo. Os senadores já tinham ficado ofendidos da outra vez, quando César não se levantara ao vê-los entrar. Se, dessa vez, ele faltasse a uma sessão tão importante, convocada por ele mesmo, o insulto seria ainda mais grave. Se realmente considerasse o dia inapropriado, ao menos que fosse o próprio César a solicitar o adiamento. Não poderia enviar seu tenente gordo e grosseiro para dizer "Vão para casa e voltem quando Calpúrnia tiver sonhos agradáveis".

César foi convencido. Décimo Bruto o pegou pela mão e o acompanhou até a rua. Antes de subir na liteira, o ditador foi cercado pela habitual multidão de pedintes, que lhe estendiam bilhetes e cartas com suas súplicas. Entre eles, estava Spurinna. César sorriu e disse: "Você é um falso profeta, os Idos de Março chegaram". Spurinna respondeu: "Sim, mas ainda não terminaram".

Um amigo de César — um grego chamado Artemidoro — abriu caminho em meio à multidão e lhe entregou um papiro. César o entregou para os secretários, mas Artemidoro insistiu: "Leia imediatamente, é importante". No bilhete, havia a notícia da conspiração. Mas parecia que César queria ignorar todos os avisos, dos deuses e dos homens, e seguir rumo ao próprio fim. "O destino", escreverá Petrarca, "cega aqueles que devem morrer".

Muito tempo depois, outro grego, o poeta Konstantinos Kaváfis, inspiraria-se naquele encontro sem sucesso com o destino para escrever um de seus poemas mais belos, intitulado, não por acaso, "Idos de Março":

Teme, ó ânima, as magnitudes.
E as querências; incapaz
de submetê-las, sondagem e apuro
preserva tua busca. Não prescindas do exame
e da vigília em teu avanço.

No ápice do teu destino, um César talvez,
quando te figures um ente de renome,
fica atento em tuas peregrinações,
mandatário conspícuo encabeçando o séquito,
se da massa irrompe um tipo como Artemidoro,
esbaforido, com um escrito:
"Não deixes para depois, lê agora;
cabeludos, são assuntos de tua alçada",
não titubeies, detém-te!, não evites refugar
a massa, curvada que te aplaude
(haverá tempo de sobra); o próprio Senado,
que te aguarde! Sem delongas, toma ciência
do que Artemidoro porta de tão árdego.

Os conspiradores também viviam horas febris. Matar César não era fácil. Mesmo desarmado e sem escolta, ou talvez justamente por isso, era um homem de imenso carisma, considerado quase um deus vivo. Por precaução, contrataram quinhentos gladiadores, que aguardavam no Teatro de Pompeu ali perto, prontos para intervir. O exército estava fora do jogo: Marco Lépido, cesariano, que comandava as tropas acampadas fora de Roma, estava longe realizando manobras de cavalaria. Mas havia aquele brutamontes, Marco Antônio, que daria a vida para defender César — o senador Trebônio tinha ficado encarregado de retê-lo fora da Cúria, com conversas vagas e demoradas. Alguém havia sugerido matá-lo também, mas Bruto era contra, pois deveria ser um tiranicídio, e não um ajuste de contas entre facções. Somente César deveria morrer.

Mas, de repente, Bruto recebe uma notícia terrível: sua esposa Pórcia havia morrido.

A notícia, contudo, era exagerada, já que Pórcia havia apenas desmaiado por causa da tensão. Mesmo assim, Bruto não voltou para casa, optou por ficar ao lado de seus companheiros. Sua determinação era absoluta.

卐卐卐卐卐卐

César desce da liteira. Cerca de sessenta senadores o aguardam na Câmara, mas os envolvidos na conspiração não passam de vinte. Entre eles estão Pôncio Áquila, aquele de quem César sempre debochava, e Lúcio Cornélio Cina, irmão de Cornélia, a esposa de quem ele havia se recusado a se separar.

César entra na Cúria. Um senador, Tílio Cimbro, aproxima-se dele e implora para que o irmão volte do exílio. César se irrita e tenta prosseguir, mas Tílio o impede, segura-o pela toga e o puxa.

É o sinal.

Os conspiradores sacam as facas escondidas nas dobras das togas. César fica atônito e murmura: "Mas isto é violência!". Públio Casca desfere a primeira facada pelas costas, mas ele fica inseguro, assustado, e só consegue arranhá-lo. César, que, ao contrário dele, é um soldado, arranca-lhe a adaga, acerta-o e grita: "Maldito Casca, o que está fazendo?". Em seguida, César é atingido por um golpe bem dado, cai, levanta-se e corre de um lado para o outro na Cúria, buscando uma saída, perseguido pelos conspiradores que o cercam por toda parte. Cássio o atinge no rosto. Os outros senadores apenas observam: ninguém, nem mesmo os gauleses e espanhóis que César tinha trazido ao Senado, para a raiva dos outros, se mexe para defendê-lo. Todos esperam para ver o que acontecerá. César grita, é atingido por mais golpes — nenhum mortal — e se debate. Seus assassinos, em meio à confusão, ferem-se entre si. Em seguida, Bruto avança e o fere bem na virilha, como se, de algum modo, devesse vingar seu pai.

César o olha, fica pasmo, resigna-se, entrega-se, deixa-se cair e cobre a cabeça com a toga. Terá a morte repentina com que havia sonhado.

Suas últimas palavras são "Até tu, Bruto, meu filho". Todos nos lembramos da frase em latim — *"Tu quoque, Brute, fili mi"* —, mas, na verdade, César a pronunciou em grego, a língua que falava nos momentos de maior emoção.

Alguns historiadores acreditam que ele não se referia a Júnio Bruto, mas a Décimo Bruto, chamado de "filho" porque ele o havia nomeado como segundo herdeiro depois de Otaviano no testamento. Mas isso, obviamente, jamais saberemos.

O corpo de César, marcado por 23 feridas, jaz aos pés da estátua de seu grande rival, Pompeu. Uma estátua que desapareceu e só foi encontrada em um porão no centro de Roma quinze séculos depois. Manchas vermelhas foram vistas nos pés de Pompeu — resultado da oxidação da cor —, mas todos acreditaram que fosse o sangue de Júlio César.

꧁꧁꧁꧁꧁꧁

Só então os senadores se dão conta do que havia acontecido e correm em direção à saída — em vão, pois são detidos por Bruto, que ergue a adaga e grita como um homem exaltado: "Vocês não têm mais nada a temer! O tirano está morto! Devolvemos a vocês a liberdade!".

O corpo de César é levado por três escravos fiéis — o braço pendurado da liteira — e é entregue a Calpúrnia, que vê seu pesadelo se tornar realidade. Alguns conspiradores queriam se apossar do cadáver para jogá-lo no Tibre e evitar o funeral, mas Bruto os impede. Um gesto nobre em termos humanos e errado em termos estratégicos, porque o funeral de César se transformará no julgamento de seus assassinos.

O problema é que os assassinos de César não são soldados, são políticos — que, no momento, não sabem o que fazer. Porque não têm um plano para gerir politicamente seu trágico ato. O máximo que conseguem fazer é se trancar no Capitólio à espera dos acontecimentos.

Marco Antônio foge de Roma disfarçado de escravo. A cidade inteira está em estado de choque. Bandos de saqueadores pilham casas e lojas. Num clima de anarquia, há muito derramamento de sangue em acertos de contas privados. O Tibre transborda. No céu surge um cometa, e os cesarianos afirmam ser seu líder, que se transformou numa estrela.

Bruto percebe que precisa falar e explicar as motivações de seu ato. Desce, então, do Capitólio e dirige-se à multidão no Fórum. Anuncia que a República voltou e é aplaudido pelos romanos. Mas então amaldiçoa César, que queria eliminar a República, e a multidão se agita, grita e insulta. Quando, como sinal de desprezo, Cina rasga a túnica militar que recebera de César, o povo tenta atacá-lo. Os conspiradores fogem e se fecham novamente no Capitólio. Bruto tem a ideia de pedir ajuda ao mais inteligente, ao mais eloquente, ao mais ouvido.

⊡⊡⊡⊡⊡⊡

Cícero é adversário de César, mas não participou da conspiração. Tem amigos entre os conspiradores, como Minúcio Basilo, a quem enviou um bilhete: "Meus parabéns, fico feliz". Mas ele entende que a morte de César não encerrou o jogo, reabriu-o.

Lépido regressa a Roma com seus legionários leais ao ditador assassinado. Marco Antônio está vivo e decidido a fazer qualquer coisa. Cícero quer mediar. Faz o Senado votar duas medidas aparentemente contraditórias: honrarias divinas para César; anistia para seus assassinos. Como se nada tivesse acontecido e tudo pudesse terminar sem vencedores nem vencidos. Os conspiradores descem do Capitólio e se reconciliam com os cesarianos. Bruto vai jantar na casa de Lépido, e Cássio, na de Antônio.

Antônio, porém, tem um plano. Ele considerava-se o verdadeiro herdeiro de César, assim, apodera-se de todo o seu dinheiro, tanto de seu patrimônio pessoal quanto dos 700 milhões de sestércios acumulados para financiar a expedição ao Oriente contra os partos. Mas há um bem ainda mais valioso: o testamento de César. Antônio o recebe das virgens vestais, a quem o documento havia sido confiado. E o usará como arma final.

⊡⊡⊡⊡⊡⊡

A leitura do testamento é o ponto de virada da história. César não nomeia Antônio como herdeiro, mas sim seu sobrinho-neto, Otaviano, e, depois dele, Décimo Bruto, sem fazer ideia de que seria um de seus assassinos. Mas, acima de tudo, César deixa para cada cidadão romano 300 sestércios, além do grande parque de sua propriedade aos pés do Janículo.

A emoção popular é imensa, até porque nenhum líder político, nem mesmo os Graco ou Caio Mário, havia jamais pensado em deixar seus bens para o povo. Cada romano passa a se sentir herdeiro de César, destinatário de seu legado econômico, mas também moral e político — o império universal, com Roma firmemente no centro.

O restante acontece no funeral. Na manhã de 20 de março, o corpo de César é carregado até o Fórum e elevado num palanque construído sobre a Rostra, onde eram expostos os restos dos navios capturados dos inimigos, um símbolo da grandeza de Roma. Uma estátua colorida retrata o ditador com todas as feridas das 23 punhaladas.

O discurso de Marco Antônio é mais conhecido pela reconstrução de Shakespeare do que pelas palavras de fato proferidas. Entre os mais desesperados estão os judeus — odiavam Pompeu, que destruíra o templo de Jerusalém, e amavam César, que os protegera. Os velhos legionários choram feito crianças. A emoção e a devoção são tamanhas que ninguém ousa acender a pira — quem o fez foram os escravos. Todos os romanos lançam algo pessoal no fogo: as matronas, as joias; os soldados, as armas.

Assim como em todos os funerais, mas desta vez ainda mais, cada um também chora a própria morte que virá.

No local onde o corpo de César foi queimado, será erguida uma coluna. Segundo uma tradição medieval, as cinzas do ditador teriam sido levadas à Praça de São Pedro.

⌗ ⌗ ⌗ ⌗ ⌗

A esta altura, a situação se torna dramática para os assassinos de César. A multidão encontra Cina e o despedaça — só depois perceberá ter linchado o Cina errado, homônimo do conspirador.

Bruto e Cássio fogem de Roma.

Cleópatra também foge, enquanto suas estátuas são demolidas, para a felicidade de Calpúrnia.

Cícero escreve: "César está mais vivo do que nunca. Os Idos de Março foram um consolo tolo". O grande orador não teme se contradizer, a sinceridade prevalece sobre a conveniência: "Desfrutei de seus favores (que os deuses o persigam mesmo após a morte). A morte do mestre não me devolveu a liberdade. Assim, seria melhor ter continuado sob seu domínio em vez de tentar trocá-lo. Sinto vergonha ao escrever estas coisas, mas não as apago".

O filho de Cícero une-se a Bruto, juntamente com um jovem inclinado à poesia: Horácio. Antônio torna-se o senhor de Roma.

Os conspiradores compreendem que ter matado César não resolveu nada, e para salvar a República são necessários um exército e outra guerra civil.

Do outro lado do Adriático, um jovem de 17 anos, recém-nomeado herdeiro universal do grande homem assassinado, deve tomar uma decisão. Manter-se longe de Roma, em segurança, e ao lado das tropas preparadas para a guerra no Oriente contra os partos — como imploram seus familiares. Ou então reivindicar o legado de César e pegar em armas para salvar tudo o que César fez.

AUGUSTO

5

O MITO DO PODER

CAIO JÚLIO CÉSAR OTAVIANO, mais tarde conhecido como Augusto, não era um gênio absoluto como o tio-avô. Homens como César são raridades em cada geração. Antes dele houvera Alexandre, oito séculos depois viria Carlos, e ambos foram chamados de Magno, o Grande. Mas homens extraordinários atraem grande ódio e, muitas vezes, têm fins terríveis.

Otaviano nunca aprendeu bem o grego. Não escreveu obras-primas, mas um resuminho de sua vida, um guia com fins propagandísticos, para ser exibido nas cidades do Império. Não foi um gênio militar: Filipos foi uma vitória de Marco Antônio, e Áccio, de Agripa. Não foi pessoalmente à Germânia, como César, e suas legiões foram derrotadas. Tinha a saúde frágil e era friorento. No inverno, usava malhas de lã e quatro túnicas debaixo da toga. De estatura baixa, usava calçados de salto, como Berlusconi. Não ampliou os domínios de Roma, mas os organizou. Superou César somente em dois aspectos: na crueldade e na capacidade de escolher e manipular pessoas. Não por acaso, será o verdadeiro fundador do Império. E morrerá na sua cama.

"DESTE-NOS UM REI!"

Otaviano soube do assassinato de César em 20 de março de 44 a.C. O mensageiro levou apenas cinco dias para ir de Roma a Apolônia, na atual Albânia. Otaviano tinha dois amigos ao lado, cada um destinado a mudar o destino dele e o do Império à sua maneira.

O primeiro é Marco Vipsânio Agripa. Filho de camponeses, era um homem extraordinário. Possuía grande talento militar, coragem mesclada com realismo e total desinteresse pessoal; sua força e seu talento pertencem a Otaviano. O segundo é completamente diferente. Aristocrático, afeminado, culto, amante das artes, usa a toga quase solta, mais até do que César. Chama-se Caio Cílnio Mecenas, e seu nome ressoará no decorrer dos séculos como uma figura de protetor e patrocinador dos artistas: justamente, um mecenas.

Ambos serão a sorte de Augusto. Agripa levará seus exércitos à vitória. Mecenas construirá o círculo de literatos que forjará seu mito para a eternidade.

Desde menino, Otaviano parece predestinado. Muitos anos depois, Suetônio escreverá que sua mãe, Ácia, havia sido possuída por Apolo. De forma mais prosaica, Marco Antônio espalhou o rumor de que a sorte de Otaviano estava ligada a César, que o amara não apenas metaforicamente. O certo é que quando nasceu, em Velletri, uma encantadora aldeia fortificada ao sul de Roma, um raio atingiu as muralhas. O que se dizia era que o recém-nascido havia desaparecido e fora reencontrado na torre mais alta.

O pai, o senador Otávio, foi homenageado pelos colegas, em particular por Nigídio Fígulo, filósofo pitagórico com fama de mago, que disse: "Deste-nos um rei!". O pai, um fervoroso republicano, pensou em voltar para casa a fim de eliminar aquele perigoso menino — felizmente, ele foi dissuadido.

Otaviano perdeu o pai aos 4 anos. O garoto — esguio, olhos azuis, cabelos loiros — logo revelou uma personalidade calculista, astuta e prudente. "Antes de reagir, repita para si mesmo todas as 23 letras do alfabeto", ensinou-lhe seu tutor, Apolodoro de Pérgamo. "Apressa-te lentamente" era seu lema favorito, destinado a se tornar famoso e a ser adotado por uma família florentina politicamente astuta: os Médici.

César logo percebeu as qualidades do garoto e quis levá-lo consigo já na guerra contra Pompeu, mas Ácia — que era uma mulher forte — disse que aquilo estava fora de cogitação, uma vez que Otaviano tinha somente 14 anos. César não tinha filhos homens, a não ser, talvez, por Cesarião, cuja mãe era Cleópatra — rainha estrangeira —, e jamais poderia se tornar o senhor de Roma. Otaviano era promissor. Na última campanha contra os pompeianos, na Espanha, César o fez dormir em sua tenda (daí, talvez, a maldade espalhada por Marco Antônio, que estava presente).

Assim que chegou à Ilíria, onde César deveria se juntar a ele para marchar contra os partos, Otaviano consultou um astrólogo, Teógenes, que, prostrado a seus pés, disse que havia visto um futuro repleto de sucessos. Dentro de si ele se preparava para grandes realizações. Mas, no momento, as coisas pareciam desmoronar.

A morte de César o pegara de surpresa. Otaviano chorou desesperadamente. Amava seu mentor e, mais do que isso, não se sentia pronto para assumir o lugar dele. Até porque precisaria lutar para conquistá-lo. Agripa o convenceu a partir imediatamente para reivindicar o que era seu — para início de conversa, o imenso patrimônio de César, que Antônio havia embolsado.

༒༒༒༒༒༒

Em Roma, Otaviano foi recebido por outro sinal auspicioso: ao entrar na cidade, um raio de sol o atingiu na testa. Os romanos davam grande importância a esses sinais, assim como todos os povos antigos, cuja vida estava ainda mais à mercê do destino do que a nossa.

Seu aliado natural era Cícero, que nutria um ódio mútuo por Antônio. Como orador refinado, achava o latim de centurião de Antônio horrível: "Antônio não fala, vomita palavras". Lançou contra ele as Filípicas, assim chamadas em memória dos discursos proferidos por Demóstenes contra Filipe da Macedônia, pai de Alexandre, o Grande. Porém, quando se tratava de agir, Cícero hesitava. Otaviano lhe escrevia todos os dias, pedindo que se juntasse à guerra contra Antônio, mas ele enrolava: "Tenho vergonha de dizer não, mas medo de dizer sim".

Por outro lado, os dois cônsules no poder, Hírcio e Pansa, não recuaram. Otaviano parecia ser o salvador da República. Assim, marcharam ao lado dele para Módena, onde Antônio estava entrincheirado, e conseguiram uma grande vitória. Ambos, porém, caíram em batalha. Dois rivais a menos para Otaviano. Um golpe de sorte desses não poderia ser coincidência, e contava-se que havia sido ele quem os eliminara, matando Hírcio na confusão da luta e ordenando a seu médico que envenenasse as feridas de Pansa.

Além disso, rumores sobre sua crueldade sempre o perseguiriam. Dizia-se que ele gostava de arrancar pessoalmente os olhos dos inimigos. Por outro lado, quando um assassino tentara jogá-lo de um penhasco, ele o olhara com tanta confiança que o homem desistira — mas isso era quase certamente uma invenção. Muito semelhante ao famoso episódio de Mário, que, ao encontrar um agressor em sua tenda, imobilizara-o com o olhar e com a voz: "Quem és tu, que ousas matar Caio Mário?".

Deixando Módena como o único vitorioso, Otaviano voltou a Roma com a intenção de ser proclamado cônsul, já que os atuais haviam morrido. Inicialmente, o Senado resistiu, tanto que sua mãe, Ácia, e a irmã, Otávia, tiveram que se refugiar no templo de Vesta para salvarem a própria vida. Mas, quando Otaviano entrou na cidade, foi recebido dessa vez por doze abutres, como acontecera com Rômulo no dia da fundação. O prodígio despertou uma profunda emoção, e os senadores julgaram que, de todo modo, melhor ele do que Antônio.

Cícero também veio ao seu encontro muito contente, mas Otaviano fez uma piada que o assustou: "Eis o último dos meus amigos". Ainda não tinha nem 20 anos, mas demonstrou desde cedo que era diferente de César.

"SOU TEU GÊNIO MAU"

Em uma reviravolta surpreendente, Otaviano aliou-se a seu inimigo Antônio. Não confiava nos senadores que haviam traído o tio-avô. E, sobretudo, sabia que a prioridade era enfrentar e eliminar Bruto e Cássio, que estavam armando tropas no Oriente.

A ideia de poder absoluto nas mãos de uma só pessoa, embora necessária devido às imensas dimensões dos domínios romanos, era tão distante da mentalidade do povo e dos patrícios que a visão cesariana de Império só poderia ser imposta por meio da força. Otaviano estava determinado a permanecer único e absoluto. Mas tinha que esmagar um inimigo de cada vez, como havia feito o Horácio sobrevivente.

Formou um triunvirato com Antônio e Lépido. No encontro que selou a aliança, os três se entreolhavam furtivamente, como se cada um temesse ver surgir da toga do outro uma adaga.

César não quisera listas de proscritos, evitara eliminar fisicamente os rivais, queria — ou dizia querer — a pacificação, e pagara por sua clemência com a própria vida. Os novos senhores não queriam correr esse risco. Em segredo, compilaram listas de quem deveria viver e quem deveria morrer. Legionários fiéis foram enviados para matar trezentos senadores e dois mil cavaleiros — a elite republicana havia sido dizimada.

Antônio insistiu para incluir na lista dos condenados o odiado Cícero, e Otaviano não pôde ou não quis defendê-lo.

O grande orador foi capturado enquanto tentava fugir, assassinado de maneira brutal e decapitado. Hoje, em sua memória existe um túmulo de pedras, um lugar fascinante ao longo da costa entre Gaeta e Formia, um dos locais mais mágicos da Itália, entre o mar e as montanhas. Contudo, não há provas concretas de que seja realmente o túmulo de Cícero, como todos o chamam.

Antônio havia ordenado que, além da cabeça, trouxessem também sua mão direita, aquela que havia escrito os discursos contra ele. Ao ver os troféus macabros nas próprias mãos, riu satisfeito; depois, ordenou que fossem expostos na Rostra do Fórum. Conta-se que Fúlvia, esposa de Antônio, descontou sua fúria perfurando com um alfinete a língua que havia proferido aqueles discursos. Mas, como foi escrito, os romanos olhavam para a cabeça decepada de Cícero e enxergavam a crueldade de Antônio.

Houve cenas horripilantes, jamais vistas nem nos tempos de Sula. Lépido mandou matar o irmão, Antônio matou o tio, e Otaviano torturou os inimigos com as próprias mãos. Os bens dos proscritos foram confiscados pelos vencedores, que deixaram somente 10% para os filhos e 5% para as filhas.

O pacto nefasto foi selado com um casamento. Otaviano se uniu a Clódia, enteada de Antônio. Sua esposa, Fúlvia, tivera-a no primeiro casamento, com Clódio, aquele que havia se infiltrado na casa de César vestido de mulher. A noiva tinha apenas 11 anos.

Os sobreviventes encontraram Bruto e Cássio determinados a lutar. Era o confronto final entre os republicanos e os apoiadores da nova ordem desejada por César.

Os dois exércitos eram equivalentes: ambos podiam totalizar cerca de cem mil homens. O confronto aconteceu na Trácia, em um local cujo nome está ligado a um episódio talvez falso, mas certamente sugestivo.

Tempos atrás, Bruto havia tido uma visão aterradora: uma sombra gigantesca — talvez César, talvez sua própria consciência — que o advertira: "Sou teu gênio do mau, vemo-nos em Filipos!". Até hoje, essa é uma expressão que indica ameaça, um anúncio talvez jocoso de vingança. Quando se deu conta de que realmente estava em Filipos, Bruto foi dominado por um profundo desânimo.

Isso não o impediu de lutar com bravura e, em um primeiro momento, afugentar as tropas de Otaviano, que se salvou escondendo-se em um canavial. Chegou-se até a pensar que ele havia morrido, visto que sua liteira, por sorte vazia, havia sido perfurada por lanças e flechas.

Otaviano estava vivo, mas, na hora decisiva, no campo de Filipos, não estava presente. Havia ficado na própria tenda, talvez acometido por uma febre, talvez também perturbado por um sonho premonitório. Marco Antônio, por sua vez, lutou feito um leão para vingar seu antigo general, alcançando uma vitória estrondosa.

Cássio se matou com a mesma adaga utilizada para assassinar César. Bruto chorou sobre seu corpo e, algumas semanas depois, cercado por todos os lados, jogou-se sobre uma espada empunhada por um escravo. Sua esposa, Pórcia, teve um fim digno do próprio pai, Catão: como todos se recusavam a fornecer-lhe uma adaga, pegou brasas vivas de um braseiro e as engoliu.

Horácio também estava em Filipos, mas sobreviveu, para a sorte da literatura universal, e viria a escrever um poema no qual conta ter descartado o escudo para fugir mais rápido. São versos que lembram os do grego Arquíloco, que também havia sobrevivido a uma derrota e zombava dos poetas que exaltavam a morte gloriosa, escrevendo: "Que importa se na fuga joguei fora meu escudo? Comprarei outro, certamente não pior".

Antônio cobriu o corpo de Bruto com um manto púrpura, num gesto de respeito que comoveu os derrotados. Otaviano não demonstrou a mesma consideração e ordenou que o corpo decapitado do assassino de César fosse enviado a Roma e exposto por três dias no Fórum. Os soldados de Bruto aclamaram Antônio e insultaram Otaviano. Dizia-se que o jovem triúnviro havia negado sepultamento a um inimigo moribundo dizendo-lhe: "Os abutres cuidarão disso". A dois legionários, pai e filho, que lhe pediram clemência, respondeu que eles deveriam lutar entre si primeiro e que apenas o vencedor seria poupado. Os dois preferiram se suicidar.

Até mesmo Antônio ficou chocado com tamanha crueldade, que, de fato, contrasta com o caráter reflexivo e com a firmeza serena que Otaviano viria a demonstrar nos anos de poder. É possível que alguns rumores tenham sido inventados por seus adversários. O certo é que, na Roma Antiga, a vida humana não tinha o valor que hoje lhe atribuímos. No entanto, César, mesmo no topo de uma pilha de mortos, havia demonstrado uma humanidade que ainda não se via em seu sobrinho-neto.

ANTÔNIO E CLEÓPATRA

Otaviano governava Roma, Antônio partiu para o Oriente a fim de reorganizar o Império. E em Tarso, a cidade de São Paulo, aconteceu o encontro fatal.

Cleópatra apresentou-se a ele em um navio — não na proa, como Kate Winslet em *Titanic*, mas na popa, deitada languidamente sob um dossel dourado. Resistir a ela não era fácil, e Antônio nem sequer tentou.

Foi um encontro entre pessoas sensuais e um pouco megalomaníacas. O casal mandou erguer, nos templos egípcios, estátuas em que ele era representado como Osíris, e ela, como Ísis. Tiveram também gêmeos, a quem chamaram, sem nenhuma modéstia, de Hélio — Sol — e Selene — Lua.

A esposa de Antônio, Fúlvia, que havia ficado na Itália, enlouqueceu de raiva. Como vingança máxima, ofereceu-se a Otaviano, que a rejeitou. E não se limitou a uma recusa gentil, ele pôs tudo por escrito. Compôs um epigrama, eficaz do ponto de vista literário, mas imbuído da crueldade típica de quem torna pública uma questão privada: "Se eu aceitasse teu amor, Fúlvia, todas as esposas mal-amadas e desoladas iam querer me amar". E ainda: "Fúlvia me diz: se não queres me amar, farei guerra contra ti. Mas como é feia! Não quero amor, e preparo as armas". Depois, Otaviano devolveu-lhe a filha Clódia, a noiva criança, esclarecendo que estava "intacta e virgem".

Vendo-se rejeitada de todas as formas possíveis para uma mulher, Fúlvia desencadeou a guerra na Itália, apoiada pelo irmão de Marco Antônio, Lúcio Antônio. Esperava, assim, induzir o marido a deixar Cleópatra e voltar para ajudá-la contra Otaviano.

Seu exército barricou-se em Perúgia, e o cerco ficou famoso pelos projéteis lançados pelas catapultas e ainda preservados, que trazem inscritas horríveis e ameaças vulgares dirigidas a Fúlvia.

Ao final, Perúgia caiu sob o ímpeto de Otaviano, ou melhor, de Agripa. Era 15 de março de 43 a.C., e para celebrar o primeiro aniversário do assassinato de César, seu sobrinho-neto ordenou a execução de trezentos prisioneiros em um altar erguido em sua homenagem. Aos que lhe pediam clemência, respondia: *Moriendum esse*", todos nós devemos morrer, mais cedo ou mais tarde.

Fúlvia conseguiu fugir para a Grécia, onde morreu, física e moralmente destruída. Antônio se alegrou, já que poderia se reaproximar de Otaviano ao casar-se com sua irmã, Otávia — obviamente mantendo Cleópatra, até porque Otávia, considerada um modelo de virtude, não era a companheira ideal para um homem lascivo como Antônio.

Otaviano também precisava se casar de novo. Pensou em Escribônia, mulher encantadora, embora mais velha que ele, e parente de Sexto Pompeu, o filho mais novo de Pompeu Magno, que também comandava um exército próprio e controlava a Sicília. Era, portanto, um casamento político, embora viesse a se revelar inútil. Apenas após celebrar o matrimônio, Otaviano soube que Sexto Pompeu havia formado uma aliança com Antônio.

Um dos poetas do círculo de Mecenas, Virgílio — uma alma sensível e angustiada pelas guerras civis —, profetizou que do casamento entre Otaviano e Escribônia nasceria um *puer*, um menino, que encerraria a idade do ferro e inauguraria a idade do ouro. O sonho de Virgílio era a palingênese da humanidade, o renascimento do ideal romano e universal após tanto sangue, tanta violência. Na era cristã, pensou-se que o

140 ROMA, O IMPÉRIO INFINITO

puer fosse Jesus, nascido de fato no tempo de Otaviano Augusto, durante o censo anunciado em todo o Império. Por esse motivo, Dante considera Virgílio um precursor do cristianismo, como o servo que anda para trás com sua tocha para iluminar o caminho do mestre.

De modo mais prosaico, na Idade Média Virgílio era considerado um mago, e por séculos os napolitanos deixaram em seu túmulo cartas com pedidos de ajuda, quando não de milagres. Também para Virgílio, assim como para Cícero, não há provas concretas de que aquele seja realmente seu túmulo. É um lugar belíssimo, num parque que dá para o mar. Ao lado de Virgílio repousa outro grande poeta, Giacomo Leopardi. Até pouco tempo atrás, para chegar ao túmulo era necessário abrir caminho como Indiana Jones em meio a uma vegetação exuberante. Hoje em dia, porém, já foi reaberto ao público.

A profecia de Virgílio, no entanto, estava errada. As guerras continuaram. A idade do ferro não havia terminado. E, do casamento entre Otaviano e Escribônia, não nasceu um *puer*, e sim uma *puella*, uma menina, Júlia. Uma mulher excepcional, que, porém, daria ao pai mais amarguras do que satisfações.

🝆🝆🝆🝆🝆🝆

No dia em que Júlia nasceu, Otaviano se divorciou. Queria uma mulher mais nova: Lívia, uma aristocrata de apenas 19 anos. No entanto, ela já era casada, já tinha um filho, Tibério Cláudio Nero, e esperava outro. Otaviano a obrigou a se divorciar e casou-se com ela grávida de seis meses. Quando o menino, Nero Cláudio Druso, nasceu, ele o devolveu ao pai, dizendo em tom de desprezo: "Não é problema meu".

Esse lado sombrio do jovem Otaviano ressurge em várias ocasiões. Quando, na Sicília, derrota Sexto Pompeu, novamente graças a Agripa, manda crucificar seis mil escravos fugitivos que lutavam com ele. Depois, livra-se de Lépido, relegado à sua propriedade em Circeo.

Além de mostrar-se impiedoso, Otaviano prova ser astuto. Insiste para que a irmã, Otávia, vá ao encontro de Antônio na Grécia, mas Cleópatra não quer a esposa legítima por perto e convence Antônio a mandá-la de volta.

Em Roma, o escândalo é enorme. Antônio preferia uma soberana estrangeira a uma matrona romana, reconhecendo-a como rainha não apenas do Egito, mas também do Chipre e da Líbia, terras que os legionários haviam conquistado com o próprio sangue. Além do mais, Antônio chamava Cesarião de "rei dos reis", afirmando que ele era o verdadeiro herdeiro de César, seu único filho homem.

Antônio escrevia cartas vulgares a Otaviano, lembrando-lhe de que ele também tinha outras mulheres além da esposa: "Você também deve ter tido Terência, esposa de Mecenas, e depois Tertula, Terentila, Rufila ou Salva Titisenia, ou todas. Mas tem importância saber por quem e onde você se eriça?". Depois, como um insulto supremo, repudiou Otávia.

A guerra era inevitável. E Otaviano tinha na manga um estratagema para unir o povo ao lado dele.

Sabia que Antônio já havia feito um testamento, entregue às vestais. Otaviano violou o templo, arrancou o texto das mãos das virgens sagradas — exatamente como o outro havia feito com o testamento de César, que, no entanto, ao menos já tinha morrido — e o leu em público. Antônio pedia que fosse enterrado não em Roma, e sim em Alexandria, ao lado dos faraós. O Egito iria para Cleópatra e Cesarião. Seus filhos, Hélio e Selene, receberiam outras terras no Oriente. Era, de fato, o desmembramento do Império. O centro do mundo se deslocava da Urbe para o delta do Nilo.

Os romanos se enfureceram. É verdade que quatrocentos senadores, cientes da força militar de Antônio, deixaram a cidade para se juntarem a ele em Alexandria. Mas, assim, Otaviano se tornava de fato o senhor de Roma. Antônio o esperava na Grécia com dezenove legiões. E, aqui, aconteceu algo misterioso.

Antônio era um grande comandante militar, um homem que havia amado muito a guerra. Mas, àquela altura, tinha 52 anos, vinte a mais que seu rival. E a calma do Oriente havia extinguido seu ardor bélico. Além disso, ficara nervoso, talvez a ponto de perder a lucidez, quando descobriu que Otaviano havia enviado um mensageiro a Cleópatra com uma mensagem ambígua: oferecia-lhe paz e também seu amor, contanto que ela matasse Antônio.

A batalha ocorreu em Áccio, um promontório no mar Jônico, ao norte de Peloponeso. Antônio e Cleópatra tinham quinhentos navios, cem a mais que Otaviano e Agripa. Nunca ficou claro o que aconteceu. De repente, a frota de Cleópatra fugiu, talvez considerando a batalha perdida. A frota de Antônio começou a persegui-la, não se sabe se para detê-la ou para se juntar à fuga. Virgílio escreveu páginas inspiradíssimas, com Otaviano em sua nau capitânia e Antônio à frente de uma horda bárbara. Mas o grande escritor não entendia muito de tática militar e, de qualquer maneira, não era esse seu objetivo.

Para comemorar a vitória, Otaviano encomendou uma tragédia a outro poeta, Lúcio Vário Rufo, pagando-lhe um adiantamento que hoje não caberia nem a Dan Brown: um milhão de sestércios. Propércio e Lívio também se inspiraram no triunfo do novo senhor. Somente Horácio recusou-se a homenageá-lo. Otaviano ficou muito aborrecido e lhe escreveu: "Deves saber como estou irritado contigo, porque em tuas obras me ignoras. Talvez tenhas medo de te comprometeres com a posteridade, que poderia pensar que és meu amigo?". Basicamente, Otaviano repreendia Horácio por não lhe querer bem o suficiente e por não estar disposto a reconhecer sua grandeza.

A bem da verdade, após a derrota de Cleópatra, Horácio escreveu um poema hoje muito famoso, sobretudo por seu início: "*Nunc est bibendum*", agora é preciso beber, festejar, servir o melhor vinho. Também aqui o modelo é um lírico grego, Alceu, que comemora a morte do odiado tirano Mirsilo: "Agora devemos nos embriagar, beber compulsoriamente...". Muitas vezes é lembrado que Horácio define Cleópatra como *fatale monstrum*. Mas *monstrum* em latim não significa "monstro", significa "prodígio". Otaviano desce sobre o Egito como o falcão sobre as pombas, como o caçador sobre a lebre. Mas Cleópatra não pretende tornar-se uma presa, não quer se deixar acorrentar.

Ela, a morte mais
nobre almejando, não temeu a espada
como as mulheres, nem com
frota veloz buscou praia oculta,
ousou contemplar, com rosto sereno,

seu palácio extinto e, audaz, tocar ásperas
serpentes para que o negro
veneno se entranhasse em seu corpo,
mais feroz na morte deliberada:
nega que a conduzam cruéis liburnas,
como simplória, em soberbo
triunfo, mulher em nada humilde.

Assim, Horácio reconhece a coragem e a dignidade do fim de Cleópatra, que teve os tons sombrios e fascinantes de uma tragédia shakespeariana.

Antônio, convencido de que ela já estava morta, apunhalou-se, mas descobriu antes de morrer que, na verdade, Cleópatra ainda estava viva. Só mais tarde ela se mataria — após tentar em vão seduzir também Otaviano —, talvez deixando-se morder por uma áspide, empunhada como uma lâmina. A história termina com um duplo suicídio: praticamente como Romeu e Julieta.

Talvez Virgílio também pensasse em Cleópatra quando incluiu na *Eneida* Dido seduzindo Eneias. Dante, por sua vez, coloca Cleópatra e Dido juntas, lado a lado, entre as almas luxuriosas, ao lado de Helena, Semíramis e, claro, Paolo e Francesca.

🔲🔲🔲🔲🔲

Otaviano entrou em Alexandria e, lembrando-se do exemplo de César com Pompeu, chorou a morte de Antônio. No entanto, não se absteve de ler em público algumas cartas trocadas entre eles, que revelavam a distância entre a linguagem literária e conciliatória de Otaviano e a rude e agressiva de seu inimigo. Ordenou a morte de Cesarião e, já que estava ali, também de Antilo, o filho que Antônio tivera com Fúlvia. Não teve Cleópatra viva. No triunfo, teve que se contentar em arrastar atrás de si uma estátua dela, deitada no leito de morte, além dos gêmeos Hélio e Selene acorrentados. Ninguém tocou nas duas filhas que Antônio tivera com Otávia, afinal eram sobrinhas de Otaviano.

Dos senadores que se aliaram a Antônio, alguns foram mortos no local, outros foram banidos de Roma. De qualquer maneira, para não correr o risco de ter o mesmo destino de César, toda vez que ia ao Senado, Otaviano usava uma armadura sob a túnica e era cercado por dez dos seus partidários mais fiéis.

Tendo se tornado o senhor de Roma, o futuro Augusto concentra-se naquilo que sabe fazer de melhor: governar. Com ele, a cidade renasce e surge o Império.

Ele manda construir um novo Fórum, onde sua estátua é erguida ao lado das estátuas de Eneias e Rômulo — o antepassado e o fundador de Roma —, e estabelece que só é permitido entrar ali usando toga, como hoje nos tribunais de alguns países, e não apenas com uma túnica e um manto. Ruas inteiras são proibidas para veículos — Otaviano é também o inventor da zona de pedestres.

Os senadores têm direito a um lugar na primeira fila nos espetáculos, mas eles são proibidos de atuarem no palco, mesmo que uma vez na vida. Em compensação, em Roma trabalham atores de todas as línguas, além de atletas, cocheiros e gladiadores. Otaviano é generoso com a plebe: são 250 mil os romanos que têm direito a receber grãos, azeite e vinho grátis. A partir do Tibre é criado um lago onde se encena a batalha de Salamina, entre gregos e persas. É um espetáculo grandioso, com três mil figurantes.

Pela primeira vez, a Itália é dividida em regiões. Não são vinte como agora, e sim onze. Lácio e Campânia são unidas, assim como Lucânia e Brúcio, Apúlia e Calábria, Veneza e Ístria, que vão de Bérgamo a Pula, como será nos tempos da Serceníssima. E depois o Sâmnio, o Piceno, a Úmbria, a Etrúria, a Emília, a Ligúria, a Gália Cisalpina. Sicília, Sardenha e Córsega são províncias à parte — ou, como diríamos hoje, regiões autônomas.

🝔🝔🝔🝔🝔

O poder — *imperum* — de Otaviano é enorme, assim como sua riqueza: suas terras são cultivadas por cem mil escravos. Contudo, nem todos apoiam sua personalização do domínio.

Até seus amigos se sentem divididos sobre o assunto. Agripa aponta que "o poder absoluto não agrada ao povo e será difícil para ti. Não se pode tirar da plebe a liberdade da qual desfrutou por tantos anos". Já Mecenas o incentiva a tomar o poder com as próprias mãos, "porque o povo deve ser governado por um só. Se não o fizeres, estarás traindo a ti mesmo e à pátria. Se te assusta o título de rei, execrado por todos, age sob o nome de César. Assim, não estarás exposto a nenhuma inveja". Era uma solução genial, já que evitaria os títulos do passado para assumir aquele que, durante séculos, será sinônimo de Império: César. Horácio gosta da ideia: "*Tua, Caesar, aetas*". Começava, assim, uma nova era, na qual as colheitas cresceriam floridas e os costumes dos pais seriam restaurados.

Descarta-se a ideia de lhe atribuir também o apelido de Rômulo, que evoca diretamente a monarquia. Em vez disso, chamam-no *princeps*: o primeiro entre os romanos, mas também Augusto, um nome inventado para ele, um meio-termo entre *augur*, augúrio, adivinho, e *auctoritas*, autoridade. Sinal de que o poder religioso e o civil, àquela altura, coincidiam. Desta vez, o nome convence Virgílio, que faz Anquises dizer, quando nos Infernos mostra ao filho Eneias sua descendência: "Este é o grande César Augusto, filho do divino, ele próprio divino, que trará ao Lácio a Idade do Ouro".

Se o mês de *Quintilis* havia se tornado julho em homenagem a Júlio César, nascido nesse mês, o mês seguinte, *Sextilis*, torna-se agosto em homenagem a Augusto, por mais que, na verdade, ele tenha nascido em 23 de setembro. Ele também manda construir uma tumba à beira do Tibre, rompendo a tradição segundo a qual ninguém podia ser sepultado dentro das muralhas. E, no Ara Pacis, manda esculpir o rosto de seus familiares.

Augusto é, talvez, o primeiro homem da história cujo rosto é conhecido por todos, ou quase todos, seus contemporâneos — ainda que com os devidos embelezamentos. Foram encontradas, espalhadas por todos os cantos do mundo romano, pelo menos 250 estátuas que o retratam. A propaganda é importantíssima, tanto a voltada para o povo quanto a concebida para os cultos e literatos, da qual Mecenas cuida com seus amigos.

Augusto pensa agora abertamente no Império, em uma dimensão universal. Ordena a realização de três censos, sendo que o primeiro registra um total de quatro milhões de chefes de família, e o último, cinco milhões — são excluídos mulheres, crianças e escravos.

Uma frota romana navega no mar do Norte, da Índia chegam embaixadores. Em sua *Res gestae*, o resumo de sua vida, Augusto fará questão de recordar que reis depostos, com nomes imaginativos, pediram-lhe ajuda para recuperar o trono: "Artavasdes, rei dos medos, Artaxerxes dos adiabenos, Dumnobellaunus e Tincomius dos britânicos".

Em Roma, o templo de Jano é fechado, um sinal de que as guerras, pelo menos as civis, haviam terminado.

Horácio compõe o *Carmen saeculare*, onde se dirige ao sol: "O teu raio não verá jamais nada maior que Roma". Palavras que, dois mil anos depois, Giacomo Puccini viria a traduzir em música, no Hino a Roma, que é de 1918 e, portanto, mais antigo do que o fascismo.

UMA FORMIDÁVEL MÁQUINA DE GUERRA

O Império de Augusto é o Império da razão.

O sistema tributário é reorganizado. Por muito tempo, a coleta de impostos era confiada a sociedades privadas, que obviamente sugavam o máximo possível da população. Dali em diante, a tarefa caberia a um funcionário do imperador, o procurador.

As estradas e o serviço postal são aprimorados. Pela primeira vez na história, muitos homens vivem e morrem em lugares muito distantes de onde nasceram, comem alimentos cultivados em locais remotos, adoram divindades importadas do Extremo Oriente, leem livros escritos em outro lugar e trocam mercadorias que viajaram longas distâncias: azeite da Espanha, vinho da Gália, grãos do norte da África, especiarias do Egito, marfim de elefantes da Etiópia, lã do que hoje chamamos de Turquia, madeira de cedro do Líbano... E, com as mercadorias, viajam as culturas, as ideias e as fés, ou ao menos as superstições.

O serviço militar torna-se uma profissão oficial. O compromisso é de dezesseis anos, após o qual o legionário tem direito a uma compensação. Teoricamente, ninguém dependerá mais de seu comandante, todos serão subordinados ao Estado, ou seja, a Augusto.

O êxito militar romano é tão marcante que Tito Lívio especula por diversão: se tivéssemos enfrentado os macedônios de Alexandre, o Grande, quem teria vencido? Ele conclui que as legiões teriam superado as falanges por dois motivos. Primeiro, pela reserva quase inesgotável de reforços de todas as partes do Império — Roma poderia perder uma batalha, mas não a guerra. Segundo, pela melhor organização de comando. Enquanto os macedônios dependiam de um líder carismático, os romanos contavam com uma cadeia disciplinada, que ia do centurião até o imperador. Além do mais, o Império Romano dominaria o mundo por séculos, sem que o nome de algum de seus generais (com a exceção de César, que era muito mais do que isso) fosse lembrado na posteridade. Na verdade, todos se lembram dos inimigos dos romanos: Pirro, Aníbal, Mitrídates. Mas eles enfrentaram não apenas um comandante e um exército, e sim um sistema, uma estratégia, uma cultura militar, uma cidade e um Estado que, antes mesmo de o termo ser cunhado, já poderia ser considerado um Império.

Por isso, segundo Tito Lívio, Augusto teria vencido Alexandre, mesmo sem cruzar espadas com ele no campo de batalha.

Não é apenas o orgulho nacional que move esse raciocínio. O legionário romano não era um guerreiro, era um soldado. Seu objetivo não era uma morte gloriosa, mas uma vida melhor, graças ao ouro conquistado dos inimigos e às terras distribuídas por seus comandantes vitoriosos. E o general não era uma figura heroica, que liderava ataques para vencer ou morrer, era um organizador paciente, que mantinha as linhas de conexão, construía fortificações, sabia que tinha o tempo ao seu lado e estava disposto a esperar pela rendição do inimigo por fome, em vez de se desgastar em ataques diretos.

Os legionários de Augusto e de seus sucessores eram na guerra como Rafael Nadal é no tênis: nem sempre capazes de derrotar o adversário, mas muito difíceis de se vencer.

Contudo, sob o domínio de Augusto, Roma passaria por uma das derrotas mais humilhantes de sua história.

〰〰〰〰〰

Augusto tem senso de amizade e até mesmo de humor. Zomba de Horácio por conta de sua barriga, mas permite que ele viole as normas contra o celibato e permaneça solteiro. Chama Mecenas de "favorito das prostitutas". Cuida de Virgílio, devolvendo-lhe as suas terras ao longo do Míncio, perto de Mântua — que haviam sido expropriadas para serem dadas aos veteranos.

Acima de tudo, Augusto é um moralista. Ele teme os excessos. Expulsa de Roma os estrangeiros ociosos, incluindo astrólogos e adivinhos, mas não médicos e professores. Queima livros de profecias, que influenciam os mais simples, mas não os antigos Livros Sibilinos, dos quais, no entanto, removia passagens hostis à autoridade de um só homem. Deseja que os romanos tenham mais filhos, assim, premia as famílias numerosas. Impõe que todos os homens com menos de 60 anos devem se casar e que as mulheres devem se dedicar à família, renunciando a luxos, roupas rebuscadas, joias e banquetes.

Quando uma mãe dá à luz cinco gêmeos, ele manda construir uma estátua em sua homenagem. Incomoda-se ao ver jovens que hoje chamaríamos de fluidos, sem uma identidade sexual definida, muitas vezes depilados e vestidos de maneira que ele considerava feminina. Amaldiçoa os celibatários: "Por sua culpa, Roma em breve será dominada por seus inimigos". E elogia os pais de família: "Todos juntos, na sucessão das gerações, somos como aquelas tochas que passam de mão em mão e nos garantem a imortalidade". E aqui é difícil não pensar, obviamente em outro contexto, na "tocha que é passada a uma nova geração de americanos" do discurso de posse de John Fitzgerald Kennedy.

Augusto impõe um limite para os gastos nos dias úteis e um limite um pouco maior para os feriados. Para os casamentos, porém, o gasto é ilimitado. Ele evita usar a liteira, prefere circular a pé, e para de bom grado para conversar com os transeuntes — como César gostava de fazer —, mas, ao entrar no Senado, faz sinal para que todos permaneçam sentados, pois com os senadores é sempre bom tomar cuidado para não ferir suscetibilidades. Durante a peste, é visto pelas ruas distribuindo alimentos e confortando os doentes, como se fosse imune, quase imortal.

Quando o governador do Egito, Cornélio Galo, um membro do círculo de Mecenas, perde a cabeça e começa a gravar inscrições celebrando a si mesmo nos obeliscos, Augusto o destitui. Então Galo, envergonhado, comete suicídio. Mas quando outro amigo, Nônio Asprenas, é julgado por assassinato, Augusto entra no tribunal e, sem dizer uma palavra, senta-se ao lado do acusado. Os juízes consideram então oportuno absolvê-lo.

A vítima favorita de suas brincadeiras é o enteado Tibério, o primogênito da esposa Lívia. Augusto não o ama, mas não só porque seu pai biológico havia se aliado a Antônio. Ele considera Tibério um jovem velho e debocha de seu latim antiquado. Prefere Marcelo, o filho de sua irmã Otávia e, portanto, seu sobrinho. Depois, torna-se também seu genro, já que Augusto o casa com sua filha Júlia, que tem apenas catorze anos.

Durante o triunfo pela vitória de Áccio, tanto Marcelo quanto Tibério acompanham o *princeps* a cavalo, mas Marcelo fica à sua direita, no lugar de honra, e Tibério segue à esquerda. Ambos acompanham Augusto na campanha na Espanha, contra as populações rebeldes da Cantábria e das Astúrias, mas mais como mascotes do que como guerreiros: organizam jogos para os soldados e, quando o comandante adoece e decide se retirar para o acampamento em Tarragona — a cidade catalã que ainda preserva um maravilhoso anfiteatro na praia —, eles permanecem a seu lado, fazendo-lhe companhia.

Com Marcelo, Augusto sente uma conexão imediata. Ele o considera o filho homem que nunca teve. Sua predileção por ele é tão grande que Agripa fica magoado.

Agripa se vê como o herdeiro natural, já que Augusto deve tudo a ele, a começar pelas vitórias militares. Mas agora ele se considera o fundador de uma dinastia e deseja um membro de sua família como sucessor. Sentindo-se preterido, Agripa parte para o Oriente, para Mitilene, na ilha de Lesbos.

Então, de repente, a roda da fortuna girou.

Marcelo morre aos 20 anos de uma doença misteriosa. Augusto confia a saúde dele a seu médico pessoal, Antônio Musa, ex-escravo grego que tratava as dores e as fraquezas do soberano com banhos de gelo — hoje em dia, chamaríamos isso de crioterapia. Contudo, o frio leva Marcelo à morte em poucos dias, para a maligna alegria dos rivais romanos do médico da corte.

Augusto se desespera. Compõe versos em homenagem ao jovem falecido, recita sua oração fúnebre, dedica-lhe o grande teatro aos pés do Capitólio, cujos restos — três níveis de arcadas sobre os quais repousa um palácio medieval — ainda hoje se chamam Teatro de Marcelo. Para celebrar o jovem falecido, são realizados grandes combates, nos quais os gladiadores matam seiscentos animais ferozes. Infelizmente, a cadeira de onde Augusto assiste se quebra, e o imperador cai no chão do jeito mais humilhante possível. Comovido, Virgílio encontra um lugar para Marcelo na *Eneida*, como uma promessa não realizada.

O menos infeliz é Agripa, que é triunfalmente chamado de volta à pátria. Augusto o casa com sua filha Júlia, que ficara viúva aos 21 anos — Agripa tem exatamente o dobro da idade dela, 42. Mecenas, que o via como um rival no coração de Augusto, comenta: "Aquele homem estava na encruzilhada entre ser morto e se tornar o genro do Estado". A segunda opção prevaleceu.

🌀🌀🌀🌀🌀🌀

No dia 21 de setembro de 19 a.C., Virgílio morre aos 51 anos. A viagem de Atenas a Brindisi, acompanhado por Augusto, deixou-o prostrado. O imperador exigia que o poeta lesse a *Eneida* em voz alta para ele, mas Virgílio era tímido, temia ser repreendido por algum trecho que desagradasse ao líder, e não tinha intenção de modificá-la por esse motivo. Antes que a tuberculose o sufocasse, ele havia ordenado que sua obra fosse destruída. Augusto, contudo, decidiu que ela deveria ser preservada e publicada.

Já com Ovídio, o imperador é implacável. Envia-o ao exílio no mar Negro, em Tomis, e ordena que sua *Ars Amatoria* seja queimada no Fórum. Em Roma, comenta-se que o poeta teve um caso com a filha de Augusto, Júlia. Mas há um rumor ainda mais escandaloso: Ovídio teria presenciado uma brincadeira erótica entre pai e filha, algo inconveniente para qualquer um, especialmente para um moralista como Augusto. O próprio poeta parece fazer alusão a isso ao escrever: "Por que fui ver alguma coisa? Por que tornei meus olhos culpados? Por que quis o destino que eu descobrisse um pecado?". Ele então faz referência a uma história de suas *Metamorfoses*, a de Actéon transformado em cervo por ter visto uma cena de amor entre Diana e as acompanhantes: "Actéon viu Diana nua. Viu sem querer, e ainda assim foi devorado pelos cães. Para os deuses, a culpa e a ofensa, mesmo que involuntárias, são um crime — e deve-se pagar por elas". Augusto como Diana, Ovídio como Actéon: punido sem responsabilidade, por ter violado a intimidade do novo deus de Roma.

De vez em quando, descobria-se uma conspiração para matá-lo. Nesses casos, a pena de morte era inevitável, não importando a proximidade do culpado com o imperador. Varrão, irmão de Terência — esposa de Mecenas e talvez amante de Augusto —, também foi torturado.

Outros manifestam seu descontentamento de maneira pacífica, marchando no Fórum. Compreensivo, o imperador revoga algumas das medidas mais drásticas contra o luxo e a favor do nascimento de filhos. Entretanto, aprova uma medida que nos parece odiosa hoje, mas que permaneceu no código penal italiano até 1981: o crime de honra. O pai ou marido que encontra a esposa ou a filha com outro homem e a mata ficará, efetivamente, impune. Desta vez, são as mulheres que se rebelam, e um cortejo ocupa o Fórum. Acontece que, nos julgamentos, as mulheres se declaram prostitutas, às quais não se aplicam as novas normas moralizantes.

UMA FILHA REJEITADA E UM HERDEIRO NÃO AMADO

Júlia, a filha de Augusto, lhe dará 5 netos: Caio, Lúcio, Júlia, a Jovem, Agripina e Agripa, conhecido como Póstumo, porque no meio-tempo o pai havia morrido, prostrado pela guerra na Panônia, atual Hungria.

A essa altura, Augusto adota os dois primeiros netos, dando-lhes os nomes de Caio César e Lúcio César, tudo para não reconhecer Tibério como herdeiro, apesar das insistências da mãe, Lívia, a imperatriz cuja influência em Roma cresce a cada dia. Em troca, Lívia consegue fazer com que Tibério se case com Júlia, a filha de Augusto, viúva outra vez.

Tibério era totalmente contra, já que amava a esposa, Vipsânia Agripina, a filha de Agripa, que já lhe havia dado um filho e estava grávida do segundo. Augusto, porém, não aceitou argumentos e ordenou que Agripina deveria ser abandonada. Tibério sofreu muito. Quando a encontrava na rua, olhava para ela com olhos cheios de lágrimas. Teve apenas um filho com Júlia, mas a criança morreu no berço. Tibério conhecia a promiscuidade de sua esposa e não gostava nada disso. Era como se Júlia, forçada pelo pai a casar-se por motivos políticos com homens que não amava, quisesse reivindicar sua própria liberdade. Tibério separou as camas e partiu para a guerra.

Ao contrário de Augusto, Tibério era um excelente comandante militar. Com o irmão, Druso, ele planejou uma manobra de pinça para erradicar os povos germânicos que viviam para além dos Alpes, os vindélicos na Baviera e os récios no Tirol (daí o nome de Alpes Réticos). Augusto integrou os povos derrotados ao domínio romano, estabelecendo para eles a província da Récia e o reino da Nórica — estendendo, assim, as fronteiras do Império até o Danúbio.

Depois, Tibério e Druso pacificaram a Dalmácia, invadiram a Panônia, que havia se rebelado depois da morte de Agripa, e avançaram rumo ao norte até o rio Elba. Tibério regressava a Roma para celebrar o merecido triunfo e já estava na Itália quando descobriu que o irmão tinha caído do cavalo e quebrado a perna. Prevendo o pior, voltou do Ticino ao Elba atravessando os Alpes e cavalgando noite e dia. Chegou a tempo de abraçar Druso antes de seu falecimento.

Mesmo no auge do poder, o destino lembrava constantemente aos antigos romanos que eles eram frágeis e mortais.

Tibério voltou da Germânia a pé. O triunfo se transformou em cortejo fúnebre. Augusto, que tinha grande afeição por Druso, também sofreu. Ele era seu parceiro preferido no jogo de dados, porque, quando perdia, soltava gritos desesperados que divertiam o imperador.

Horácio escreveu: *"Dulce et decorum est pro patria mori"*, morrer pela pátria é doce e honroso, é um prazer e um dever. Havia se esquecido de quando, em Filipos, jogara fora o escudo para não pesar na fuga.

Ao ver que, apesar de suas vitórias, Augusto preferia descaradamente os netos Caio e Lúcio, nomeados cônsules aos 15 anos, Tibério toma a mesma decisão de Agripa: parte para o Oriente. Deixa para trás a esposa infiel, Júlia, que nem disfarça as traições, oferecendo banquetes em homenagem aos amantes, incluindo o filho de Marco Antônio,

Julo. Conta-se que ela realiza orgias ao ar livre e celebra cada adultério levando flores à estátua de Mársias, o sátiro, obviamente retratado nu, e não em repouso. Tibério abandona também o filhinho, a quem deu o nome de Druso, em homenagem ao amado irmão. Não ouve os argumentos de Augusto nem as súplicas da mãe — "Filho, não faças loucuras, o futuro é teu!" — e parte em exílio voluntário para Rodes, onde Cícero e César também haviam ido para aprimorar seus estudos de retórica. Tem apenas 36 anos.

Indignado com a filha, Augusto a confina na ilha de Ventotene. Ela chora e se desespera, e ele permite que ela se mude para uma cidade, Régio da Calábria, contando que nunca mais apareça em Roma. Alguns afirmam que ele até pensou em matá-la. Todos os amantes dela também foram exilados, exceto o filho de Marco Antônio, que, condenado à morte, comete suicídio. Havia rumores de que o imperador era secretamente apaixonado pela filha. Calígula dirá que sua mãe, Agripina, nasceu do relacionamento incestuoso entre Augusto e Júlia.

🝆🝆🝆🝆🝆

O imperador sente que seu declínio está próximo. Nunca gostou de se banhar, mas, agora, toma longos banhos quentes com frequência, para meditar e recapitular a vida que viveu. Gostaria de escrever suas memórias, mas sabe que não tem o dom da escrita como César. Em compensação, mantém um diário, onde anota todas as obras que encomendou: as bibliotecas, os aquedutos, as ruas — mandou reconstruir por sua conta a via Flaminia, de Roma a Rimini —, a restauração de 82 templos. "Encontrei Roma feita de tijolos e a deixo feita de mármore", anota.

O monumento mais bonito da época é o Panteão. Ao lado, surgem as primeiras termas públicas. Esculpem-se estátuas de Augusto de pé, a cavalo e guiando uma quadriga, com um aspecto cada vez mais marcial à medida que sua aparência se torna frágil e doente. O imperador compila epigramas: *"Fugit hora, iocemur!"* — o tempo voa, façamos graça disso. Inicia uma tragédia, *Ajax*, mas não a termina. Na autobiografia, ele para na guerra na Cantábria. Se limitará a um resumo, as *Res gestae*, uma longa lista de frases que começam assim: "Eu fiz…". É supersticioso, leva sempre consigo um talismã, uma pele de foca. Certa noite, um raio atinge sua liteira, um servo morre eletrocutado e ele agradece a Júpiter por tê-lo protegido. Não sabe que o destino lhe reserva provações terríveis.

"VARO, DEVOLVA-ME MINHAS LEGIÕES"

No ano 8 d.C., 745 anos após a fundação de Roma, a cultura latina sofre duas perdas irreparáveis. No fim de setembro, morre Mecenas, e em 27 de novembro, Horácio. Ambos deixam seu patrimônio para Augusto, que anuncia não querer mais sair de Roma em sinal de luto. Não morreram apenas um ótimo organizador cultural e um grande poeta. Os artistas do círculo de Augusto haviam criado uma ideia, o governo universal, a paz para todos os homens, obviamente sob o comando de um só.

Algum tempo depois, o imperador teve uma visão. Estava no Capitólio quando foi tomado pela sensação de que algo formidável e inexplicável havia acontecido na Judeia. Para os escritores cristãos, não parecia coincidência que Jesus tivesse nascido justamente na época de Augusto. E não apenas porque o censo por ele ordenado havia obrigado José a retornar à sua cidade natal, Belém, de modo que as profecias se cumprissem. O filho de Deus só podia retornar ao mundo e à história em plena Idade do Ouro. No entanto, embora os cristãos tenham atribuído durante séculos a culpa aos judeus, Jesus foi crucificado pelos romanos, que, pouco tempo depois, varreriam seu povo, com a destruição do templo e a diáspora. Coincidências que, como veremos, inspirariam escritores, artistas e diretores nos séculos vindouros.

É justamente nesses meses que Augusto decide trazer Tibério de volta do exílio. Após oito anos, Lívia poderá abraçar o filho novamente. Talvez o imperador tenha tido um pressentimento. Os dois jovens herdeiros designados não viveriam muito.

O jovem Lúcio César parte para a Espanha, mas adoece repentinamente em Marselha e acaba morrendo. Em Roma, alguns dizem que Lívia o envenenou.

Dois anos depois, seu irmão, Caio César, é ferido na Armênia, para onde foi enviado para conter uma revolta. O comandante rebelde,

Addone, solicitou um encontro com Caio, mas traiçoeiramente sacou uma adaga e o atingiu. A ferida não parece grave, e as legiões subjugaram facilmente os armênios. Contudo, na viagem de volta, Caio piora e morre aos 23 anos. Novamente suspeita-se da intervenção de Lívia.

Augusto mergulha mais uma vez na depressão. Põe as cinzas dos dois netos em seu mausoléu, ao lado das de Marcelo, e enche Roma de bustos deles, ordenando que os rostos de Caio e de Lúcio se assemelhem o máximo possível ao seu. E resigna-se a adotar Tibério como filho, que, a esta altura, será evidentemente seu sucessor por falta de alternativas: todos os outros já morreram. Ainda haveria Agripa Póstumo, o mais novo dos netos de Augusto, mas ele é homossexual e é exilado na ilha Pianosa.

Em 26 de junho de 4 d.C., Tibério é solenemente adotado por Augusto como filho. Lívia encontra paz.

No entanto, há outra neta, Júlia, a Jovem, que só traz dor ao avô, praticando o amor livre. Em seu ímpeto moralizador, Augusto também a relega a uma ilha deserta, Trimero, hoje San Domino, a maior das ilhas Tremiti, que na Idade Moderna se tornaria uma terra de prisão e exílio; hoje é um paraíso turístico, com a casa onde um grande artista italiano, Lucio Dalla, escreveu algumas de suas canções mais bonitas.

ῼῼῼῼῼ

Apesar de não ser nem amável nem brilhante, Tibério provará ser um comandante militar inteligente e corajoso. Ele luta na Germânia durante quatro anos, onde derrota uma tribo após a outra. No entanto, poucos dias depois de regressar a Roma, no outono de 9 d.C., chega uma notícia terrível.

Três das melhores legiões — a 17ª, a 18ª e a 19ª — foram destruídas. Seu comandante, Quintílio Varo, caiu na armadilha de Armínio, o líder dos queruscos, povo aliado de Roma. No fim das contas, Varo não era um soldado, e sim um jurista. Não estava no noroeste da Germânia para conquistar uma província, mas para organizá-la, uma vez que os romanos já consideravam aquelas terras suas. Os soldados estavam retornando aos acampamentos de inverno às margens do Reno, abrindo caminho pela floresta de Teutoburgo, quando foram emboscados.

Os germânicos não fizeram nenhum prisioneiro. Os sobreviventes foram crucificados ou enterrados vivos. Nas árvores da floresta, penduraram milhares de cabeças sem os olhos. A cabeça de Varo, contudo, foi enviada a Roma.

Desde a grande vitória de Aníbal em Canas e a derrota de Crasso lutando contra os partos, um exército romano não era humilhado daquela maneira.

Augusto chora o dia inteiro: "Varo, devolva-me minhas legiões!", grita. Tinha sido um erro pôr a guerra germânica nas mãos de um personagem menor, sobre quem Veleio Patérculo havia escrito que, quando chegou à Síria como governador, a província era rica e ele era pobre, mas, quando partiu, a província era pobre, e ele, rico.

A derrota de Teutoburgo é um divisor de águas na história de Roma. Se hoje se fala alemão na Alemanha, e não uma língua neolatina, a responsabilidade é de Armínio. No futuro, os romanos buscarão ajustes de fronteiras, mas desistirão dos projetos de conquista. As legiões destruídas não serão reconstituídas, e começará a se dizer que esses números trazem má sorte. Desde então, no mundo latino, o número 17 é sinônimo de infortúnio.

EM CAPRI PELA ÚLTIMA VEZ

Em meados de maio de 14 d.C., um raio atingiu a estátua de Augusto no Capitólio. Não a danificou, mas derrubou a letra C de *Caesar*. C, em latim, representa o número 100. Sendo assim, os adivinhos decretaram que o imperador morreria dentro de cem dias.

Augusto levou o aviso muito a sério e se preparou para o fim. Foi à Pianosa visitar o neto Agripa Póstumo, depois de ter ordenado que nem ele nem a filha degenerada, Júlia, fossem postos no mausoléu da família. No entanto, a iminência do fim suavizava o coração do imperador. Ele se deu conta de que tinha sido demasiadamente severo com Tibério e o convidou a acompanhá-lo a Capri, numa viagem marcada pelo destino, porque, muitos anos depois, já como senhor de Roma,

Tibério se retiraria para lá, para exercer o comando longe do mundo e redescobrir o encanto de viver numa ilha, algo que já havia experimentado durante o longo exílio em Rodes.

Augusto estava mancando. A perna esquerda já não o sustentava. Geralmente, apoiava-se na esposa, Lívia, porém, naqueles dias, não hesitou em pedir apoio a Tibério.

Em alto-mar, próximo a Pozzuoli, seu navio cruzou com outro, vindo de Alexandria. Os passageiros eram jovens vestidos de branco com coroas de flores. Suetônio conta que fizeram muita festa para Augusto, queimaram incenso em sua homenagem e agradeceram: "Por sua causa estamos vivos, por sua causa navegamos, por sua causa somos livres e felizes". Talvez estivessem exagerando, mas, hoje, podemos concluir que a viagem daquele navio que saiu do Egito foi o primeiro cruzeiro mediterrâneo da história. Augusto se emocionou e distribuiu quarenta moedas de ouro a cada passageiro.

Ficou apenas quatro dias em Capri, entretido pelos efebos, pelos quais a ilha — de língua e cultura gregas — era famosa. Dezenove séculos depois, o barão Fersen, que em sua magnífica residência neoclássica, logo abaixo da de Tibério, hospedaria os femminielli de Capri, não faria mais do que reviver as tradições greco-romanas. E Tibério também revelaria um lado que não poderíamos definir moralista.

No caminho de volta para Roma, em Nola, Augusto morreu. Era 19 de agosto de 14 d.C. e não haviam se passado cem dias desde o presságio do raio.

Tácito escreve que ele foi assassinado pela esposa, ansiosa por acelerar a sucessão a Tibério. Dião Cássio entra em detalhes e afirma que Lívia teria envenenado alguns figos, alimento do qual o imperador muito gostava. Mas nos recusamos a acreditar que a devota imperatriz pudesse ter sequer pensado em um crime tão infame. O certo é que, assim que Augusto fechou os olhos, assassinos partiram para Pianosa e fizeram desaparecer da face da Terra seu neto, Agripa Póstumo.

Antes de morrer, Augusto pedira um espelho, penteara o cabelo e passara ruge nas bochechas. Depois, maquiado como um ator, perguntou aos cortesãos se tinha desempenhado bem seu papel na comédia da vida. Por fim, despediu-se em grego, com a frase que encerrava os espetáculos teatrais: "Se tudo correu bem, com uma grande salva de palmas paguem-me tributo".

Havia reinado por 41 anos, e para todos ficou evidente que Roma nunca mais teria um líder como ele. No início, agira com grande impiedade, mas sempre com igual razoabilidade. A crueldade nele nunca foi um fim em si mesma. Era um homem duro, não sádico, e sempre tinha um bom motivo. Praticou mais a bonomia do que a bondade. Soube usar a fraqueza do corpo e a saúde frágil para parecer piedoso, entretanto, a mão e a mente sempre foram muito firmes. Meio milhão de legionários lutou por ele, e a reforma do exército — àquela altura uma força de profissionais — foi um de seus legados mais duradouros. A República, centrada no cidadão-soldado, realmente havia acabado para sempre.

Tácito escreveu: "Augusto havia conquistado as tropas com donativos, o povo com a distribuição de grãos e a todos com a doçura da paz".

As guerras civis, pelo menos por enquanto, haviam acabado. O Estado concebido e refundado por Augusto duraria mais de quatro séculos e, em sua versão oriental, mais mil anos.

Em seu mausoléu e nas principais cidades do Império, foram inscritas em placas de bronze as *Res gestae*, o resumo de suas realizações, relatadas em primeira pessoa, como se fosse a sinopse de um romance de aventura: "Na Etiópia, avancei até a cidade de Napata, perto de Méroe. Na Arábia Feliz, meu exército adentrou o território dos sabeus, chegando à cidade de Mariba. Recebi embaixadas dos reis da Índia. Os bastarnas, os xiitas e os reis dos sármatas às margens do rio Tanais invocaram a amizade de Roma…". Nomes exóticos que os romanos antigos adoravam.

Tibério não era sua primeira escolha e Augusto não escondeu isso nem mesmo no testamento, que começava assim: "Já que o destino atroz — *atrox fortuna* — me levou ainda jovens os filhos Caio e Lúcio, nomeio Tibério César meu herdeiro…". Seus bens foram em grande parte para o Estado, mas 3,5 milhões de sestércios foram divididos entre a plebe de Roma, seguindo o exemplo de César.

O corpo foi cremado no Campo de Marte, enquanto uma águia era solta, sinalizando que Augusto, assim como César, havia se tornado um deus. Lívia, a viúva, passou cinco dias descalça esperando que as cinzas esfriassem — e há quem tenha visto em tanto zelo conjugal o fantasma de um remorso.

Um homem jurou ter visto Augusto ascender ao céu, dezenove anos antes de Jesus. Lívia apreciou a fala e o recompensou com um milhão de sestércios.

𓏢𓏢𓏢𓏢𓏢𓏢

Há um episódio de *Sandman* — quadrinho cult na Inglaterra e nos Estados Unidos e adaptado para série da Netflix — em que o protagonista é Augusto. O imperador passa um dia inteiro disfarçado de mendigo para poder refletir a respeito da condição humana e do futuro de Roma sem ser visto pelos deuses. Durante o sono, é visitado por Sandman, o Homem da Areia, o Senhor dos Sonhos, que o coloca diante de uma escolha: o Império Romano poderá se estender infinitamente e durar até a eternidade, ou poderá parar a própria expansão e decair em poucos séculos. Mas Augusto, lembrando-se tanto do mal que cometeu quanto do que sofreu — incluindo a violência por parte de César —, escolhe a segunda opção, condenando sua obra à transitoriedade e Roma ao fim.

É óbvio que se trata de uma obra de ficção. Contudo, é verdade que Augusto percebeu que seu Império era uma obra-prima delicada e que expandi-lo ainda mais aumentaria o risco de sua destruição. De fato, ele aconselhou que o Império não fosse ampliado para além dos limites que já havia estabelecido e, em grande parte, os sucessores o ouviram. A única exceção foi Trajano, que conquistou a Dácia e invadiu a Mesopotâmia, chegando até a Pérsia. Entretanto, morreu na viagem de volta e teve seu triunfo apenas em efígie. E seu sucessor, Adriano, ordenou que as legiões se retirassem de muitas dessas terras.

Os limites do mundo romano foram definidos a oeste pelo Atlântico, a sul pelo deserto, a norte e a leste pelos grandes rios: o Reno, o Danúbio e o Eufrates. Isso em linhas gerais. Na verdade, as fronteiras do Império sempre foram flexíveis, e os romanos tomavam o cuidado de não ter inimigos nas fronteiras, e sim povos que, embora formalmente não fizessem parte do Império, reconheciam sua autoridade.

A única exceção seria a Muralha de Adriano, que atravessava a Britânia de um lado ao outro, por mais de 110 quilômetros.

Confesso que nunca compreendi a obstinação com que os romanos lutaram por lá. O que eles tinham a ganhar conquistando uma ilha remota, fria, chuvosa, quase desabitada e separada do continente europeu por um mar tempestuoso? O eixo do mundo estava voltado para outro lugar: o Oriente. E, se havia um perigo para Roma, vinha das tribos germânicas que viviam ao norte do Danúbio e ao leste do Reno — nunca totalmente derrotadas — e que de fato invadiriam a Itália, mal protegida por defesas naturais. O lado sul dos Alpes é muito mais íngreme e as montanhas eram muito mais difíceis de subir para os exércitos romanos que para os invasores. Além disso, a Itália não tem rios comparáveis aos nórdicos, que podiam servir como um verdadeiro limite, uma autêntica barreira defensiva.

Os antepassados dos atuais ingleses viviam tranquilamente do outro lado do canal da Mancha. No entanto, foi justamente contra eles que os romanos despenderam esforços militares exaustivos, a tal ponto que um dos imperadores mais longevos, Sétimo Severo, morreu enquanto liderava uma expedição contra os rebeldes em Eburacum, hoje York — onde também faleceu o pai de Constantino, Constâncio Cloro. Parecia até que os romanos haviam pressentido que o centro do mundo se deslocaria para o oceano Atlântico, e que, nos séculos seguintes, o controle daquela ilha seria fundamental para dominar o planeta.

E foi a propósito da guerra dos romanos contra os bretões que o grande Tácito escreveu: *"Ubi solitudinem faciunt, pacem appellant"* — que, na linguagem atual, tornou-se: fizeram um deserto e chamaram de paz. Quando a atual Inglaterra, sob o domínio de Cláudio, foi romanizada, e as elites começaram a usar toga, falar latim, construir termas e educar os filhos como pequenos romanos, Tácito comentou, implacável: *"Humanitas vocabatur, cum pars servitutis esset"* — chamavam de civilização o que, na verdade, era parte de sua escravidão.

O fato é que a Muralha de Adriano separou a parte da ilha sob controle de Roma da Caledônia, que hoje conhecemos como Escócia (embora a fronteira com a Inglaterra não siga exatamente o percurso do muro). E a saga do rei Arthur talvez comece com os últimos soldados que foram leais a Roma, que permaneceram na Britânia mesmo após a queda do Império.

꧁꧂꧁꧂꧁꧂

Não é de surpreender que um poder tão imenso pudesse abalar o equilíbrio emocional de quem o detinha, ultrapassando os limites da sanidade mental. Tibério isolou-se na ilha de Capri, também em busca de um alívio das contínuas pressões e responsabilidades e, irritado com a violação de privacidade, ordenou ao pescador que um dia se aventurou em seu palácio para oferecer-lhe "o melhor salmonete" que esfregasse o peixe na cara. O homem, infelizmente para ele, tinha astúcia e comentou: "Ainda bem que não lhe trouxe uma lagosta!". Tibério mandou que lhe rasgassem o rosto com uma lagosta.

Sobre seu sucessor, Calígula, conta-se que certa vez, enquanto conversava com dois cônsules em um banquete, caiu na gargalhada. "Por que está rindo?", perguntaram a ele. "Porque acho que me bastaria um aceno de cabeça para mandar degolar vocês dois".

Cláudio mandou matar 35 senadores. Sobre Nero escreveram-se todas as maldades possíveis: entregou a mãe, Agripina, aos assassinos. Matou a esposa grávida, Popeia, com um chute — por mais que depois tenha se arrependido e a divinizado. Diante do incêndio de Roma, tocou lira, e o senador Público Clódio Trásea Peto foi obrigado a se suicidar por recusar-se a aplaudir as medíocres apresentações teatrais do tirano.

A Cômodo também são atribuídas toda sorte de vilanias, até a sua morte pelas mãos de um dos adorados gladiadores, Narciso. E o povo implorou para que o corpo do imperador fosse arrastado por um gancho e jogado no Tibre, como inimigo da pátria.

Certamente é difícil saber onde termina a história e onde começa a lenda, alimentada justamente por aqueles senadores que se viram destituídos de todo poder. Na Roma imperial, nem sempre era possível expressar livremente as próprias opiniões. O historiador Aulo Cremúcio Cordo foi julgado por traição e deixou-se morrer de fome, depois de ter escrito um livro em defesa dos assassinos de César onde definia Cássio como "o último romano" — curiosamente a mesma expressão usada por Goebbels para falar de Mussolini.

Além disso, mesmo na coluna que celebra as proezas de um homem "bom" como Marco Aurélio, há a representação de um massacre de prisioneiros: germânicos enfileirados com as mãos para trás, à espera de serem decapitados. Uma barbárie que o imperador filósofo não esconde, pelo contrário, reivindica.

Adriano comportou-se como Nero ao divinizar o amado Antínoo, "o homem mais belo do mundo", afogado no Nilo. Já Tito, chamado de "a delícia do gênero humano", é o carrasco do povo judeu e o destruidor do templo de Jerusalém. No Talmude está escrito que, como punição, um mosquito entrou em seu nariz e lentamente roeu seu cérebro.

Fato é que Calígula, Nero, Domiciano e Cômodo foram assassinados, e de quase todos os outros foi dito que tinham sido envenenados em segredo — talvez pelas esposas — para abrir caminho aos sucessores.

Por outro lado, mesmo em vida o imperador era adorado como um deus, e a ele eram atribuídos milagres. Dizia-se de Vespasiano que, antes mesmo de assumir o poder, havia curado um aleijado e devolvido a visão a um cego ao cuspir em seus olhos, quase como Jesus.

Enquanto isso, de crueldade em crueldade, de milagre em milagre, o Império estava se tornando verdadeiramente universal. Trajano e Adriano não eram romanos, vinham da Espanha. Ambos nasceram em Itálica, perto de Sevilha, e eram descendentes de colonos. Sétimo Severo era da África, de Léptis Magna, a terra que hoje conhecemos como Líbia.

Naquele tempo, no fim do segundo século, metade dos senadores já era de origem provincial. Por muito tempo, o poder esteve nas mãos das famílias romanas antigas, mais ou menos como quando nos Estados Unidos o presidente necessariamente era um WASP, branco, anglo-saxão e protestante. Mas, àquela altura, as fronteiras do Império haviam se alargado tanto, e os habitantes haviam se misturado de tal maneira, que as origens importavam cada vez menos, e as capacidades — a força, a energia e a crueldade, se necessário — importavam cada vez mais.

Caracala, filho de Sétimo Severo, concedeu cidadania romana a todos os habitantes livres do Império em 212 d.C. Desse modo, mais de trinta milhões de provincianos tornaram-se, efetivamente, romanos. Contudo, Caracala não era bondoso. No ano anterior, havia mandado assassinar o irmão, Geta, e ele mesmo, cinco anos depois, seria morto por um guarda-costas. Caracala simplesmente fez o que considerava justo e conveniente. No fim das contas, estava replicando, em escala incomparavelmente maior, o que Rômulo fizera quase mil anos antes: transformar os estrangeiros e os apátridas em romanos.

Com o édito de Caracala, concretizou-se um princípio fundamental do Império e da civilização latina em geral: não apenas se nasce romano, torna-se romano. A cidade-Estado se expandiu até os confins do mundo. Não há mais conquistadores e conquistados, vencedores e vencidos, há somente romanos. Todo cidadão do mundo pode dizer *"Civis Romanus sum"*.

CONSTANTINO

6 O IMPÉRIO CRISTÃO

ATÉ OS DEUSES PODERIAM se tornar romanos.

Desde sua fundação, os romanos acolheram as divindades dos povos conquistados. Não tinham uma religião oficial, e seu panteão foi sendo formado aos poucos, muitas vezes importando as divindades gregas e orientais.

Para os antigos, o domínio humano e o divino não eram bem separados. Os romanos oravam aos espíritos de seus mortos e divinizavam líderes vitoriosos. O Olimpo era acessível. O mundo dos deuses e das deusas era permeável.

Embora as elites fossem monoteístas, a multiplicidade de deuses a quem se pediam graças em troca de sacrifícios sugere um céu povoado pelo que hoje chamamos de santos e beatos.

Por que, então, os cristãos foram perseguidos durante três séculos, antes que seu culto fosse tolerado e, por fim, imposto a todos como religião oficial?

Especialistas sempre se perguntaram isso. A estudiosa inglesa Mary Beard oferece uma resposta interessante: porque o Deus cristão não tinha pátria. Os romanos presumiam que as divindades viessem de algum lugar: Ísis do Egito, Mitra da Pérsia, Javé da Judeia. E, de fato, os judeus, apesar de serem um dos poucos povos a se rebelar contra

Roma, espalharam-se pelo mundo e habitaram muitas cidades do Império, convivendo com outras crenças sem muitos problemas.

O Deus cristão, por outro lado, era anunciado como universal. E os cristãos faziam prosélitos. Não se contentavam em ser tolerados, queriam converter os outros. Estavam convencidos de ter uma missão. Certos de trazer a verdade e a salvação.

Os cristãos queriam mudar o mundo. Talvez não tenham sido os primeiros a querer isso, mas foram os primeiros a entender que, para mudar o mundo, era preciso primeiro mudar o homem.

UM DEUS CIUMENTO E UNIVERSAL

Além do mais, os cristãos não estavam dispostos a reconhecer outros deuses. Nem mesmo o imperador.

Não eram numerosos no início de sua era, talvez não passassem de algumas dezenas de milhares. Mas eles moravam nas grandes cidades e chamavam os infiéis de "pagãos" — gente do campo, rude, retrógrada, pessoas a serem convertidas à verdadeira fé.

Os romanos não podiam tolerar tudo isso. Muito menos os imperadores.

Assim como todos os grupos humanos fechados e intimamente convencidos de sua superioridade, os cristãos eram ao mesmo tempo admirados, invejados e odiados. Acima de tudo, eram incompreendidos. E eram vistos com desconfiança. Por isso, Nero pensou neles quando precisou encontrar um culpado para o incêndio que, 64 anos depois do nascimento de Jesus, havia destruído Roma.

Mas não devemos pensar que os cristãos eram perseguidos noite e dia. Por muito tempo, essa estranha religião foi tolerada. Houve imperadores que pensaram em repressão e condenaram milhares de inocentes à morte. Houve outros que mostraram compreensão e humanidade, inclusive o improvável Cômodo, que tinha certa simpatia pelos cristãos.

Vale lembrar que o cristianismo tem aspectos que dificultam a compreensão, aceitação e até mesmo a tolerância.

É uma religião complexa. Difícil de entender e, portanto, fácil de difamar. Postula não somente a sobrevivência da alma, mas também a ressurreição da carne. Afirma que Deus se tornou homem, foi morto e ressuscitou. E, a cada missa, seus seguidores comem sua carne e bebem seu sangue. Um rito que pode ser contado de maneira distorcida, caricatural e até difamatória. Além disso, como era possível uma virgem dar à luz? E como um homem poderia ser filho de Deus e, ao mesmo tempo, ser ele mesmo Deus, além de encarnar uma terceira pessoa, o Espírito Santo? É uma questão tão complexa que, durante séculos, os pais da Igreja e seus discípulos se enfrentaram em concílios muito intrincados para estabelecer qual era a verdade, que talvez nunca tenha sido encontrada, visto que o grande rio do cristianismo se dividiu em três — católicos, ortodoxos e protestantes —, dos quais se ramificam inúmeros afluentes.

※ ※ ※ ※ ※ ※

Para os romanos, o cristianismo parecia uma inversão de seu mundo. A pobreza, em vez de ser uma condenação a ser evitada, tornava-se uma virtude a ser celebrada. A riqueza, o ouro, a boa comida e as belas roupas eram vistos como sinais de corrupção e de pecado. O corpo, em vez de ser perfumado, massageado, borrifado com óleos e essências, vestido, maquiado, treinado, exposto e admirado, passava a ser mortificado como símbolo da matéria, em oposição à única coisa que realmente importava: o espírito. E a cruz, símbolo da morte mais atroz e humilhante, tornava-se um sinal de redenção e salvação.

Os romanos crucificavam os seres que consideravam mais abjetos e perigosos, e os cristãos se ajoelhavam diante da cruz ou traçavam-na com a mão direita sobre o próprio peito.

Com o mesmo orgulho com que os romanos diziam *Civis Romanus sum*, os cristãos declaravam *Christianus sum*. E milhares enfrentaram a morte para permanecerem fiéis a seu Deus.

Um Deus ciumento — como ele mesmo se define na Bíblia —, um Deus que não suportava a coexistência com outros deuses. Era uma questão de apagá-lo da existência ou de aceitá-lo como único Deus.

O cristianismo foi a única religião que os romanos tentaram erradicar. Mas foi justamente a imensidão de seu Império, com suas vias de comunicação para pessoas e ideias, que possibilitou a propagação da nova fé. E quando um imperador, Constantino, percebeu que não podia destrui-la, concluiu que era o momento de abraçá-la. Até porque ele entendeu que o cristianismo prometia a inversão das relações de poder, com os últimos tornando-se os primeiros, ou seja, uma revolução — mas na outra vida, não nesta. E era possível até se beneficiar desse novo culto, pois poderia se revelar uma ferramenta extraordinária para legitimar a autoridade do imperador e também um formidável instrumento de controle social. A maneira de exercer o poder que mais interessava aos romanos era sobre as almas das pessoas.

Entretanto, antes de tomar essa decisão histórica, Constantino precisava vencer uma grande batalha. Não apenas um formidável confronto militar, mas um embate que se trava em outro plano, o espiritual. Uma história de sonhos e visões, de aparições e presságios divinos, em que surge um sinal — a cruz — que, pela primeira vez, é desenhado nos escudos e estandartes dos soldados que vão à guerra. E não será a última. Haverá, enfim, uma batalha na terra na qual — pelo menos de acordo com uma tradição que os cristãos acreditam há séculos — o céu participa. E está, obviamente, do lado deles.

A PROFECIA DE MAGÊNCIO

No início do século IV d.C., o Império está esgotado. Não por invasões dos bárbaros ou por rebeliões, mas pelas guerras civis. O verdadeiro inimigo se encontra dentro das fronteiras do Império e é o colapso da coesão interna.

Nos dois primeiros séculos, houve quinze imperadores, contando com Augusto — sem levar em conta a breve guerra civil que se seguiu ao suicídio de Nero. Nos cem anos seguintes, foram mais de setenta — uma contabilidade difícil de estabelecer com precisão, entre usurpadores e pretendentes.

O Império havia crescido demais. E o imperador não era mais adotado ou indicado por seu antecessor, escolhido pelo Senado ou, menos ainda, pelo povo. O imperador era o comandante de uma ou mais legiões que era proclamado pelos soldados e conseguia subjugar as outras. Não por acaso, os imperadores não residiam mais em Roma, eles perambulavam pelo Império com seus exércitos — porque sua autoridade já não dependia mais do Senado ou do povo, da cidade ou de uma divindade, mas das armas.

Para pôr fim a essa anarquia, um grande imperador, Diocleciano, divide o império em dois, no ano de 286 d.C. Reserva para si a parte oriental, com capital em Nicomédia, o antigo centro do reino da Bitínia, hoje na Turquia, e confia a parte ocidental a um companheiro, Maximiano, com capital em Mediolano, ou seja, Milão. Nenhum deles poderia ter como capital Roma, porque nenhum é menos imperador que o outro. Aliás, para completar a arquitetura do novo governo, Diocleciano prevê que os dois imperadores, os dois augustos, designem um césar cada um. Mais que um vice, deveria ser um homem de confiança com igual dignidade, e destinado a sucedê-los após vinte anos. O césar de Diocleciano é Galério, o de Maximiano, Constâncio Cloro.

Há uma escultura na entrada do Palácio Ducal em Veneza que retrata quatro pessoas se abraçando. A tradição popular os chamou de "os quatro ladrões", petrificados enquanto fogem após terem roubado o tesouro de são Marcos. Mas as quatro figuras são esculpidas em um único bloco de pórfiro, a pedra reservada aos imperadores. E representam justamente os tetrarcas, Diocleciano e os outros três, unidos para sempre por um formidável propósito comum de salvar o Império Romano.

Na verdade, não tinha como esse sistema funcionar, e não funcionou. Porque cada um sonhava em passar o posto para o próprio filho — e, mais ainda, cada filho sonhava em tomar o lugar do pai.

〽〽〽〽〽

Constantino é o primogênito de Constâncio Cloro. Nasceu numa pequena aldeia na atual Sérvia, quando o pai era apenas um promissor comandante militar. A mãe, Helena, é uma bela moça que trabalha nos estábulos de uma taverna. Constâncio se encanta pela moça, mas talvez nunca tenha se casado com ela. Quando se torna imperador, acaba por deixá-la para se casar com uma aristocrata, a filha de seu colega Maximiano, com quem teve outros herdeiros.

Constantino é um soldado corajoso. Conhece Diocleciano e ganha sua estima. Luta nos limites ocidentais e orientais, contra os bárbaros e os sármatas. Sabe que precisa vencer a concorrência dos irmãos, mais novos, mas nobres por parte de mãe.

Quando Constâncio, em campanha contra os bretões, adoece e se aproxima do fim, Constantino está do outro lado do Império, na Ásia Menor. Ao saber da notícia, monta em um cavalo e parte às pressas. Quando o animal se cansa, troca-o por outro. Move-se numa velocidade que só vimos nas rápidas viagens de Júlio César. E chega ao acampamento do pai, perto da atual York, a tempo de receber sua bênção.

Não é certo que Constâncio de fato tenha passado o título ao primogênito, mas seu exército estava convencido disso, e proclamou Constantino imperador. E, como Constantino é um grande general, legitima a nomeação derrotando os bretões e depois levando o exército ao Reno, onde repele os germânicos.

O outro imperador, Maximiano, ainda está vivo, mas se retirou para uma residência na Lucânia. Ele também tem um filho ambicioso, Magêncio. Se o critério de sucessão não é mais a escolha, e sim o sangue, não a nomeação, mas o nascimento, Magêncio não tem menos direito ao título de imperador que Constantino. E é proclamado à moda antiga: pelo Senado e pelos pretorianos. Na velha capital, Roma.

Os outros membros da tetrarquia, que haviam aceitado Constantino como um deles, consideram Magêncio um usurpador e marcham sobre Roma. Mas o primeiro, Severo, é detido por um motim dos próprios soldados, uma vez que estes haviam lutado por Maximiano e não queriam virar as armas contra seu filho. Severo, então, é preso e morto. O segundo, Galério, chega até as muralhas de Roma, mas, impressionado com sua imponência, desiste e volta a seu quartel-general na Dalmácia.

Magêncio se vê como o refundador da Urbe. Volta a morar no Palatino, o palácio dos imperadores, com tantas colunas que podiam sustentar o céu — como poetizou Estácio —, mas que estava vazio havia cinquenta anos. Restaura no Fórum o grande templo dedicado a Vênus, progenitora dos césares, e à deusa *Roma Aeterna*. Dá ao primeiro filho o nome de Rômulo, como o primeiro rei. Quando o menino morre, ele o diviniza e dedica-lhe o templo que guarda o tesouro dos judeus saqueado de Jerusalém. Magêncio também manda construir a basílica que até hoje leva seu nome, e sob suas imensas arcadas aconteceram as competições de luta dos maravilhosos Jogos Olímpicos de Roma de 1960.

A Magêncio falta só uma coisa: a investidura. Assim, procura o pai em seu retiro na Lucânia. Ele propõe que Maximiano volte à ativa, e Maximiano inicialmente aceita. Em 306 d.C., retoma o título de augusto e apoia a rebelião do filho na Itália. Quando, porém, dois anos depois, Magêncio reivindica para si o título e o poder, Maximiano recusa-se a designá-lo como seu sucessor, refugia-se no palácio de Constantino — em Tréveris, hoje na Alemanha — e oferece-lhe em casamento a filha muito jovem, Fausta. Mas, depois, Maximiano tenta outro golpe e, enquanto Constantino está ocupado em batalha no Reno, autoproclama-se o único e verdadeiro augusto, mas poucos o seguem. Constantino então o derrota e o força ao suicídio.

Essencialmente, a situação é a seguinte: o Império tem dois imperadores que não vivem em harmonia. Pelo contrário, detestam-se. Constantino casou-se com a filha do ex-imperador Maximiano. Em Roma, porém, quem governa é o outro filho de Maximiano, Magêncio, que, por sua vez, é cunhado de Constantino. Poderia parecer uma questão de família, mas na realidade é uma guerra civil. Uma guerra da qual depende o destino de Roma e, se possível, algo a mais.

᳹᳹᳹᳹᳹

É 27 de outubro de 312 d.C. e Magêncio festeja o sexto ano de reinado em uma cerimônia solene no Circo Máximo. Entretanto, tem a impressão de que o povo o homenageia mais por medo dos pretorianos do que por amor.

A guarda do imperador é uma unidade de elite. O mais novo tem 17 anos e, o mais velho, 23. São unidos por um forte espírito de corpo, mantêm-se em constante treinamento e têm armas tradicionais, como o dardo e o gládio.

O exército de Constantino, que avança sobre Roma, é muito diferente. Muitos soldados são germânicos. Usam estranhos elmos em forma de sino e empunham foices, machadinhas, machados — armas de bárbaros.

Nos exércitos romanos, difundiu-se um culto vindo do Oriente, o do deus Mitra. É uma divindade solar, que, no entanto, é adorada em locais subterrâneos. Não é uma religião aberta a todo mundo. É misteriosa, assustadora, exclusiva, e aqueles que revelam seus segredos são punidos com a morte. As mulheres são excluídas. Os adeptos recebem uma espécie de batismo, não com água, e sim com o sangue de um touro. O ritual exige que o neófito coma pão e beba vinho oferecidos pelo sacerdote. Há sete graus de iniciação, um para cada planeta.

O mitraísmo é, portanto, uma espécie de monoteísmo pagão. O deus Mitra age como mediador entre *Sol Invictus*, o sol invencível, e os homens. Diocleciano e Maximiano são seguidores de Mitra e talvez, naquele momento, Constantino também seja um seguidor do Sol, como muitos de seus oficiais. Em Roma, foram encontrados restos de doze santuários dedicados ao deus: doze mitreus.

Mas Mitra não é um deus que busca fiéis. Não faz prosélitos. Dá uma coragem que beira à imprudência aos soldados em batalha, a coragem dos touros. Mas não promete um além, não oferece um horizonte de paz e justiça. Não resolve a questão fundamental dos soldados que vão morrer, ou seja, a sobrevivência da alma, a ressurreição do corpo.

Tudo isso, por outro lado, o cristianismo oferece. Ou melhor, assegura.

No entanto, Diocleciano desencadeou uma perseguição violentíssima contra o cristianismo. Será a última, mas também a mais cruel. O imperador está convencido de que a causa das derrotas dos exércitos romanos é justamente a devoção que se espalha a esse estranho Deus crucificado, que não exige sacrifícios, mas não permite que o sejam feitos a ninguém, nem ao imperador.

Na época de Diocleciano foi decapitado o padroeiro de Nápoles, São Januário, cujo sangue que se liquefaz e coagula ainda hoje representa um mistério, um prodígio, talvez um milagre. Santa Inês, uma jovem romana que defendia sua virgindade, é degolada. Foi trancada em um bordel, mas um anjo a protegeu e nenhum homem ousou tocá-la, exceto um, que foi cegado. Inês devolveu-lhe a visão. Foi enviada à fogueira, mas as chamas se afastaram dela. Então, cortaram-lhe a garganta, como se faz com os cordeiros. Por isso, o cordeiro — em latim, *agnus* — é seu símbolo.

Em todo o Império, pelo menos vinte mil mártires caíram durante a perseguição de Diocleciano. Na Frígia, uma comunidade inteira é trancada numa basílica que é incendiada, onde setecentos fiéis morrem de maneira terrível.

Entre os soldados também há muitos cristãos. O mais famoso, Sebastião, foi torturado com flechas, mas, segundo a lenda, sobreviveu graças aos cuidados de uma mulher piedosa. Assim, tiveram que martirizá-lo uma segunda vez, no Palatino. E a Igreja é como são Sebastião, que ressurge das próprias cinzas, fortalecida pelo sangue dos mártires. Nenhum imperador jamais conseguiu erradicá-la.

Magêncio é pagão. Acredita na religião dos antepassados. E, segundo os antepassados, o futuro, desde a época de Tarquínio, o Soberbo, e dos antigos reis, está escrito nos Livros Sibilinos, que ficam guardados no templo de Apolo.

Depois do meio fracasso da festa no Circo Máximo, Magêncio mandou a esposa e o filho sobrevivente dormirem fora da cidade, numa casa na via Ápia. Ficou sozinho no palácio. Sabe que Constantino está chegando, mas não sabe como enfrentá-lo. E, incapaz de dormir, na calada da noite vai ao templo. Os sacerdotes de Apolo abrem os livros e dali tiram a profecia: "O inimigo de Roma será derrotado".

Magêncio se tranquiliza. É exatamente o que queria ouvir, pois o inimigo de Roma é Constantino, que quer conquistá-la com armas. E o defensor, ou melhor, o restaurador de Roma, é ele mesmo.

Assim, toma uma decisão que parece insana. Em vez de se preparar para defender a cidade, envia no meio da noite aos pretorianos a ordem de se preparar para sair de Roma, para enfrentar Constantino em campo aberto. As muralhas lhe dariam uma boa vantagem estratégica. A iniciativa e, portanto, o risco, recairiam sobre o inimigo, bastaria a ele resistir. No entanto, Magêncio sabe que um imperador pode até prescindir da simpatia popular, mas não quando precisa resistir a um cerco. Assim, decide ele tomar a iniciativa, com o apoio das profecias e dos deuses antigos.

O SONHO DE CONSTANTINO

Até Constantino ainda é pagão. Mas também é, de certa maneira, religioso — e também espera um sinal. Ambos os imperadores sentem seu destino pessoal ligado ao destino do mundo, e buscam uma relação com uma divindade que realize essa missão por meio deles. Não são os primeiros comandantes romanos a se enfrentarem em uma guerra civil. Mas, a essa altura da história de Roma, é chegada a hora de uma escolha religiosa. O imperador precisa de uma investidura celestial. Sozinho — sozinho contra os outros pretendentes, sozinho contra os bárbaros que pressionam as fronteiras — já não consegue mais.

Naquela noite de 27 de outubro de 312 d.C., Constantino vai dormir em sua tenda convencido de que, no dia seguinte, terá que cercar Roma. Não tem como saber que Magêncio cometeu o grave erro estratégico de ir a seu encontro.

O exército de Constantino está acampado na via Flamínia. As muralhas de Roma estão a menos de 30 quilômetros de distância. Ainda não dá para vê-las, mas os soldados as consideram intransponíveis. Vieram até aquele ponto por lealdade ao comandante, mas Constantino sente que eles esperam algo mais. Um sinal do favor divino.

Na manhã seguinte, o imperador anuncia aos soldados que o sinal celestial chegou. Em forma de sonho. Uma visão. Uma cruz apareceu para ele, o símbolo da religião que o seu mestre Diocleciano tentou, em vão, erradicar. E ouviu uma voz que dizia: "*En touto nika*", em grego. Constantino nasceu no Oriente, mas sua língua materna era o latim. Diferentemente de Júlio César, que falava grego com fluência, ele nunca aprendeu muito bem o idioma, assim como Otaviano Augusto. Contudo, no momento mais importante de sua vida, sonhou em grego. Mas, ao falar com seus homens, traduzirá a mensagem celestial para o latim: "*In hoc signo vinces*". Deus lhe disse: neste sinal, no sinal da cruz, vencerás.

Muitos dos soldados de Constantino haviam perseguido os cristãos. Certamente jamais imaginariam ir para a batalha com uma cruz nos estandartes. A cruz era um instrumento de tortura reservado a escravos e estrangeiros. Não é por acaso que o judeu Pedro foi crucificado, de cabeça para baixo, enquanto Paulo, cidadão romano, foi decapitado. Uma morte rápida, quase uma consideração. A cruz era um sinal de vergonha, uma maneira não só de matar o condenado, mas também de exibi-lo e, assim, humilhá-lo. Com certeza não era um talismã, um amuleto de sorte, um símbolo de força. Os próprios cristãos jamais teriam imaginado que sua cruz pudesse ser usada em batalha, como um sinal de guerra, como emblema de um exército.

Entre as muitas incógnitas desta história, há também a seguinte: Constantino venceu por ter se tornado cristão? Ou se tornou cristão por ter vencido?

⊡⊡⊡⊡⊡

A batalha é sangrenta, mas breve. Magêncio lidera seu exército rumo ao norte, em direção ao inimigo. Acreditando que deveria impedir a chegada do inimigo a Roma, havia mandado destruir a ponte Mílvia. Mas, agora, é ele quem ataca Constantino, tendo que cruzar o Tibre. Assim, manda construir uma ponte flutuante.

Quando Constantino vê o rival avançar contra ele, convence-se de que Deus de fato está do seu lado. O erro de Magêncio é um presente inesperado. O exército inimigo é mais numeroso, os pretorianos são um corpo de elite, mas as tropas dele são mais experientes em combate e formidáveis em campo aberto.

É então que Constantino sente que tem a vitória nas mãos. Reúne os soldados, conta sobre o sonho que teve e ordena a todos — ao menos segundo a tradição — que desenhem uma cruz no próprio escudo. Desse modo, a vitória será certa.

Existe um deus que o escolheu como vencedor e fez Magêncio perder o juízo. Existe um deus, e não é um dos muitos que lotam o Panteão. É um Deus único, que quer que o imperador represente na terra a ordem que Ele garante no céu.

O primeiro confronto acontece num lugar chamado Saxa Rubra, que significa pedras vermelhas — por conta da argila ou, talvez, pelo sangue derramado muito tempo atrás. O bairro vizinho chama-se Lábaro, como os estandartes que exibiram a cruz pela primeira vez.

A infantaria de Constantino ataca o inimigo no centro. Os pretorianos resistem ao ataque, contra-atacam e parecem prestes a vencer. Mas Constantino move sua cavalaria, que desce das colinas e pressiona as tropas de Magêncio em direção ao rio. Os pretorianos resistem, mas as duas alas, compostas por soldados itálicos e africanos, cedem. A infantaria de Magêncio fica exposta nas laterais, cercada pelos cavaleiros de Constantino. Só resta a rota de fuga: a ponte flutuante. A ideia é atravessá-la e cortá-la para que não sejam perseguidos.

Não se sabe se Magêncio ordena a retirada em direção à cidade, ou se os soldados preveem o comando. Mas não é uma retirada organizada, é uma fuga precipitada. A ponte flutuante se rompe sob o peso das armaduras e dos cavalos, e os soldados caem na água. Os restos da ponte se tornam uma armadilha, e os soldados de Constantino atiram lanças e flechas nos inimigos. O próprio Magêncio cai na água, volta à superfície, se debate.

Talvez repensasse a própria vida — e sua vida foi uma sequência de sinais, todos negativos. O filho a quem chamou de Rômulo, na esperança de um renascimento, que morre ainda criança. O pai que não o valorizou e não o escolheu. A irmã entregue em casamento a seu rival, que está prestes a matá-lo. E, então, a ironia da profecia: "O inimigo de Roma será derrotado". Agora está nítido: o inimigo de Roma era ele. Porque Roma não era mais uma cidade, era uma ideia. Uma ideia que estava morrendo e, para salvá-la, era preciso mudar tudo. Ele, Magêncio, não havia entendido. Levanta a cabeça para fora da água, mas o peso o puxa para baixo. Talvez só então se dê conta de que é um homem do passado. O futuro pertence a outros. E sua memória será condenada.

O DUCE E ABEBE BIKILA

Constantino não encontra os estandartes do inimigo. Magêncio, ou algum comandante mais hábil do que ele em ler o destino, os havia escondido. Enterrado. Serão encontrados por arqueólogos modernos. Mas Constantino ainda precisa de um sinal de sua vitória. Algo que possa mostrar ao povo, para elucidar quem tinha sido o vencedor da batalha da Ponte Mílvia e quem tinha sido o derrotado.

Assim, manda resgatar o corpo de Magêncio no Tibre, corta-lhe a cabeça, prega-a numa lança — finalmente, Constantino olha no rosto do cunhado — e a leva em procissão pelas ruas da cidade. Depois, ordena a demolição de todos os quartéis de Roma, incluindo o dos pretorianos, o Castro Pretório. A cidade assim se esvazia de fortalezas e se enche de igrejas. Práticas mágicas, orgiásticas e esotéricas seriam proibidas. Os romanos aclamam o imperador vitorioso e cospem na cabeça decepada do derrotado. As cabeças das estátuas de Magêncio também são cortadas e substituídas, como de costume, pela do novo senhor.

Conta-se que Constantino tenha feito sacrifícios aos deuses para purificar a cidade da sombra do usurpador. De acordo com outras fontes, em homenagem à sua nova fé, ele teria se recusado a subir ao Capitólio para realizar os ritos tradicionais.

Contudo, se Constantino já é cristão, é um cristão de um novo tipo. Decidido a usar a religião como ferramenta de poder.

🔲🔲🔲🔲🔲🔲

Há uma igreja em Arezzo, no coração da Toscana, dedicada a São Francisco. Aparece em um filme de grande sucesso, *O paciente inglês*. Um soldado indiano, um sikh de turbante, leva a namorada, uma enfermeira canadense — a doce Juliette Binoche —, para ver afrescos que o haviam impressionado. É noite. Ele a prende com cordas, entrega-lhe uma lanterna e, depois, com um sistema de roldanas, a faz girar, de modo que ela possa ver as figuras olho no olho. É uma cena mágica, cheia de poesia.

Juliette pode, assim, admirar Salomão, a rainha de Sabá, Adão, a rainha Helena e outros personagens. E pode contemplar o primeiro e grande noturno da história da arte: o sonho de Constantino.

O autor dos afrescos, Piero della Francesca, um dos mestres do Renascimento fascinado pela pintura dos romanos antigos, retrata o imperador adormecido em sua tenda. A escuridão é cortada por uma luz vinda de fora, em um jogo de luz e sombra que inspirará Rafael e

Caravaggio, o mestre da pintura noturna. Um anjo surge e mostra a Constantino uma pequena cruz. A noite é estrelada, e as estrelas não estão dispostas ao acaso. Piero della Francesca estudou astronomia e representou as constelações não como são vistas da terra, mas como seriam vistas do céu. Ele pintou o céu como Deus o teria visto se naquela noite desejasse falar aos homens.

❖ ❖ ❖ ❖ ❖ ❖

Jamais saberemos se Constantino realmente teve aquele sonho. Mais ainda, jamais saberemos se Constantino realmente se converteu ao cristianismo quando venceu a batalha da Ponte Mílvia.

Para homenagear a visão, mandou construir um arco na via Flamínia, no local onde havia montado acampamento, que agora se chama Malborghetto, nome derivado de uma hospedaria local frequentada por bandidos e malfeitores.

Mas o arco mais famoso que ainda leva o nome de Constantino é o que foi construído na via dei Trionfi (hoje via di San Gregorio), que vai do Circo Máximo ao Coliseu. Um arco sob o qual os fascistas celebraram os aniversários da marcha sobre Roma, outro acontecimento que, do ponto de vista deles, deveria inaugurar uma nova era, mas que, na realidade, tem apenas uma coisa em comum com a batalha da Ponte Mílvia: a data, 28 de outubro. O verdadeiro triunfo sob o arco de Constantino foi vivido no século XX por um atleta vindo de um país — a Etiópia — que os fascistas haviam invadido e subjugado. Em 10 de setembro de 1960, o maratonista descalço, Abebe Bikila, foi o primeiro a passar sob o arco numa noite dos sonhos, tornando-se o primeiro africano a ganhar uma medalha de ouro olímpica.

O arco de Constantino foi construído em dois anos para comemorar a vitória sobre Magêncio. É uma obra feita de reutilização — os medalhões e os grandes baixos-relevos são anteriores e datam dos tempos de Trajano e Adriano. Os baixos-relevos menores e mais rústicos são da época de Constantino. Àquela altura, a maestria dos artistas da era clássica já estava perdida, ou talvez não houvesse tempo para esculpir com cuidado. Era necessário fixar rapidamente na pedra os acontecimentos.

No entanto, nesse arco não há sinais do cristianismo.

Há a batalha da ponte Mílvia, com os inimigos afogando-se no Tibre alvejados por flechas, mas não se veem cruzes. Na verdade, há soldados que carregam duas estatuetas do deus Sol em procissão. E nos relevos mais antigos vê-se uma ovelha e um porco prestes a serem sacrificados a uma divindade pagã.

No entanto, há uma novidade. Pela primeira vez, soldados romanos são retratados derrotados e humilhados como se fossem bárbaros. É quebrado o tabu que havia aconselhado César a não mostrar a imagem de Pompeu vencido e decapitado, e que havia levado o povo a queixar--se ao ver a efígie que evocava o suicídio de Catão, o Jovem. A mensagem de Constantino é bem evidente: quem está contra ele é um inimigo absoluto. Mesmo que seja romano e, portanto, um compatriota, deixa de ser. Constantino acredita em um Deus único e está formulando uma ideologia política em cima dessa fé, a de que o imperador também deve ser único, o representante na terra do poder de Deus que reina nos céus.

Não é por acaso que Constantino mandou gravar em seu arco que havia deposto o usurpador Magêncio "*instinctu divinitatis*" — por inspiração divina. E pouco importa se, por enquanto, essa divindade não está presente, ou ainda é o deus Sol. Constantino oferece um deus aos pagãos e uma imagem de Deus aos cristãos.

Em 313 d.C., foi promulgado o Édito de Milão, que dizia que o cristianismo era uma fé legítima. As perseguições acabaram. Os cristãos são livres. Mais do que isso, estão prestes a tomar o poder, porque a religião que os outros imperadores queriam erradicar está prestes a se tornar a religião oficial do Estado.

HELENA E A VERDADEIRA CRUZ

Em Arezzo, Piero della Francesca não representa somente o sonho de Constantino. Ele conta a história da Verdadeira Cruz, conforme imaginada pelo monge Tiago de Voragine — que seria Varazze, na Ligúria —, num capítulo de um livro extraordinário, a *Lenda dourada*, a coletânea da vida dos santos, o *long-seller* da Idade Média.

A história começa com a morte de Adão, que é o primeiro homem e, portanto, também o primeiro a morrer. Para suavizar aquele momento de terror desconhecido, Sete, o filho de Adão, vai ao Paraíso pedir o óleo da misericórdia, como elixir para uma morte pacífica. Em vez disso, o arcanjo Miguel lhe entrega um galho para ser plantado na boca do defunto. Deste galho nasce uma árvore, da qual seria extraída a madeira para construir a cruz na qual Jesus seria crucificado.

À Terra Santa chega Helena, a moça das estrebarias da taverna que havia conquistado o coração do futuro imperador. A mãe de Constantino, convertida ao cristianismo.

Trata-se da primeira peregrinação da história.

Graças a Helena, as duas cidades santas do cristianismo, Roma e Jerusalém, são unidas pela primeira vez.

Um judeu, não por acaso chamado Judas, revela a Helena onde a cruz está enterrada. Assim, uma senhora idosa, a mãe do imperador, sobe ao Calvário, em uma busca sagrada. Só que há três cruzes. Como distinguir a cruz de Jesus da dos dois ladrões? A madeira é aproximada de um cadáver, que imediatamente volta à vida. Eis que a Verdadeira Cruz é reconhecida. Talvez o homem de gorro vermelho que testemunha a descoberta seja o autorretrato do pintor — Piero della Francesca não poderia ficar de fora de uma cena tão significativa.

Hoje, em Roma, a Basílica da Santa Cruz de Jerusalém fica exatamente onde ficava o palácio de Helena, que é venerada pela igreja como santa. Foi ali que Helena depositou as relíquias trazidas de Jerusalém, depois de ter polvilhado o chão com a terra do Calvário. Ainda hoje, na basílica, estão guardados três fragmentos da Verdadeira Cruz, venerados por fiéis do mundo todo como as relíquias mais importantes de toda a cristandade.

Na basílica, encontra-se também um dos pregos da crucificação. Helena doou um segundo prego a um ferreiro para que fosse feito o freio do cavalo de Constantino. Um terceiro foi incrustado em seu elmo, para que ele tivesse proteção nas batalhas. Contudo, segundo a tradição, há um prego na Catedral de Milão e outro na coroa de ferro na Catedral de Monza, a coroa dos reis lombardos, com a qual até Napoleão quis ser coroado. A coroa de espinhos, da qual Helena havia encontrado apenas um fragmento, está em Notre-Dame, graças a Luís IX, o rei santo, embora várias outras igrejas afirmem com orgulho que têm ao menos um fragmento.

Constantino, que adorava a mãe, proclamou-a augusta e mandou retratá-la nas moedas. O cristianismo estava mesmo prestes a mudar o mundo se uma estabulária podia se tornar imperatriz. Afinal de contas, a mãe de Jesus também era uma mulher simples, que havia dado à luz em uma manjedoura.

A Santa Cruz é uma das sete basílicas que remontam a Constantino e seus descendentes. As outras são as de São Pedro, no local do túmulo do chefe dos apóstolos, São Paulo Fora dos Muros, São Lourenço, São Sebastião Fora dos Muros, São João de Latrão, primeira sede do bispo de Roma, o papa, e Santa Maria Maior, que hoje é a basílica preferida do Pontífice que pela primeira vez leva o nome de Francisco. Em Jerusalém, Constantino ergueu o Santo Sepulcro, posteriormente reconstruído pelos cruzados, e em Belém, a basílica da Natividade.

Contudo, Constantino nunca se tornou um bom cristão nem uma boa pessoa. O grande comandante militar e líder político determinado não foi apenas impiedoso, ele nunca conseguiu dominar as próprias paixões e suspeitas. Ele tinha um filho, Crispo. No entanto, quando se convenceu de que este tinha um caso com sua jovem esposa, Fausta, matou-o. Depois, diante dos protestos dela, assassinou também a esposa.

Alguns levantaram a hipótese de que somente então Constantino se converteu — para se redimir de crimes tão graves que só o batismo poderia apagar.

Segundo seu biógrafo, Eusébio de Cesareia, ele foi batizado em Nicomédia, no Oriente. A Igreja Ortodoxa ainda hoje o venera como um santo, dedicando-lhe ícones.

Entretanto, de acordo com os afrescos guardados no mosteiro de clausura dos Quatro Santos Coroados, numa colina que separa São João de Santa Maria Maior, Constantino teria sido batizado em Roma.

Os afrescos, mais de dois séculos mais antigos que os de Piero della Francesca, não são uma obra-prima da história da arte. Seu estilo é ainda bizantino. No entanto, causam um grande impacto emocional, até porque ilustram uma história contada apenas ali.

Constantino adoece de lepra. Sacerdotes pagãos o aconselham a mandar matar algumas crianças e banhar-se no sangue delas para curar-se — num símbolo evidente da perseguição aos antigos cristãos. Diante do desespero das mães, o imperador desiste.

Certa noite, Constantino vê em sonho dois rostos desconhecidos — São Pedro e São Paulo —, que o convidam a buscar a ajuda do papa, Silvestre, que o levaria a uma fonte cuja água o curaria. Mas o papa havia se retirado para o monte Soratte. Constantino o manda chamar, e o Pontífice lhe mostra uma imagem, na qual o imperador reconhece os santos que tinha visto no sonho — Pedro e Paulo.

Silvestre batiza Constantino, que assim se cura da lepra. O batismo é feito por imersão, como nas primeiras comunidades cristãs. Em sinal de reconhecimento, Constantino dá ao papa a cidade de Roma, o sinichio — uma espécie de guarda-chuva como um sinal da dignidade imperial —, o diadema e um cavalo. Silvestre é retratado sentado num trono, e Constantino lhe presta homenagem.

O significado não poderia ser mais evidente: o papa é o intermediário entre Deus e o imperador, entre o poder celestial e o terreno, não importando quem seja a pessoa temporariamente encarregada desse papel.

Essa história não é apenas contada em um afresco. Ela foi estabelecida antes em um documento, a Doação de Constantino. Verdadeiros falsários criaram um ato, chamado *Actus Silvestri*, escrito, além do mais, num latim incorreto que jamais seria utilizado na época do Império. Segundo esse documento, Constantino concedeu ao papa, em troca da cura da lepra, a soberania sobre Roma e seu território, o primado sobre as Igrejas orientais e a primazia sobre todos os sacerdotes. Uma falsificação. Mas o fato de ter se sentido a necessidade de fabricá-la mostra como o Império continuava a influenciar a história do mundo, mesmo quando oficialmente já não existia mais havia séculos.

〰〰〰〰〰

Constantino passou pouquíssimo tempo em Roma. Em compensação, fundou outra Roma sobre as ruínas da antiga Bizâncio, e deu-lhe um nome um pouco mais parecido ao seu: Constantinopla. Ele teve, portanto, duas intuições: mover o centro político e militar do Império para o leste — longe daqueles bárbaros que considerava, àquela altura, temíveis demais — e fazer de Roma o centro religioso, uma vez que era a cidade onde Pedro e Paulo haviam sido martirizados e sepultados — o primeiro sucessor de Cristo e o pregador que havia conciliado o cristianismo com a filosofia e a cultura grega e romana. E essa escolha foi também um reconhecimento póstumo da inteligência, ou da inspiração divina, de Pedro e Paulo, que tinham ido pregar e morrer não numa terra deserta, mas no centro do mundo, na capital do povo que dominava os povos e a história.

Em Roma, Constantino mandou construir uma tumba, ao lado de um cemitério público cristão. Sua mãe, Helena, foi sepultada ali. Mas, depois, Constantino mudou de ideia e escolheu descansar em Constantinopla, ao lado das relíquias dos apóstolos que ele havia coletado — e que foram em grande parte dispersas. Com a mesma determinação, presidira muitos concílios, para que os padres da Igreja chegassem a um consenso e condenassem como hereges e cismáticos aqueles que professavam um credo diferente daquele que havia sido estabelecido, especialmente no concílio de Niceia. As dúvidas sobre uma religião complexa como o cristianismo eram inúmeras, a começar pela mais importante: Jesus era um deus, um homem ou ambos? Mas Constantino não estava interessado na reflexão teológica e na discussão filosófica, exigia uma doutrina objetiva, compartilhada e, acima de tudo, única.

Havia compreendido que o cristianismo não era inimigo do Império. Pelo contrário, poderia se tornar um aliado, se não sua própria essência. Um único Deus no céu e um único imperador na terra. E não um deus nacional, o protetor de um povo, o símbolo de uma fé esotérica, mas sim um Deus universal, no qual todos — homens e mulheres, livres e escravos — poderiam e deveriam se reconhecer. Um Deus que prometia justiça, mas a adiava para o Reino dos Céus. Nenhum mago, nenhum rito esotérico, nenhuma bruxaria, mas também nenhuma orgia desregrada, nenhum luxo excessivo, nenhuma libertinagem de costumes e de pensamento. A nova fé representava um conteúdo ético da qual uma civilização enfraquecida precisava, e também uma forma de controle social.

O paganismo já não era suficiente, era necessário um vínculo mais sólido entre a lei do Estado e o coração dos homens. A essa altura, torna-se menos importante estabelecer se o imperador se converteu por puro cálculo político ou se a visão às portas de Roma germinou em seu coração. Se a vitória do cristianismo é uma estratégia ou um milagre — as duas coisas podem andar juntas.

E se o cristianismo deixou de ser o mesmo depois do abraço com o poder, também é verdade que foi esse abraço que fundou a civilização na qual ainda hoje vivemos.

A conversão ao cristianismo não salvará o Império Romano, mas será um dos motivos, e não menos importante, de sua longevidade. O Ocidente torna-se cristão porque Roma tornou-se cristã. E também graças ao fato de ter se tornado cristã, Roma sobreviveu nas culturas e nas formas de poder que vieram após sua (aparente) queda.

O IMPÉRIO INFINITO

7

O VOO DA ÁGUIA DE JUSTINIANO A ZUCKERBERG

MARK ZUCKERBERG E SUA ESPOSA, Priscilla, passaram a lua de mel em Roma, mas ela comentou que teve a sensação de serem um grupo de três pessoas, "Mark, eu e Augusto". O jovem marido, de fato, falava sem parar do imperador e tirava fotos de suas estátuas o tempo inteiro.

Anos mais tarde, quando Zuckerberg retornou a Roma, dessa vez não como recém-casado, mas como senhor da internet, permitiu-se correr de camiseta e short entre o Circo Máximo e o Coliseu. Em seguida, encontrou-se com jornalistas e elogiou a qualidade da comida e a beleza da cidade. Em suma, fez e disse o típico de um estadunidense em Roma, talvez preparado pela assessoria de imprensa.

Depois, porém, adotou um tom mais sério e começou a recitar em latim: *"Forsan et haec olim meminisse iuvabit..."*. "Não sou bom com línguas", explicou com um sorriso. "Na faculdade, tentei o francês e o espanhol. Depois, me inclinei para o latim, que tem a vantagem de não ser uma língua para se falar". E é uma língua profundamente racional, que fazia o estudante Mark se lembrar das linguagens de programação que estava aprendendo.

A plateia, composta por jovens empreendedores acostumados com o inglês das escolas de negócios, ouvia-o intrigada e confusa: o que o inventor do Facebook quer dizer?

Zuckerberg não tinha escolhido as palavras ao acaso. Havia citado o verso 203 do primeiro livro da *Eneida*. Uma frase que Virgílio atribui a Eneias no momento mais dramático de sua saga. Troia caiu, e ele sobreviveu por um milagre. Sua cidade foi destruída, a esposa morreu, muitos de seus navios se perderam em uma tempestade. Ao que parecia, tudo estava contra ele. No entanto, Eneias diz: "Talvez um dia lembrar tudo isso nos anime".

Zuckerberg acrescentou: "O verso de Virgílio é a mais bela história de empreendedorismo já escrita. Eneias não se rende. Já pensa no momento em que alcançará o objetivo de fundar Roma e olhará para trás, para os desafios que superou. Eneias tem uma missão, tem uma equipe e tem muita perseverança. Apresenta todas as qualidades do verdadeiro empreendedor".

Duvido que Virgílio tivesse reconhecido seu herói nesse retrato. Contudo, a vocação "imperial" do senhor das redes sociais não poderia ter emergido mais evidentemente daquela viagem a Roma e daquele discurso. A ideia de reunir e "governar" uma comunidade vasta como o mundo faz Zuckerberg se sentir uma espécie de Augusto contemporâneo. Não por acaso, corta o cabelo como o dele; se tem que aparecer numa conversa virtual com a Itália, seu avatar se move e fala como Augusto; por muito tempo concluiu suas reuniões com o grito de "Domínio!"; e deu às três filhas nomes que evocam a vida do fundador do Império, Maxima, August e Aurelia.

O Facebook não é apenas seu império pessoal, é, na mente de Zuckerberg, um tipo de reedição do Império Romano. Mas com mais *cives* — quase três bilhões. Na época, Augusto não tinha toda essa gente sob seu comando.

O exemplo de Zuckerberg é apenas o mais evidente, é lógico, mas certamente não é o único. Quando teve que lançar sua campanha para a exploração de Marte, Elon Musk se autoproclamou o *"imperator of Mars"*. Quando Maureen Dowd, colunista de destaque do *New York Times*, perguntou-lhe se o riquíssimo Crasso era seu imperador favorito, ele lhe deu um fora: "Crasso era um triúnviro, e não um imperador". E quando, de brincadeira, Musk sugeriu desafiar Zuckerberg para um duelo, também em tom de brincadeira pensou-se no Coliseu como lugar.

Bill Gates é um grande entusiasta da Roma Antiga. Recomendou em seu blog o documentário da BBC, *Eu, Claudius, imperador*, em que Cláudio narra seu próprio reinado e o de seus antecessores Augusto, Tibério e Calígula. Depois da pandemia, Gates sugeriu a criação de uma força-tarefa mundial, aos moldes de Augusto, que estabeleceu o corpo de bombeiros após o incêndio de Roma em 6 d.C. Ele avaliou um livro de Vaclav Smil, *Why America Is Not a New Rome* [Por que os Estados Unidos não são uma nova Roma], cuja tese é apenas aparentemente antitética em relação ao livro que você tem em mãos. Porque é óbvio que a história nunca se repete duas vezes, e nem os norte-americanos nem nós somos os romanos antigos. Mas o que Smil e Gates querem dizer é que não existem automatismos, e o que aconteceu em Roma não necessariamente vai acontecer nos Estados Unidos. Embora continue a nos inspirar.

No famoso discurso de Steve Jobs sobre a necessidade de sermos famintos e loucos, alguns viram ecos de Sêneca e Marco Aurélio, especialmente quando o fundador da Apple mencionou ter lido, aos 17 anos, a máxima do imperador-filósofo: "Se vivermos cada dia como se fosse o último, um dia com certeza teremos razão". "*Cotidie morimur*", morremos todos os dias, advertia Sêneca, que definitivamente era mais pessimista. No entanto, em outra passagem, Sêneca escreve: "Nisso, nós, homens, somos superiores aos deuses. Os deuses não conhecem a morte, nós somos superiores à morte".

Mas, para além dos interesses individuais, existem pontos de contato entre Roma e o mais importante fenômeno econômico e cultural de nosso tempo: a revolução digital. Assim como o Império Romano selecionava a classe dominante nas próprias colônias, o Silicon Valley identifica os melhores talentos em todo o mundo. Contudo, o cosmopolitismo, a diversidade étnica e o multiculturalismo coexistem com uma forte centralização: as infraestruturas digitais permanecem norte-americanas. E todos os grandes capitalistas das *big techs* são cesaristas em seus planos de ascensão, conquista e dominação. Aspirantes a monopolistas, imperadores da economia digital.

Resta o questionamento: por quê? Por que Roma? Como é possível que uma civilização teoricamente morta há dezesseis séculos continue influenciando a linguagem e os pensamentos de nosso século? Por que motivo, em meio a tantos impérios e reinos, entre as muitas civilizações que se sucederam na Terra, é justamente Roma que continua a fornecer palavras e símbolos à modernidade, e ainda inspira as formas que o poder e a arte, os negócios e a comunicação assumem?

A explicação não reside somente no fascínio — está na continuidade. O Império Romano nunca caiu, porque a ideia de Roma viajou imortal pela história, graças não apenas a soberanos que se sentiram a reencarnação do imperador, mas a povos que se consideraram herdeiros dos romanos antigos.

BIZÂNCIO, A NOVA ROMA

O termo "bizantino" foi inventado no auge do Renascimento, para marcar a distância com o Império Romano do Oriente e dizer, em essência, que os ocidentais e, portanto, os herdeiros dos romanos antigos, éramos nós.

No entanto, os bizantinos sempre tiveram convicção de serem eles os herdeiros dos romanos — aliás, de serem os próprios romanos. Na verdade, eles não se definiam bizantinos, mas romaioi, e chamavam seu Estado de "Basileia Romaion", o reino dos romanos, ou simplesmente "Romania". E Bizâncio ou, se preferir, Constantinopla era a Nova Roma.

Hoje, tendemos a pensar em Bizâncio como uma civilização fraca e doente, que por mil anos não fez nada além de declinar, discutindo questões jurídicas complicadas e pintando ícones sempre iguais — e depois, às vezes, destruindo-os. Os iluministas, em particular, desprezavam-na. Para Voltaire, Bizâncio era "uma coleção sem valor de declamações e milagres". Para Montesquieu, "um tecido de revoltas, tumultos e infâmias".

Na verdade, Bizâncio foi um milagre que resistiu aos bárbaros e aos árabes e, por quatro séculos, enfrentou os turcos. Foi o bastião de uma civilização grega e latina, cristã e ortodoxa, que não apenas persiste até hoje, mas se expandiu de Belgrado a Vladivostok, do mar Mediterrâneo ao oceano Pacífico, misturando e unindo outra vez etnias e povos, apesar de ser dilacerada por guerras fratricidas como a que a Rússia desencadeou contra a Ucrânia.

A longevidade de Bizâncio se deve à combinação de três fatores: a cultura grega, a fé cristã e o conceito romano de Estado. E o homem que soube manter tudo isso unido, restabelecendo a civilização de Roma no Corno de Ouro, foi um grande imperador: Justiniano.

Filho de camponês, nascido numa zona remota dos Bálcãs (em Taurésio, hoje Taor, Macedônia do Norte) e formado no exército, Justiniano também deve sua sorte ao irmão de sua mãe, Justino, general que se tornou imperador. Mas sua personalidade se destaca pela excepcionalidade, desde a tenacidade com que escolheu casar-se com a mulher que amava, Teodora — uma atriz acusada de ter sido prostituta.

A lei proibia atrizes de se casarem com homens de alto escalão? Justiniano muda a lei e exige que Teodora seja retratada a seu lado em Ravena, que ainda preserva os mais belos mosaicos do mundo. Também por isso, a figura de Teodora fascinaria artistas como Victorien Sardou, autor de *La Tosca*, que escreve a peça teatral *Teodora* para Sarah Bernhard, a grande atriz filha de prostituta. Durante o recebimento do jubileu de diamante de Vitória, rainha da Inglaterra e imperatriz da Índia, lady Randolph Churchill, a excêntrica mãe de Winston Churchill, apresenta-se vestida de Teodora.

A era de Justiniano marca a última grande temporada da romanidade. Seus generais, Belisário e Narses, derrotaram os godos e reconquistaram a Itália, a Espanha e o norte da África. Seus arquitetos construíram em Bizâncio a Basílica de Santa Sofia. Mas sua obra-prima é o *Corpus iuris civilis*, uma compilação de leis que, redescoberta na Idade Média pela escola jurídica de Bolonha, serviu como base do direito europeu até o Código Napoleônico.

〇〇〇〇〇〇

Dante encontra Justiniano no Paraíso, no céu de Mercúrio, entre os espíritos que buscaram a honra e a glória, e por isso não estão entre os mais próximos de Deus. Mas a felicidade deles é tal que não conseguem conceber nenhum pensamento ruim. "César fui e sou Justiniano, / movido pelo primeiro amor que eu sinto / das leis retirei o excesso e o vão". Com sua habitual e admirável síntese, em três versos o poeta nos conta muito. "César fui e sou Justiniano" nos lembra que o título e o poder morrem com o corpo, mas a essência e a alma vivem para sempre. Mesmo no além, cada pessoa permanece ela mesma, plenamente realizada. A obra de Justiniano foi desejada pelo Espírito Santo, "o primeiro amor", e consistiu em retirar do imenso corpo de leis romanas "o excesso e o vão", o que era excessivo e supérfluo.

Depois, o Justiniano de Dante faz uma rápida excursão e resume em poucos versos incisivos a história da águia, símbolo de Roma. Duzentos anos antes do advento de Justiniano, Constantino a transferira para o Oriente, de Roma a Bizâncio. Mas, originalmente, a águia havia feito — com Eneias — o percurso oposto, do Oriente ao Ocidente, de Troia às margens do mar Tirreno. Ali permanecera em Alba Longa por pelo menos trezentos anos — o famoso período entre o desembarque de Eneias e a fundação de Roma.

Então, Dante evoca o confronto entre os Horácios e os Curiácios, o rapto das sabinas, os reis de Roma, o estupro de Lucrécia, as derrotas nas mãos de Breno e Pirro sempre seguidas por redenções, a traição de Cincinato, o grande medo da descida de Aníbal, as vitórias dos Cipiões, a derrota de Catilina e o efêmero triunfo de Pompeu. Em suma, Dante resume em poucos tercetos tudo que você leu até agora.

Depois vem a era de César, e com ele a águia se desloca do Var ao Reno, do Isère ao Loire, do Sena ao Ródano — e o voo do Rubicão até Roma foi tão rápido que nem a língua nem a pena poderiam descrevê-lo.

Aqui, Dante confirma ser um grande admirador de Júlio César. Não por acaso, pôs Bruto e Cássio no Inferno, na boca de Lúcifer. E, portanto, no relato de Justiniano, César persegue Pompeu e seus seguidores na Espanha, em Durazzo, em Farsália. Depois, graças a ele, a águia volta para ver Troia, em particular o túmulo de Heitor. Então, parte para o Egito, desce como um relâmpago sobre Juba, o rei da Mauritânia, e depois de novo para o Ocidente, onde quer que ouça a trombeta dos inimigos de Pompeu. Chora pela triste Cleópatra, que durante sua fuga tem uma morte súbita e terrível com a serpente. Com Otaviano, a águia chegou ao mar Vermelho. Com Tibério, vingou o pecado original graças à crucificação de Jesus, que redimiu a humanidade. Com Tito, a morte de Jesus foi vingada com a destruição do templo de Jerusalém. E, quando a violência praticada pelos lombardos se voltou contra a Santa Igreja, Carlos Magno a protegeu sob as asas da águia.

Dante também enxerga uma continuidade entre o Império Romano e o Sacro Império Romano, condenando tanto os gibelinos, que se apropriam desse símbolo, a águia, que deveria unificar todos os homens, quanto os guelfos, que, por outro lado, rejeitam-na.

De qualquer maneira, a águia está presente no brasão de muitas cidades e províncias italianas, a começar pela historicamente mais fiel ao imperador, Pisa. Mas até cidades que se opuseram firmemente ao imperador competem para incluir a águia em seu brasão. Em 1395, João Galeácio Visconti, senhor de Milão, obtém permissão para colocá-la ao lado do tradicional *biscione*, e na mesma época derruba a antiga catedral para erguer um *duomo* nunca visto antes, feito não de tijolos ou de pedra, mas todo de mármore, com cinco naves, como os antigos templos romanos. Porque às vezes esquecemos que as igrejas cristãs, desde o fim da era imperial, são feitas como as basílicas romanas.

A ÁGUIA DO SACRO IMPÉRIO ROMANO

Estamos acostumados a pensar nos povos bárbaros que se estabeleceram na Europa Ocidental como invasores rústicos e peludos. Na realidade, todos eles estavam imbuídos de cultura romana.

O rei dos lombardos, Astolfo, reivindicou o controle de Roma com uma linguagem de César cristão: o *"populus Romanorum"* lhe havia sido entregue *"a Domino"*, por vontade de Deus, *"auxiliante Domino nostro Iesu Christo"*, com a ajuda de Jesus.

Mas em Roma já havia um papa, que chamou os francos em sua defesa. Em uma cerimônia solene, ungiu seu líder, Pepino, o Breve, como rei, conferindo-lhe o título de "patrício dos romanos". Nascia a dinastia carolíngia. O apoio do papa estava garantido, no entanto, Pepino precisava conquistar a Itália com armas.

Os francos atravessaram os Alpes duas vezes, derrotaram os lombardos e enviaram seu rei, Desidério, para o exílio na França. Enquanto isso, seu filho, Adalgiso — a quem Manzoni dedicaria uma tragédia —, encontrou refúgio em Bizâncio, de onde tentou, em vão, organizar a resistência.

Naquela época, no Oriente, não reinava um imperador, mas uma imperatriz. Irene havia herdado o poder do marido e o exercia em nome do filho de apenas 9 anos. Quando ele cresceu e conspirou contra a mãe, ela mandou que o prendessem e o matassem. Irene foi a única a se autodenominar "autocrata dos romanos" e *basilissa*, rainha em grego, embora nos documentos oficiais aparecesse como *basileus*, rei. Um pouco como Giorgia Meloni, que prefere ser chamada de "o", e não de "a", presidente do Conselho.

Infelizmente, Irene é uma personagem ausente da memória coletiva, até porque seus retratos não chegaram até nós. Ela era inimiga dos iconoclastas, que destruíram suas imagens, exceto aquelas gravadas nas moedas de ouro, onde Irene segura em uma das mãos o globo com a cruz e, na outra, o cetro, e veste um manto imperial semelhante à *trabea triumphalis* — o manto que os cônsules romanos usavam em seus triunfos.

O papa não podia aceitar uma mulher como imperatriz do Oriente — ou talvez fosse apenas um pretexto para se libertar definitivamente de Bizâncio e não ser mais somente o bispo de Roma, mas o líder espiritual da cristandade. No entanto, precisava de um protetor armado. Um novo imperador, que lhe devesse o cetro.

Assim, na noite de Natal de 800 d.C., o papa Leão III coroou Carlos Magno na Basílica de São Pedro. A cerimônia deveria seguir o ritual romano-bizantino, da aclamação do povo até a unção do imperador. Em vez disso, o papa inverteu a cerimônia, ungiu Carlos e lhe deu o diadema — aquela coroa que César havia recusado —, antes que o povo se expressasse, como se quisesse dizer que o título de imperador vinha dele e, por meio dele, de Deus.

Carlos também foi um homem excepcional, um analfabeto que reconhecia o valor da cultura. Com ele terminam os séculos sombrios e volta-se a construir, pintar e esculpir — por mais que não no nível artístico dos romanos antigos, que só seria alcançado no Renascimento. No entanto, quando chegou a Bizâncio a notícia de que o rei dos francos havia sido coroado imperador, os cronistas escreveram angustiados que as invasões bárbaras não tinham terminado, pelo contrário, um bárbaro acabara de conquistar Roma, e o título de César tinha ido parar nas mãos de um usurpador.

Depois, em 1054, quando o papa Leão IX decidiu se libertar para sempre do patriarca de Constantinopla, por meio do que seria conhecido como o Cisma do Oriente, sentiu mais uma vez a necessidade de encontrar legitimidade na história romana e fabricou a mais escandalosa *fake news* de todos os tempos: a Doação de Constantino, o documento que deveria provar que o soberano havia doado Roma ao papa. Quatro séculos depois, o humanista Lorenzo Valla demonstrou facilmente que se tratava de uma falsificação. Mas o fato de o Pontífice ter sentido a necessidade de recorrer a um imperador antigo para legitimar seu domínio sobre Roma testemunha como o prestígio do Império ainda estava intacto.

O desentendimento entre o papa de Roma e o imperador alemão se estendeu por séculos. No entanto, após Carlos Magno, todos os imperadores seriam coroados pelo papa, até Carlos V, o primeiro a governar um Império que se estendia ao Novo Mundo. Carlos não foi consagrado em Roma, mas em Bolonha, para encurtar a jornada. Era 1530. Três anos antes, seus lansquenetes haviam saqueado e profanado a Cidade Eterna. Depois de Carlos V, os soberanos passaram a se autoproclamar *Imperator Electus Romanorum*, o escolhido dos romanos.

O símbolo deles, desde os tempos de Frederico Barba Ruiva, era a águia romana. A mesma águia que seria adotada pelo Império Austro--Húngaro, pelo *Reich* alemão, pela República de Weimar, pelo nazismo e também pela *Bundesrepublik*, a Alemanha moderna.

Dos romanos antigos, os imperadores alemães adotaram também a coroa, o manto púrpura, o cetro e o globo que simbolizava o mundo. E, sendo o Império sagrado e romano, portanto cristão, o globo era coroado por uma cruz.

FLORENÇA, VENEZA E A REDESCOBERTA DE HOMERO

Os textos da grande cultura grega foram guardados em Bizâncio, e foi justamente quando Bizâncio estava prestes a cair que o Ocidente os redescobriu. Em 1438, o imperador João VIII Paleólogo, à frente de uma delegação de setecentos religiosos e sábios, chegou a Ferrara para um concílio que deveria unir as Igrejas do Oriente e do Ocidente — ou seja, ortodoxos e católicos — e convocar uma cruzada para salvar Bizâncio do cerco dos turcos. No ano seguinte, devido à peste que irrompeu em Ferrara, o concílio foi transferido para Florença, como atesta o esplêndido afresco de Benozzo Gozzoli na capela da família Médici, onde também são retratados dois meninos: Lourenço, posteriormente conhecido como o Magnífico, e seu irmão Juliano, assassinado na conspiração de uma família rival, os Pazzi.

Do ponto de vista religioso e político, o concílio não alcançou resultados. As duas Igrejas permaneceram separadas e, em 29 de maio de 1453, Bizâncio, deixada à própria sorte, caiu nas mãos dos turcos, que a chamaram de Istambul e a tornaram a capital de um Império agressivo e poderoso, transformando Santa Sofia, com seus mosaicos, numa mesquita. No entanto, uma semente havia sido plantada.

Os estudiosos de Bizâncio — em especial Bessarion, arcebispo e literato — levaram os textos e as ideias da Antiguidade grega (que o Ocidente havia perdido e, portanto, desconhecia) para Florença, capital do humanismo. Isso explica o nascimento do pensamento neoplatônico e a redescoberta dos grandes poemas atribuídos a Homero. Após a queda de Bizâncio, Bessarion doou para Veneza em 1468 sua coleção de códices gregos e latinos, que se tornaram o núcleo do que hoje é conhecida como Biblioteca Nacional Marciana. Entre eles há o códice conhecido como *Venetus A*, que data da metade do século X e é o mais antigo dos manuscritos que nos transmitiram a *Ilíada*.

⌘⌘⌘⌘⌘

Aliás, Veneza, com seu pequeno Império Adriático, nasceu de uma ramificação do Império Bizantino. Sua fundação é tão lendária quanto a de Roma. Segundo uma antiga tradição, a cidade teria surgido graças a exilados troianos liderados por Antenor, o troiano que se salvara graças à benevolência dos aqueus, ao qual também se atribuiu a fundação de Pádua. Por outro lado, segundo outras fontes, a primeira pedra da igreja de San Giacometo em Rialto foi colocada em 25 de março de 421, ainda hoje considerado o dia do nascimento — *dies natalis* — da cidade. O dia 25 de março não é uma data qualquer. Para os cristãos, é a data do anúncio do arcanjo a Maria — portanto, da concepção de Jesus —, além de sua crucificação. Mas, para o calendário juliano, era o dia do equinócio de primavera e que efetivamente abria o ano e a temporada de guerra.

A relação entre Bizâncio e Veneza sempre foi bem próxima, e a Sereníssima foi o elo entre o que restava da cultura da Roma Antiga na Itália e sua versão viva nas margens do Egeu. Não por acaso, a nomeação dos doges ocorria segundo o modelo do imperador romano do Oriente: as vestes eram as mesmas e, se em Bizâncio o imperador era investido simbolicamente pela Virgem, por um santo e, às vezes, por Jesus, em Veneza tornava-se doge por *vexillum Sancti Marci*, a partir do estandarte de São Marcos. Com o tempo, o ritual mudou, mas a influência bizantina permaneceu. Conta-se que o doge Domenico Silvo foi aclamado pelo povo com a fórmula bizantina *volumus et laudamus* e, ao entrar em São Marcos, prostrou-se no chão, como o imperador bizantino fazia em Santa Sofia diante de Deus. Depois disso, os dignitários se curvavam perante ele.

Até que, em 1204, a antiga colônia conquistou a capital do Império. Os venezianos forneceram navios aos cruzados, mas, em troca, exigiram que lutassem uma guerra particular a seu serviço: primeiro dominaram a rebelde Zara, nas costas dálmatas. Depois, em vez de Jerusalém, tomaram Bizâncio, saqueando seus tesouros. O Império latino no Oriente não durou muito, os soberanos bizantinos retomaram o poder. Mas, desde então, os quatro cavalos de bronze do hipódromo de Bizâncio estão guardados na Basílica de São Marcos; enquanto que Enrico Dandolo, o doge cego que liderou a expedição, está sepultado em Santa Sofia.

MOSCOU, A TERCEIRA ROMA

"Duas Romas caíram, a Terceira resiste e a Quarta não existirá."

O autor da inspirada profecia é o monge Filofej, um desses ideólogos de batina que, até Rasputin — ou talvez até o patriarca Kirill —, marcaram a história russa.

A Primeira Roma era obviamente aquela às margens do Tibre. A Segunda era Bizâncio. A Terceira era Moscou. A nova Roma, aliás, também ficava, como a original, às margens de um rio — o Moscou no lugar do Tibre — e sobre sete colinas.

O monge cunha sua definição numa carta ao grão-príncipe de Moscou, Basílio III. Seu pai, Ivan, o Grande, havia se casado com a princesa bizantina Zoe, sobrinha de Constantino XI Paleólogo (filha do irmão), o último imperador romano do Oriente. O filho de Basílio, Ivan, o Terrível, foi o primeiro a se proclamar czar de todas as Rússias, com uma cerimônia que, mais uma vez, ecoava a romana. O símbolo é mais uma vez a águia.

Os historiadores da corte inventaram para o czar uma descendência de Prus, irmão ou neto fictício de Augusto, de quem ele teria recebido o extremo norte do Império, chamado justamente de Prússia. É uma lenda na qual os russos acreditavam firmemente — não por acaso, é narrada nos baixos-relevos da Catedral da Anunciação, uma das mais belas igrejas do Kremlin.

Mas os russos não herdaram apenas títulos e símbolos dos imperadores romanos. Desde o início de sua história a Rússia sentiu ter uma missão, a de defender a fé ortodoxa — considerada única e autêntica — e a de liderar o mundo cristão rumo a uma nova era. Fortalecidos por essa convicção, os exércitos dos czares chegaram até o oceano Pacífico e o mar Negro. Os povos da Sibéria e do Cáucaso ficaram impressionados diante daqueles guerreiros loiros de olhos azuis, que lutavam e morriam em nome de César e de Deus, como nos tempos de Constantino.

Catarina, a Grande, derrotou os turcos e passou a vislumbrar o renascimento do Império Romano do Oriente, que dividiria com o imperador alemão os territórios controlados pelos otomanos. É uma época em que muitas cidades do Império Russo ganham nomes gregos: Sebastopol, Melitopol, Mariupol — do grego "polis", cidade — e Kherson — do grego *kersonesus*, península —, nomes hoje dramaticamente em evidência por conta da guerra russo-ucraniana, que representa a perversão sangrenta desses ideais, ainda mais por se tratar de uma guerra civil entre dois povos eslavos cuja história está entrelaçada há séculos.

Esse espírito messiânico, aliado ao espírito de conquista, não era uma exclusividade de czares e czarinas, de generais e soldados. Até

Dostoiévski fala de socialismo russo, ou seja, da união entre os ideais de justiça social e a ortodoxia, por trás da qual via "o incessante desejo, sempre presente no povo russo, de uma grande igreja universal na terra".

Os russos, assim como os norte-americanos, embora de formas obviamente diferentes, sentem ter um "destino manifesto". A capacidade de resistência dos russos é infinita, como perceberam tanto Napoleão quanto Hitler. A revolução bolchevique cortou as raízes ortodoxas, mas não o espírito de expansão, que após a Segunda Guerra Mundial levou a influência russa até Trieste e à cortina de ferro. E, depois do colapso da União Soviética, Moscou voltou a se apresentar como a Terceira Roma, destinada a guardar a fé ortodoxa, a proteger os povos eslavos — querendo ou não — e a se impor como líder espiritual do mundo, em oposição a um Ocidente apresentado como fraco e corrupto.

MAZZINI E O DUCE

Deve-se dizer que a Terceira Roma não é apenas a invenção de um monge exaltado. Giuseppe Mazzini também fez uso da mesma expressão para indicar a Roma do Ressurgimento — livre, democrática, republicana —, a terceira depois da Roma dos Césares e a dos papas.

É uma retórica nacionalista adotada — em tempos e formas diferentes — por Benito Mussolini. Para o duce, a Terceira Roma seria aquela que, em seus planos arquitetônicos, deveria se estender até o mar. O projeto do bairro EUR deveria ser apenas uma etapa de seu plano, já que Roma deveria "expandir-se por outras colinas, às margens do rio sagrado, até as praias do Tirreno". Paradoxalmente, no pós-guerra, Roma expandiu-se sobretudo para o norte, com as periferias e os bairros de classe alta.

O nome "fascismo", afinal, deriva dos fasces dos lictores, que na Roma Antiga eram um dos símbolos do poder. Mussolini vangloriava-se de ter subjugado as centenas de capitais da Itália para fazer de Roma a capital única — na França, porém, zombavam dele chamando-o de "César de Carnaval".

É importante lembrar, porém, que na era moderna o mito de Roma não começa com o duce. A Itália recém-unificada via Roma como um destino, considerava-a sua capital inevitável. Turineses como Cavour e Vítor Emanuel II, que nunca tinham colocado os pés em Roma, nem por um instante pensaram em manter a capital em Turim. Perto do Fórum foi construído um imenso edifício neoclássico em homenagem ao rei pai da pátria, o Monumento a Vítor Emanuel II da Itália, onde desde 1921 repousa o soldado desconhecido, símbolo dos caídos na Grande Guerra. E começaram as grandes demolições urbanas, com a abertura de novas ruas para conectar o centro à estação e à Basílica de São Pedro.

Mas é com o fascismo que a picareta se volta contra os vestígios da Roma Antiga — para criar uma nova. O duce destrói os edifícios antigos que o impediam de ver o Coliseu de sua fatídica varanda no Palazzo Venezia e abre a via do Fórum Imperial para as paradas militares no Fórum. Manda fazer baixos-relevos que mostram as várias etapas da criação do Império Romano, além do mapa (depois removido) do Império fascista estendido até as ilhas do Egeu, a Líbia e a Etiópia. Mussolini projeta a via della Conciliazione, demolindo a Spina di Borgo, o bairro medieval que ocultava a Cúpula, criando um efeito surpreendente para quem se deparava de repente com a praça de São Pedro. Depois, ordena a demolição de outro bairro medieval que cresceu ao redor do mausoléu de Augusto, que em seu plano megalomaníaco deveria tornar-se o túmulo de sua família.

O duce de fato se sente a reencarnação de um imperador, ou melhor, do fundador do Império. Não por acaso, em setembro de 1938, o regime celebra solenemente os dois mil anos do nascimento de Augusto. E, nos momentos de tensão com Hitler — quando o ditador nazista anexou a Áustria, por exemplo, levando a fronteira entre a Itália e a Alemanha para o Brennero —, Mussolini o compara a Armínio — o *führer* o traía assim como o bárbaro germânico tinha traído Augusto.

Quando quis construir uma cidadela olímpica em Roma para sediar os Jogos Olímpicos — que, de fato, aconteceriam por lá em 1960 —, resolveu nomeá-la em sua própria homenagem chamando-a de Foro Mussolini. Se bem que, para os antifascistas, ou até mesmo apenas para os queixosos, o foro Mussolini era o apelido irônico dado ao buraco extra que muitos tiveram que fazer nos cintos durante a guerra, por conta do emagrecimento causado pela falta de alimentos.

NAPOLEÃO E MARIANNE

A figura mais próxima de um imperador romano na história moderna, na verdade, é Napoleão Bonaparte. Filho da revolução, não podia restaurar a Monarquia. De origem, língua e, em essência, cultura italiana, seu referencial natural era o Império. Desde quando era um jovem estudante da Escola Militar de Brienne-le-Château, seus modelos declarados eram Júlio César para a arte militar e Augusto para a política.

Em 2 de dezembro de 1804, na catedral de Notre-Dame, em Paris, seu sonho imperial se concretiza. O pequeno cabo entra em cena vestido não exatamente como Augusto, mas mais como Heliogábalo ou um imperador da decadência: em uma carruagem puxada por oito cavalos brancos, usando uma túnica carmesim e um manto de veludo vermelho de 40 quilos enfeitado com arminho. O coro entoa o *Veni Creator Spiritus* e um sacerdote o unge com o óleo sagrado. O papa é obrigado a assistir, mais como espectador do que como celebrante: sentado em um trono ao lado do altar. Napoleão mandou forjar uma coroa idêntica à de Carlos Magno, mas o papa não diz *accipe coronam*, ou aceite a coroa, e sim *coronet te Deus* — o diadema vem idealmente de Deus, mas na realidade Napoleão se autocoroa.

No grandioso quadro de Jacques-Louis David, que quase captura a cena como uma fotografia, a mãe de Napoleão, Maria Letícia, também é retratada. Porém, naquele dia em Notre-Dame, a mãe do imperador não estava presente. Ela detestava a nora, Josefina, e não toleraria ver o filho coroando-a imperatriz. Napoleão sussurra ao irmão José: "Se ao menos nosso pai pudesse nos ver hoje!". ("*Sui fos e baa*", se nosso pai estivesse aqui, dissera Mussolini ao irmão Arnaldo no dialeto de sua terra natal, a Romagna, depois de ter recebido o telegrama no qual o rei pedia que fosse a Roma para se tornar o líder do governo.)

Ao lado da coroação, o Louvre guarda outro grande quadro, de Antoine-Jean Gros, o *Bonaparte visitando as vítimas da peste de Jaffa*. O imperador dos franceses é retratado curando uma vítima da peste com um toque de mão. Assim como Vespasiano havia curado um coxo — pelo menos segundo o relato de Tácito, que, no entanto, não era complacente.

Mas Napoleão não queria apenas conquistar a Europa. Queria moldá-la. Reconstruir suas cidades. Iniciar uma nova era. Revelar-se o Augusto de seu tempo.

Em 1809, anexa Roma ao Império e faz dela sua segunda cidade, depois de Paris. Não por acaso, seu filho, Napoleão II, recebe o título de rei de Roma e é apelidado de *Aiglon*, a pequena águia. Prédios antigos são restaurados e novos são construídos. Paulina, irmã de Napoleão, casa-se com o príncipe Borghese e escandaliza os aristocratas ao posar nua para a magnífica estátua de Canova. A mãe, Maria Letícia, muda-se para a Piazza Venezia, onde passará seus últimos anos observando os transeuntes sem ser vista, por trás das persianas de madeira, no que ainda hoje é conhecido como Palazzo Bonaparte.

Napoleão sonha em levar a Coluna de Trajano para Paris. Depois, considera menos custoso refazê-la. Assim, ergue uma cópia na Place Vendôme, fundindo o bronze dos canhões capturados dos austríacos e dos russos em Austerlitz. No topo, uma estátua de Napoleão vestido de César Imperador, com toga curta, gládio, vitória alada, coroa de louros e uma inscrição em latim, na qual o corso é chamado de Imperador Augusto e a vitória, "*bellum germanicum*", guerra germânica — como se Bonaparte tivesse vingado Teutoburgo.

Com o retorno dos reis, a estátua será removida. Contudo, em 1833 Napoleão retorna à coluna, só que desta vez vestido de cabo. Por fim, seu sobrinho Napoleão III — filho do irmão Luís — manda erguer uma réplica da primeira estátua. Assim, Napoleão ainda está vestido como imperador romano. A coluna será destruída durante a Comuna de Paris, como um monumento ao militarismo, por proposta do pintor Gustave Coubert. Depois, porém, ela será reconstruída, e Coubert será condenado a pagar as despesas (mas morrerá antes de pagar a primeira parcela).

Da Roma Antiga, Napoleão copia também os arcos de triunfo. O *Arc de Triomphe*, no final da Champs-Élysées, é uma réplica do Arco de Tito, e o *Arc du Carrousel*, uma réplica do Arco de Constantino. O imperador mandara pôr no topo os quatro cavalos de São Marcos, depois devolvidos a Veneza.

O Louvre torna-se um templo à arte grega, romana e renascentista, também graças aos espólios de guerra que, assim como os antigos imperadores, Napoleão tinha levado para casa — desde obras de arte até obeliscos. Após a derrota francesa, o papa encarregará precisamente Canova de levar de volta à Itália as obras de arte roubadas. Entretanto, algumas permaneceram no lugar, como *As bodas de Caná* de Veronese, despedaçada pelas baionetas dos soldados em Veneza e reconstruída no Louvre — na época, era a obra mais famosa do mundo. Mais do que a *Mona Lisa*, os visitantes iam ver o grande quadro com o autorretrato de Veronese, o retrato de seu rival, Ticiano, e vários personagens, entre os quais dizia-se estarem retratados dois imperadores: Solimão, o Magnífico, e Carlos V.

Napoleão III também se tornará imperador, e o termo "cesarismo" é introduzido na linguagem política europeia para indicar o abuso do poder pessoal, uma monarquia sustentada não por uma dinastia, mas pela força militar e pelo apoio popular: Napoleão como o novo César. Quando o italiano Orsini tentou assassiná-lo, falou-se em cesaricídio. Enquanto isso, a política de aliança com a Roma papal e, em geral, a união do poder religioso com o civil, foi definida como "cesaropapismo".

Seria errado, porém, reduzir o impulso da França em direção ao Império e à Roma Antiga à megalomania de um único homem, Napoleão, e de seus descendentes. "Somente Paris é digna de Roma, e somente Roma é digna de Paris." Com essa motivação, as duas capitais foram irmanadas, e não estabeleceram parcerias semelhantes com outras cidades. E o impulso universal da revolução, a ideia de que a França tem uma missão destinada a ir muito além de suas fronteiras, é um legado da civilização imperial. Os libertos na Roma Antiga usavam o barrete frígio — que, como todos sabem, é o símbolo da Revolução, e é usado pela personificação da França, Marianne.

No entanto, se há um Império que tenta abranger o mundo inteiro em sua capital, é o Império Britânico. E a capital é, obviamente, Londres, que abriga os frisos do Partenon, maravilhosas estátuas romanas, os triunfos imperiais de Mantegna e um vestígio de tudo de grandioso ou refinado que a humanidade já produziu em todos os tempos e lugares.

SHAKESPEARE E O IMPÉRIO BRITÂNICO

Os ingleses, assim como os romanos e os russos, acreditavam antigamente ser descendentes dos troianos.

Em sua *Historia Regum Britanniae* [História dos reis da Bretanha], Godofredo de Monmouth conta a história de Bruto, filho de Iulo, portanto neto de Eneias, expulso de Alba Longa porque um oráculo profetizou que ele mataria o pai e a mãe. Assim começa uma espécie de odisseia. Bruto sobrevive às sereias, luta contra os gauleses, pergunta à deusa Ártemis onde poderá terminar suas andanças e é instruído a desembarcar numa ilha a oeste da Gália habitada por gigantes. Bruto e seus troianos derrotam os gigantes e fundam a Britânia.

A história é obviamente fictícia, no entanto a Britânia é, ainda hoje, a personificação feminina do país. É uma mulher semelhante a uma deusa romana, armada com tridente, elmo e escudo, acompanhada por um leão. E, recentemente, dois filmes ligaram o nascimento mítico da Inglaterra aos últimos atos de heroísmo dos romanos.

Rei Arthur, um filme de 2004, retoma a ideia de que Arthur era um comandante de legiões de sangue misto — romano e britânico —, que se vê lutando com seus campeões, de Lancelot a Galvão, contra os invasores saxões, justamente enquanto o Império cai e os romanos se retiram da ilha. E, após encontrar o amor — obviamente Guinevere, uma bela guerreira picta, interpretada por uma magérrima Keira Knightley —, torna-se o novo soberano da Britânia.

A última legião, de 2007, uma das últimas produções de Dino de Laurentiis, baseada no romance de Valerio Massimo Manfredi, imagina que Rômulo Augusto, último imperador do Ocidente, consegue fugir da Itália junto com seu preceptor de origem celta, Ambrosino, carregando consigo uma espada mítica que pertenceu a Júlio César. Na Britânia, encontrará a última legião do Império, que havia abandonado as armas para dedicar-se à agricultura, mas que as recupera para defender o imperador dos bárbaros. Ambrosino reassume seu nome celta, Merlin, e Rômulo Augusto, cansado de guerras, cravará sua espada na rocha e chamará seu filho de Arthur.

🏛🏛🏛🏛🏛

É certo que a coroação dos reis ingleses seguia o cerimonial do Sacro Império Romano, que, por sua vez, tinha suas raízes na Roma Antiga.

A influência francesa levou à elaboração, em latim, do *Liber regalis*, que estruturava a cerimônia em quatro etapas: a apresentação do soberano ao povo, o juramento diante de Deus e seus súditos, a unção com o óleo sagrado e a investidura, marcada pela entrega da espada e do globo.

O uso do latim nas cerimônias de coroação se manteve até Elizabeth I, que, em um movimento de afirmação nacional, fez do inglês a língua oficial desses eventos, contrapondo-se ao papa e aos católicos. No entanto, Elizabeth tinha um grande apreço pelo latim, a ponto de traduzir o primeiro livro dos *Anais* de Tácito, um escritor difícil, conhecido pela complexidade de suas expressões carregadas de múltiplos significados.

Quando, em 1714, um rei alemão que mal falava inglês, Jorge I, ascendeu ao trono, conseguiu que sua cerimônia de coroação fosse realizada em latim. Essa prática deixou marcas até os dias de hoje. Por exemplo, Elizabeth II com frequência assinava seu nome seguido pela letra R de *Regina* (rainha), enquanto o filho, Charles III, reivindicou o título de *Rex* (rei).

O latim era a língua da erudição, usada para escrever tratados de direito, geografia, física e botânica, além de documentos oficiais. Não por acaso, em 26 de abril de 1564, o registro paroquial de Stratford-upon-Avon informa que nesse dia foi batizado "*Gulielmus, filius Johannes Shakespeare*".

🔳🔳🔳🔳🔳

O filho de John Shakespeare, William, ambienta na Roma Imperial a sua primeira tragédia, *Tito Andrônico*. O personagem é fictício. Trata-se de um general que se encontra no centro de uma história sombria de sacrifícios humanos, estupros, banquetes sacrílegos e mutilações. À certa altura, a filha favorita de Tito, Lavínia, cujas mãos e língua haviam sido cortadas, escreve na areia o nome dos culpados segurando um pedaço de pau com a boca e os cotos. Hoje em dia, certamente não é considerada uma obra-prima de Shakespeare, mas, na época, alcançou grande sucesso por sua brutalidade e fascinante cenário.

Assim, Shakespeare, que nunca esteve na Itália, volta idealmente ao país para escrever sua segunda tragédia, *Romeu e Julieta*, e depois a terceira, *Júlio César*. No entanto, nessa última, o verdadeiro protagonista não é César, mas Bruto, com sua paixão pela liberdade e eterna indecisão, que contrastam com a força e a decisão de Marco Antônio. É Antônio que incita a multidão contra Bruto, com seu famoso discurso. Mas também o elogia, lembrando, diante de seu corpo, que Bruto havia matado César não por ódio, mas por amor à pátria.

Não por acaso, nos filmes inspirados em Shakespeare, Antônio costuma ser o personagem mais marcante, até porque, em 1953, foi interpretado por Marlon Brando em *Júlio César*, de Joseph L. Mankiewicz, e por Charles Heston em 1970, em *Julius Caesar*, de Stuart Burge, com um jovem e belo Richard Chamberlain no papel de Otaviano. Os irmãos Paolo e Emilio Taviani foram os últimos a levar essa tragédia ao cinema, com *César deve morrer*, protagonizado por detentos da prisão romana de Rebibbia e premiado com o Urso de Ouro do Festival de Berlim.

Nos últimos anos de sua vida, Shakespeare escreverá mais duas tragédias ambientadas na Roma Antiga. *Coriolano* é um de seus textos mais políticos, no qual o protagonista lidera a facção aristocrática e, diante da oposição popular à sua eleição como cônsul, explode de raiva e compara os plebeus que atacam os patrícios aos corvos que bicam as águias. Exilado, lidera um exército de um povo inimigo, os volscos, e marcha até Roma. Entretanto, é detido pela mãe. Acaba pagando com a vida pela dupla traição, primeiro aos romanos, depois aos volscos, que o assassinam.

O Coriolano mais famoso da história do teatro moderno é Laurence Olivier, também graças ao efeito especial com que sua morte foi encenada no Old Vic Theatre. Olivier caía para trás no palco e pendia de cabeça para baixo, numa evidente alusão ao fim de Mussolini. Mais recentemente, um grande Coriolano foi Ralph Fiennes, irmão de Joseph, que interpretou o próprio autor em um filme repleto de poesia: *Shakespeare apaixonado*.

Por fim, Shakespeare escreve *Antônio e Cleópatra*, em que, naturalmente, a protagonista é ela. Sobre Cleópatra, o tenente de Antônio, Enobarbo, diz: "O tempo não a desbota, nem a rotina torna sua infinita variedade tediosa. Outras mulheres saciam os desejos que alimentam, ela desperta mais desejo onde mais se doa, pois até o mais vil dos atos ganha graça com ela, de modo que até os sacerdotes a abençoam em sua luxúria". De modo mais prosaico, um adivinho adverte Antônio: "Se jogares qualquer jogo com ela, estás fadado a perder". E Antônio perderá tudo, até mesmo a honra.

A frota de Cleópatra foge de Otaviano em Áccio, e a de Antônio a segue. Ele fica furioso, mas se mostra disposto a uma reconciliação: "Dá-me um beijo e tudo será perdoado". No entanto, Shakespeare imagina uma segunda batalha, na qual Antônio quase consegue sua vingança, mas é novamente traído e derrotado. Desta vez, Cleópatra compreende que a única maneira de obter perdão é fazendo Antônio acreditar que ela havia tirado a própria vida. Porém, incapaz de suportar a notícia, ele acaba se suicidando.

Será essa tragédia que inspirará um dos filmes mais famosos da história do cinema, e Cleópatra-Liz Taylor dará vida junto com Richard Burton-Antônio a uma saga de amor que superará aquela vivida séculos antes na corte do Egito.

O Império Britânico é, possivelmente, aquele que enfrentou de forma mais direta o desafio do Império Romano. Pela extensão e, portanto, pela distância do centro à periferia. Pela heterogeneidade dos povos governados. Pelo pequeno número de tropas com as quais precisava controlar imensos territórios. E pela necessidade de fazer soldados estrangeiros lutarem ao seu lado, às vezes contra o próprio povo de onde eram originados.

Os ingleses foram mestres em tudo isso. Impuseram sua língua, mas não a religião e o sistema político. Sempre procuraram dividir os inimigos e evitar que formassem coalizões contra Londres. Estabeleceram relações de clientela com soberanos locais, começando pelos rajás indianos. Exerceram uma vasta influência com sua cultura, mas também absorveram muito das terras conquistadas, não apenas no aspecto gastronômico.

A hegemonia inglesa foi, em primeiro lugar, comercial, e só em um segundo momento, militar e política. E, como os romanos, os ingleses podiam perder uma batalha, mas não a guerra. Foram derrotados pelo

Mádi no Sudão, pelos zulus em Isandlwana, por Rommel em Tobruk — mas sempre acabavam vencendo.

Entretanto, assim como o Império Romano, o Britânico também não resistiu ao teste do tempo. Sucumbiu às pressões internas e externas. Não suportou os protestos da classe operária — mais interessada em melhores condições de trabalho do que em lutar pela glória da coroa — e cedeu ao movimento de independência na Ásia e na África, liderado por homens que haviam estudado na Inglaterra e, em vários casos, aprendido latim. E, embora o título *Invictus* seja póstumo, não podemos deixar de lembrar o esplêndido poema de William Ernest Henley, o poeta vitoriano amputado várias vezes por conta de uma forma de tuberculose óssea e que inspirou o amigo Stevenson a criar o personagem de Long John Silver, o pirata com perna de pau de *A ilha do tesouro*. Tais versos tornaram-se a leitura favorita de Nelson Mandela durante seus 27 anos de prisão na África do Sul, e o título de um esplêndido filme de Clint Eastwood com Morgan Freeman: *"It matters not how strait the gate / how charged with punishments the scroll / I am the master of my fate / I am the captain of my soul"*. (Não importa quão estreito seja o portão, quantas punições existam no pergaminho; sou o senhor do meu destino, sou o capitão da minha alma.)

O APOGEU DO IMPÉRIO AMERICANO

Em 5 de junho de 1944, Franklin Delano Roosevelt fez um de seus últimos e grandiosos discursos.

No dia anterior, as tropas americanas haviam entrado em Roma. No dia seguinte, desembarcariam na Normandia, marcando um ponto de virada na Segunda Guerra Mundial.

Roosevelt está muito doente, exausto e enfraquecido pelas angústias do conflito. Resta-lhe menos de um ano de vida — morrerá em 12 de abril de 1945, pouco mais de dez meses depois. Mas sua voz permanece firme. O presidente fala um inglês impecável, compreensível até mesmo para os estrangeiros. Sua voz é a de um homem forte, orgulhoso do próprio povo e confiante no futuro.

Roosevelt certamente dirige-se aos ítalo-americanos, chamando-os de "americanos-americanos, de ascendência italiana". Mas também fala aos italianos. Um povo em teoria inimigo, que sob a liderança de Mussolini pegou em armas até mesmo contra os Estados Unidos. No entanto, para os italianos, Roosevelt só tem palavras generosas. Lembra que, por séculos, foram "líderes nas artes e nas ciências, enriquecendo a vida de toda a humanidade". Evoca "os grandes filhos do povo italiano, Galileu e Marconi, Michelangelo e Dante, e o destemido explorador que representa a coragem da Itália, Cristóvão Colombo". Destaca que muitos soldados italianos lutam ao lado dos Aliados contra os alemães. Cita, depois, a contribuição dos "valentes canadenses", dos "combativos neozelandeses", dos "corajosos franceses", dos sul-africanos, dos indianos e dos poloneses, que haviam conquistado Monte Cassino, oferecendo "o corpo à Itália, a alma a Deus e o coração à Polônia" (essa última frase não foi dita por Roosevelt, mas está inscrita na lápide do cemitério polonês perto da antiga abadia, infelizmente destruída pelas bombas).

Depois, o presidente fala sobre Roma. Ele avisa:

Roma é mais do que um alvo militar. Desde antes dos césares, tem sido um símbolo de autoridade. Roma era a República. Roma era o Império. Roma era e, de certa maneira, é a Igreja Católica. E Roma era a capital da Itália unida. Infelizmente, um quarto de século atrás, Roma tornou--se a sede do fascismo, uma das três capitais do Eixo.

No momento, a primeira capital caiu "em nossas mãos", faltam duas, Berlim e Tóquio. Roosevelt sabe que é apenas uma questão de tempo, embora não vá presenciar esse dia. "É, talvez, significativo que a primeira dessas capitais a cair seja a que tem a história mais longa de todas", comenta. Expressa alegria diante da ideia de que o papa e o Vaticano estão livres outra vez. Diz sobre Roma:

O grande símbolo do cristianismo, que alcançou quase todas as partes do mundo. Há outros santuários e outras igrejas em muitos lugares, mas as igrejas e os santuários de Roma são símbolos visíveis da fé e da determinação dos primeiros santos e mártires para que o cristianismo viva e se torne universal.

Mas Roma, como lembra o presidente estadunidense, é mais antiga que o cristianismo:

A história de Roma remonta aos tempos da fundação de nossa civilização. Ainda podemos ver os monumentos da época em que Roma e os romanos controlavam todo o mundo conhecido. Isso também é significativo, porque as Nações Unidas estão determinadas a garantir que, no futuro, nenhuma cidade e nenhuma raça possa controlar o mundo inteiro.

Roosevelt afirmou isso com sinceridade. Assim como outro presidente, o primeiro afro-americano, Barack Obama, com certeza não pretendia reivindicar domínio quando encerrava os comícios de suas vitoriosas campanhas eleitorais de 2008 e 2012 definindo os Estados Unidos como "*the Greatest Nation on Earth*", a maior nação da Terra.

No entanto, os Estados Unidos construíram de fato um Império. Unificaram as colônias inglesas, libertando-as de Londres, compraram territórios dos franceses e arrancaram outros dos mexicanos. Com o presidente Monroe, estabeleceram que não tolerariam mais interferências europeias em seu próprio quintal, ou seja, o Canadá e a América Latina. Seus canhões retiraram Cuba do Império Espanhol. Depois, os Estados Unidos intervieram nas duas grandes guerras europeias do século XX, vencendo-as — ou melhor, decidindo-as ao jogar na balança seu peso militar e industrial —, e estenderam sua influência primeiro sobre a Europa Ocidental e, após a queda do Muro, até as fronteiras da Rússia, país contra o qual lutou e venceu uma guerra fria também nos fronts asiáticos e africanos.

Assim como um imperador romano, o presidente dos Estados Unidos exerce soberania direta sobre um vasto território e firma pactos de diversos tipos com outros países, que vão desde o protetorado — como Porto Rico — até as alianças militares, de tratados de livre comércio ao apoio contra um inimigo comum.

O Novo Mundo tem em comum com Roma o que um jornalista, John L. O'Sullivan, chamou de "destino manifesto", no ano de 1845. Para os romanos, o poder lhes era concedido pelo céu e cabia a eles governar o mundo. Virgílio escreve:

Há quem seja chamado a erguer estátuas de bronze ou a desenhar rostos vivos no mármore, há quem faça belos discursos ou revele os segredos celestes. Mas a você, romano, cabe a arte de reinar. Você deve conceder a paz aos vencidos e subjugar os orgulhosos.

O poder de Roma era exercido mais sobre as pessoas do que sobre os territórios. A principal preocupação era subjugar os reis estrangeiros e firmar com eles um pacto de aliança, sem a necessidade de recorrer a tropas de ocupação.

Não se deve pensar que as tropas romanas guardavam as fronteiras. Nunca poderiam cobrir mais de 6,4 mil quilômetros. Nas fronteiras, Roma podia contar com um sistema de reinos satélites, da Mauritânia à Trácia, da Capadócia à Armênia, do Ponto à Judeia, até a Arábia Nabateia, que hoje se chama Jordânia. Às vezes, esses reinos eram anexados, às vezes permaneciam formalmente independentes. Mais além, havia Estados ou tribos ligados a Roma a partir de uma relação de clientelismo, na qual deviam fornecer soldados ao Império, mas com frequência recebiam subsídios.

As legiões não ficavam posicionadas nas fronteiras, mas permaneciam prontas para intervir em caso de invasões ou revoltas — e, muitas vezes, eram reforçadas por auxiliares locais. Um potencial militar que também se tornava uma eficaz arma diplomática.

É exatamente a mesma estratégia com a qual o Império Americano se expandiu no século XX, estabelecendo diversos acordos com vários Estados, desde aliados em posição subordinada, da América Latina à Europa, até outros convencidos ou obrigados a acolher bases e soldados norte-americanos, das Filipinas à rebelde Cuba. Inimigos derrotados — como Alemanha, Itália e Japão — entram para a esfera de segurança e defesa garantida pelos Estados Unidos. Aliados fornecem tropas a Washington, assim como forneciam a Roma, mas com frequência recebem ajuda e aproveitam os benefícios que o vínculo com a primeira potência mundial tem a oferecer. E, assim como Roma, os Estados Unidos cultivam o poder sobre as almas, graças à língua, à arte, à tecnologia. Inclusive a arte por excelência do século XX: o cinema. E a tecnologia mais revolucionária de nosso tempo: a digital.

Assim, os povos se comunicam em inglês; a Agência Central de Inteligência (CIA) financia o expressionismo abstrato de artistas controversos como Jackson Pollock; Hollywood e Disney moldam o imaginário de gerações inteiras; e, hoje, os senhores da internet exercem um poder de influência que nenhum ser humano desde os tempos de Augusto jamais poderia ter imaginado.

Os aliados dos romanos não eram obrigados a renunciar a seus deuses, suas moedas, suas leis, seu modo de medir tempo, distâncias, colheitas e riquezas. Contudo, eram obrigados a reconhecer a hegemonia de Roma. Faziam parte de um sistema do qual também vinham muitos benefícios, como a liberdade de comércio, as vias de comunicação, a proteção militar, a segurança. Lógico, tinham que hospedar as fortalezas de Roma, os seus soldados, seus diplomatas e funcionários. E mesmo os poderosos locais tinham que cultivar um bom relacionamento com a capital do Império.

Não lembra muito a maneira como os Estados Unidos administram seu poder, no século XX e além?

Mas o detalhe realmente extraordinário é que, nos Estados Unidos, bem como no Império Romano, passa a ser cada vez menos importante a origem de seus ancestrais, a cor de sua pele, a religião que pratica, os alimentos que come, sua orientação sexual. O que conta é o seu valor, o que você sabe, o que faz, o que traz para a comunidade.

Não seria justo reduzir o plano hegemônico norte-americano a uma mera questão de poder. Os Estados Unidos sempre se viram como um farol para o restante do mundo, um modelo a ser seguido pelos ideais de democracia e liberdade. E talvez isso também explique a antiga disputa com a Rússia, hoje alimentada pela guerra na Ucrânia. Uma Rússia que também acredita ter uma missão e ser de algum modo a herdeira da Roma Antiga.

Assim como o Império Romano, os Estados Unidos exercem um imenso poder sobre o restante do mundo, que fala sua língua, ouve sua música, assiste a seus filmes, lê seus livros, faz tratamentos com seus remédios e segue seus protocolos, compra ou copia seus produtos tecnológicos, inscreve-se em suas comunidades digitais. Entretanto, assim como Roma colapsou não apenas pelas invasões bárbaras externas, mas por fragilidades internas, os Estados Unidos também enfrentam contrastes e crises que dificultam a manutenção de seu papel de líder do mundo livre. Não é por acaso que um presidente, Donald Trump, venceu as eleições históricas de 2016 prometendo colocar os Estados Unidos em primeiro lugar — *America First* —, mesmo que isso significasse negligenciar o restante do mundo, do Oriente Médio à África, onde a China, enquanto isso, estabeleceu as bases de uma possível futura hegemonia.

No entanto, toda vez que surge algo novo — um livro, um filme, uma música, um remédio, uma vacina, uma descoberta científica, uma inovação tecnológica, uma moda cultural —, quase sempre vem dos Estados Unidos, ou é copiado de lá.

No passado, porém, os Estados Unidos haviam copiado a Roma Antiga. Sobretudo a era republicana, aquela em que era doce e decoroso morrer pela pátria, serviu de modelo político e cultural para os fundadores dos Estados Unidos. E inspirou seus cientistas, seus escritores e seus artistas.

ᗰᗰᗰᗰᗰᗰ

Os pais fundadores dos Estados Unidos — Hamilton, Jay e Madison — assinavam seus artigos com o nome Publius, numa homenagem a Públio Valério Publícola, um dos primeiros cônsules da República. Eles pretendiam se apresentar como aqueles que haviam derrubado os tiranos — no caso deles, não os tarquínios, mas os reis ingleses — e fundado a República em nome da liberdade.

A nova nação deveria unir, assim como Roma, um conjunto de Estados, cada qual com a própria autonomia. E, com o tempo, integrar cidadãos de diferentes países. Daí o lema, obviamente em latim: "*E pluribus unum*" — uma frase mal atribuída a Virgílio e que no início significava que muitas cores (e, neste caso, muitos Estados, povos, ideais, interesses e pensamentos) fundiriam-se em uma só.

Não se tratava somente de unificar os cidadãos. Era necessário infundir neles um senso de força moral, de amor pela pátria e apreço pela liberdade. Os norte-americanos são um povo inquieto, otimista, impaciente — assemelham-se aos romanos antigos.

Roma é o modelo sobretudo na toponímia. O Parlamento também é construído sobre uma colina, como o Capitólio, e, num gesto de boa sorte, é chamado de Capitol Hill. Lá se reuniriam a Câmara dos Representantes e a Câmara Alta, que se chamará Senado. Os trabalhos começaram em 1793, sob a supervisão de Thomas Jefferson, que já havia construído o Capitólio da Virgínia, em Richmond, inspirado na Maison Carrée, o templo romano de Nîmes, na França.

Para o Capitol Hill, o modelo foi o Panteão, desde as colunas até a rotunda central e a cúpula, decorada com o afresco da Apoteose de George Washington, que usa o manto roxo dos generais romanos vitoriosos. Nas laterais, a deusa da Vitória e a deusa da Liberdade, que usa um barrete frígio e segura um fasces — na Roma Antiga, um símbolo de autoridade. Nos Estados Unidos, também um sinal de unidade e democracia — assim como as varas finas são amarradas juntas, os Estados se fortalecem ao se unirem sob um governo federal comum.

Os fasces também são vistos no selo do Senado e na United States Tax Court, a corte tributária. Na Câmara dos Representantes, estão atrás da cadeira do *speaker* (o presidente), que se chama *Rostrum*, em latim. Na cadeira de Lincoln no seu Memorial, no Salão Oval do presidente e no *dime*, a moeda de dez centavos. Aliás, nas moedas e notas norte-americanas estão os perfis dos pais fundadores e dos grandes presidentes, tal qual os imperadores romanos que mandavam gravar o próprio rosto nas moedas.

Tanto a Casa Branca quanto a Suprema Corte e o Jefferson Memorial são edifícios de estilo romano, além de serem de mármore. A estátua de Benjamin Franklin, esculpida por Francesco Lazzarini, veste uma túnica latina e segura um pergaminho. Já George Washington é retratado por outro escultor italiano, Giuseppe Ceracchi, como um imperador. Aliás, em 1777, Washington havia recusado as ofertas de paz do general inglês John Burgoyne, proclamando: "Os exércitos unidos da América lutam pela mais nobre das causas, a liberdade. Os mesmos princípios inspiraram as forças de Roma em seus dias de glória, e a mesma conquista foi a recompensa do valor romano".

Nos Estados Unidos, o estilo romano, além de ser reproduzido, pode também ser parodiado. Na década de 1960, será construído em

Las Vegas o Caesars Palace, projetado por Jay Sarno, que sonhava com um hotel onde "cada hóspede pudesse se sentir como um César". A parte externa deveria evocar um templo romano, enquanto o lado de dentro é uma explosão de afrescos e estátuas. O estilo é mais *kitsch* do que clássico, mas, mesmo assim, impressiona muito os norte-americanos. E meio mundo assistirá às lutas de boxe ao vivo do Caesars Palace, enquanto apostadores fazem ou, com mais frequência, perdem suas fortunas lá dentro.

☖☖☖☖☖☖

Na era da fundação, a referência dos americanos, mais do que o Império, só poderia ser a República. Os colonos se rebelam contra o Império Inglês e fundam a primeira democracia de verdade da história. O autor de referência é Cícero, tanto por sua eloquência quanto pela defesa incansável das liberdades republicanas contra qualquer forma de autocracia.

A divisão dos poderes prevista pela Constituição norte-americana remete à da Roma republicana. O presidente e o vice-presidente são os dois cônsules. O Senado, assim como o romano, é responsável pelas finanças e pela política externa. A Suprema Corte opera segundo os procedimentos da "justiça criativa" de Roma, em que sentenças e precedentes vêm em auxílio do juiz.

Infelizmente, a escravidão também é um legado do mundo antigo. Mas, em 1831, enquanto já se discutia a abolição, foi encenada a peça teatral *O Gladiador*, cujo protagonista não é o herói imaginário do filme de Ridley Scott, Máximo Décimo Merídio, e sim Espártaco, o escravo rebelde. O sucesso é tanto que as apresentações se repetiram por mais setenta anos.

Quando os poderes do presidente se fortaleceram, também por meio de guerras, a referência ao Império passou a ser inevitável. Ainda em vida, a figura de Abraham Lincoln, o presidente da Guerra Civil, foi comparada à de Júlio César, muito amado e muito odiado — e seu assassinato foi a versão romana dos Idos de Março. O assassino de Lincoln, John Booth, escolheu "Ides" como codinome para indicar o que ele, assim como Bruto, considerava um tiranicídio. *Os Idos de Março* se tornaria título de romances de Thornton Wilder, de Colleen McCullough e até de um filme com George Clooney, não dedicado à Roma Antiga, mas às intrigas políticas em Washington.

No brasão dos Estados Unidos, além do lema "*E pluribus unum*", há a águia-careca de asas abertas, acompanhada de mais duas inscrições latinas. A primeira, "*Annuit coeptis*", é tirada da *Eneida*, especificamente do trecho em que Iulo pede ajuda a Júpiter antes de matar seu primeiro inimigo, Numano, cunhado de Turno: "*Audacibus adnue coeptis*", favorece meus audaciosos feitos. Mas a segunda inscrição é ainda mais importante: "*Novus ordo seclorum*", nova ordem dos tempos, que evoca o verso mais famoso das *Bucólicas*, em que Virgílio anuncia o advento de uma "nova grande ordem dos tempos". O poeta referia-se à era de Augusto. Os cristãos interpretaram o verso como a previsão da chegada de Jesus. Mas, para os fundadores da democracia norte-americana, as palavras de Virgílio significavam que, com os Estados Unidos da América, o mundo não seria mais o mesmo. É difícil discordar deles.

"*Civis Romanus sum*", sou cidadão romano, é um lema repetido diversas vezes em diversas épocas, como, por exemplo, pelo primeiro-ministro britânico Lord Palmerston. John Fitzgerald Kennedy, o presidente mais famoso de todos os tempos, também por sua trágica morte, reivindica-o em um de seus grandes discursos, ainda que como uma citação a ser atualizada. É 26 de junho de 1963, JFK discursa em Berlim, onde Kruschev, dois anos antes, havia erguido o Muro. Kennedy diz: "Dois mil anos atrás, o maior orgulho era dizer '*Civis Romanus sum*'. Hoje, no mundo livre, o maior orgulho é dizer '*Ich bin ein Berliner*', sou um berlinense". A frase-chave da Guerra Fria foi modelada a partir de um lema da Cidade Eterna.

੭੭੭੭੭੭

Os presidentes norte-americanos e seus conselheiros nunca esconderam que se inspiram em Roma até na estratégia militar. Sobretudo nas últimas décadas.

Por séculos, a concepção militar seguia a visão de Von Clausewitz: a guerra é um conflito entre nações e deve ser rápida e impiedosa. A guerra tem um início e um fim, antes e depois há a paz.

Após 1945, desaparece a ideia de um conflito decisivo e de uma paz duradoura. O mundo vive em constante estado de guerra, embora limitada. Assim como nos tempos do Império Romano.

Todos sabem que, se hoje houvesse um conflito em que se usassem todas as armas que a humanidade tem à disposição, a própria humanidade não sobreviveria. Não haveria vencedores. Infelizmente, isso não significa a abolição da guerra, pelo contrário, implica sua multiplicação em várias frentes. Foi isso que aconteceu na Guerra Fria entre os Estados Unidos e a União Soviética — e assim se teme que evolua o confronto entre os Estados Unidos e a China. O papa Francisco fala de uma Terceira Guerra Mundial travada de forma fragmentada.

Como Edward Luttwak escreve: "Paradoxalmente, a revolucionária transformação da guerra moderna fez com que o pensamento estratégico dos romanos se tornasse extremamente próximo do nosso". Assim como os romanos, os norte-americanos se veem protegendo — com um exército multiétnico e, às vezes, com exércitos de países aliados — uma sociedade avançada de uma variedade de ameaças. A solução não é destruir o inimigo, mas envolvê-lo na própria rede de alianças, ou desgastá-lo com uma série de guerras limitadas, possivelmente delegadas a seu vizinho.

Embora a decadência certamente fosse um alerta para os políticos e generais e uma inspiração para artistas e diretores, não se deve pensar que, após Augusto, o Império só tenha declinado. Por muito tempo, os povos bárbaros não foram um problema. A Germânia era uma frente secundária, controlada por apenas quatro legiões. Três estavam na Britânia, oito na frente oriental — da Capadócia à Arábia —, e entre dez e treze, na frente central, da Panônia à Dácia (atual Romênia).

Por séculos, a paz foi perturbada não por guerras totais, mas por aquilo que hoje em dia chamamos de maneira eufemística de "operações policiais".

A única grande revolta foi a dos judeus, que Roma enfrentou impiedosamente, também para servir de exemplo a outros possíveis rebeldes. Luttwak fala de "guerra psicológica" em relação a Masada, a montanha intransponível onde alguns heroicos defensores se barricaram. Não tinham nenhuma chance de vitória ou mesmo de sobrevivência e sem dúvida não representavam um perigo para o Império. Mesmo assim, em 73 d.C., os romanos mobilizaram uma legião inteira — de um total de 29 defendendo todos os seus territórios — e construíram uma enorme escada para alcançar o topo da montanha e destruir os rebeldes, que preferiram matar uns aos outros a se render. Para que todos soubessem o que tinha acontecido, a história foi confiada a um judeu, José, que sentiu a necessidade de "romanizar" o próprio nome para Flávio Josefo (os Flávios eram a dinastia reinante). Os escritores deveriam ter nomes latinos, um pouco como os artistas europeus — de Johnny Hallyday a Sandy Marton, de Bobby Solo a Don Backy —, que, quando éramos crianças, precisavam ter nomes anglo-saxões.

DECLÍNIO E QUEDA

No entanto, a certa altura, o Império Romano realmente chegou ao fim.

Em 395 d.C., depois da morte de Teodósio, o Império foi definitivamente dividido entre seus dois filhos: a Arcádio foi concedido o Império Romano do Oriente, com sede em Constantinopla, também conhecida como Bizâncio. A Honório, o Império Romano do Ocidente, cujo centro mais importante àquela altura não era Roma, mas Ravena (além de Milão).

Em 4 de setembro de 476 d.C. — data que aprendemos na escola como a queda do Império —, nenhum dos contemporâneos teve a impressão de que algo tivesse acontecido. Já fazia muito tempo que a única e verdadeira sede do Império era Bizâncio. Naquele dia, o último imperador do Ocidente, apropriadamente chamado Rômulo Augústulo (pequeno Augusto), que era o jovem filho de um general da Panônia, foi deposto por Odoacro, outro bárbaro. Odoacro enviou as insígnias imperiais para Bizâncio, como se dissesse que não era necessário nomear outro imperador para o Ocidente, um era mais do que suficiente. Odoacro seria apenas o governador da Itália.

O declínio havia começado muito antes e continuaria por muito tempo. Com a chegada dos lombardos, a Itália ficaria dividida por mais de mil anos e, muitas vezes, viria a ser dominada por soberanos estrangeiros. E o mundo, outrora unificado pelos romanos, passaria por séculos que hoje podemos reavaliar e não considerar obscuros, mas que não nos deixaram as obras-primas de arquitetura, arte e literatura que devemos a Roma.

Resta entender: como isso pôde acontecer? Por que um Império que parecia destinado a durar para sempre se foi se corrompendo até se consumir?

Essa questão fascinou pessoas de todas as épocas. E muitas eras, incluindo a nossa, veem a decadência como a fase mais complexa, obscura, pecaminosa e, portanto, a mais fascinante da história. A Roma do entardecer atrai mais do que a Roma no auge. Há toda uma filmografia, do *Satyricon* de Federico Fellini ao *Calígula* de Tinto Brass, dedicada à decadência. Hollywood viu no ocaso romano os traços viciosos das autocracias derrotadas pelos estadunidenses na Segunda Guerra Mundial. Mas outros cineastas foram atraídos pelo aspecto erótico e até o enogastronômico. Quase chega a parecer que os romanos não se deram conta de que tudo estava desmoronando porque estavam ocupados, dia e noite, em intermináveis banquetes, quase sempre seguidos por orgias desenfreadas.

E é evidente que temos a História, a verdadeira. *A história do declínio e queda do Império Romano*, de Edward Gibbon, talvez seja o livro de história (em seis volumes) mais famoso.

O domínio milenar de Roma terminava. A era pagã se extinguia para sempre. Nem mesmo o oráculo de Delfos conseguia dar indicações para o futuro, e os sacerdotes de um mundo acabado só podiam declarar a própria impotência: "Os pássaros da floresta sagrada silenciam, a fonte sagrada de Castália secou, o deus não fala mais".

No entanto, séculos antes da derrota, quando Roma vencia uma guerra após a outra e subjugava continuamente outros povos, a semente do medo e a premonição da crise se insinuavam na alma dos patrícios mais pessimistas em relação ao futuro e dos mais rigorosos consigo mesmos. Catão, o Censor, aquele que terminava todos os discursos relembrando que Cartago deveria ser destruída, também alertava os romanos. Segundo ele, a cidade era "afligida por dois vícios, a ganância e o amor ao luxo, flagelos que derrubaram todos os grandes Impérios". O próprio Políbio, escritor que após a conquista da Grécia foi deportado para Roma e a chamou de *Urbs Aeterna*, admirado pelo modelo de governo romano "insuperável até para gerações futuras", também previu a futura ruína de Roma. Segundo Políbio, as causas seriam a "ânsia pelo poder" e "a vergonha da falta de glória". Os romanos estariam mais empenhados em acumular riquezas e exibi-las do que em lutar bem nas guerras e administrar ainda melhor a paz. Afinal, lembra-nos Políbio, "sob todas as coisas existentes esconde-se a consumação e a mudança".

Quando o fim de fato chegou, muitos acharam que coincidiria com o fim do mundo. Se Roma terminava, tudo terminava — pelo menos nesta terra.

Para os pagãos, a causa da ruína eram os cristãos, que haviam minado a autoridade imperial reconhecendo somente a divina. Para os cristãos, a responsabilidade era dos pagãos, que, por muito tempo, os perseguiram e, portanto, da corrupção, do luxo e da decadência dos costumes — tudo que era considerado contrário aos valores cristãos.

Se um Império acabava, a causa não podia ser outros homens, novos conquistadores, mas o castigo celestial. Não por acaso, Átila, o rei dos hunos, era o flagelo de Deus, e, para detê-lo, o próprio papa agiu, armado apenas com sua cruz.

ROMA VIVE

8 MARGUERITE YOURCENAR, LIZ TAYLOR E ASTERIX

NO VERÃO DE 1924, aos 21 anos, uma idade em que "se é atrevido e presunçoso", Marguerite Yourcenar visitou com o pai as escavações da Villa Adriana, em Tivoli, nos arredores da capital. Ficou impressionada com a história do imperador que talvez represente o apogeu da história romana: um homem sábio, equilibrado e culto — que, porém, apaixona-se perdidamente por um rapaz, Antínoo, "o mais belo do mundo". É um amor homossexual, como o que marcaria a vida de Marguerite. Assim, ela começa a escrever um livro, mergulhando na alma do imperador, retratado no momento em que ele dita suas memórias.

O projeto não passaria de um esboço, que Yourcenar deixaria em um baú com outros papéis, livros e objetos no hotel Meurice em Lausanne, ao partir às pressas para os Estados Unidos antes que a invasão nazista também a engolisse.

Nos Estados Unidos, esperam-na a salvação e um amor, Grace. Mas um amigo encontrou o baú com seus pertences no hotel Meurice e o enviou para a casa dela, em Connecticut. Dentro do baú também estão as páginas de uma versão de *Memórias de Adriano*, da qual ela manteria o início: "Meu caro Marco", que, é evidente, trata-se de Marco Aurélio, o rapaz de 17 anos cujas qualidades o imperador tinha percebido e a quem confidencia: "Começo a vislumbrar o contorno de minha morte". Marguerite vê aquele baú vindo da Europa, vindo de seu passado, aquele presente inesperado, como algo que é sinal do destino. Então, ela retoma a escrita.

Tem 46 anos. Não é mais a mesma mulher que começou o livro muitos anos antes. A vida de Adriano torna-se sua obsessão. Ela lê seus discursos, come seus pratos, escreve páginas inteiras em grego, consulta seus livros, porque "um dos melhores modos de reviver o pensamento de um homem é reconstruir sua biblioteca". Ela se isola "como em um hipogeu", em uma tumba subterrânea, no vagão-leito do trem que a leva de Nova York ao Colorado, cercada pelas saliências negras das Montanhas Rochosas e pelo eterno desenho dos astros: "Não me lembro de um dia mais intenso, de noites mais claras".

Entre os imperadores romanos, Adriano foi o maior viajante. Talvez o primeiro homem da história a dar a volta ao mundo então conhecido, da Espanha, onde havia nascido, até os confins orientais do Império. A viagem é "uma quebra contínua de todos os hábitos, uma refutação incessante de todos os preconceitos".

Muitos anos depois, Marguerite vai ao Egito e visita as ruínas de Antinoópolis — a cidade que o imperador havia fundado em homenagem ao jovem que amava, afogado no Nilo. A bordo de um barco, a escritora lança moedas ao rio, como num ritual de despedida. Pouco depois, de volta ao cruzeiro, é abalada pelos gritos dolorosos das camponesas egípcias: um rapaz havia se afogado no Nilo, assim como Antínoo. Yourcenar vê naquela tragédia uma confirmação do destino: estava verdadeiramente destinada a escrever aquele livro, *As memórias de Adriano*. Uma obra imortal. Talvez a mais bela entre as muitas do século XX inspiradas na história da Roma Antiga.

No fim da vida, Marguerite se apaixonará por Jerry, um rapaz belíssimo do Arkansas — físico de atleta, bom tenista, homossexual e que a vê quase como uma figura materna. E será outro rapaz, Daniel, a quem Yourcenar chama de "anjo da morte", a levá-lo embora e a transmitir-lhe uma nova, misteriosa e cruel doença: a aids.

Outro grande livro dela, *A obra ao negro*, termina com uma evocação clássica, na qual o protagonista, Zenão, filósofo e mago do Renascimento, comete suicídio para evitar a execução, à maneira de Sêneca.

No entanto, são as *Memórias de Adriano* que transmitem o encanto do classicismo melhor do que qualquer obra.

É a história de um soberano que faz um balanço da própria vida à medida que se aproxima do fim. Depois de regressar da Ásia, Adriano se retira para Tivoli. Escreve para Marco Aurélio sobre sua doença e sobre o sábio grego que cuida dele, Hermógenes:

É difícil permanecer imperador na presença de um médico. É difícil também manter a própria essência humana, uma vez que os olhos do médico só veem em mim um aglomerado de humores, uma pobre mistura de fluido e sangue. E, pela primeira vez, esta manhã, ocorreu-me que meu corpo, companheiro fiel, amigo seguro e mais conhecido por mim do que a alma, é apenas uma fera traiçoeira que acabará por devorar seu mestre... Terei o destino de ser o paciente mais bem cuidado. Mas ninguém pode ultrapassar os limites impostos pela natureza. Minhas pernas inchadas não me sustentam mais nas longas cerimônias de Roma. Sinto-me sufocar, e estou com 60 anos.

Seu único e verdadeiro amor foi Antínoo: uma história que durou apenas cinco anos, mas durante a qual Adriano sentiu-se de fato amado — ao contrário do relacionamento frio com a esposa. E ele tinha a sensação de estar "ligado ao corpo amado como um crucifixo à sua cruz". A morte sublimou o sentimento. Antínoo foi sepultado como um faraó, em uma tumba cheia de hieróglifos, e várias cidades novas receberam seu nome.

Adriano viveu uma fase de transição. Superficialmente, parece que o Império pode durar para sempre. No entanto, algo grandioso está prestes a acontecer. O imperador reinou em um tempo estranho e único, "quando os deuses já não estavam presentes e Cristo ainda não havia chegado". Ele fica horrorizado com o derramamento de sangue nas guerras de seu predecessor, Trajano, da campanha contra os sármatas ao fracasso da expedição contra os partos, então decide recuar para as antigas fronteiras do Império. Porém, depois tem que liderar as tropas para sufocar a revolta dos judeus, e apaga até mesmo o nome deles de sua terra — não mais Judeia, mas Palestina.

Agora, perante a morte, Adriano questiona-se sobre seu próprio futuro:

Pequena alma perdida e suave, companheira e hóspede do corpo, agora você se prepara para descer a lugares incolores, árduos e despidos, onde não terá mais os passatempos habituais. Por mais um momento, olhemos juntos para as margens familiares, as coisas que certamente nunca mais veremos... Tentemos adentrar a morte de olhos abertos.

Um aviso atemporal, válido para pessoas de todas as épocas.

O CINEMA NASCE COM ROMA

Ao longo dos séculos, sempre que uma arte nascia, apropriava-se da Roma Antiga, deixava-se inspirar por ela e tentava recriá-la.

Isso aconteceu com a pintura renascentista, quando Rafael e outros artistas desciam à Domus Aurea de Nero para reproduzir as decorações chamadas grotescas. Aconteceu com a arquitetura de Palladio e, mais tarde, com o estilo neoclássico, quando em todo o mundo foram construídos pórticos, colunatas e cúpulas, e Antonio Canova esculpia como os romanos antigos. E aconteceu também com o cinema.

De todas as eras da história humana, nenhuma causou uma impressão tão profunda quanto a história de Roma. Até porque o acaso quis que dois eventos extraordinários — o advento do Império e o de Jesus Cristo — acontecessem nos mesmos anos. E isso despertou em particular a imaginação dos artistas do século XX. Alguns dos filmes mais famosos entrelaçaram as histórias de Roma Antiga com a história de Jesus.

Em 1880, um general nortista da Guerra Civil, Lew Wallace, publica um romance histórico, *Ben Hur*. O sucesso é tanto que se decide levá-lo ao teatro. Mas como recriar a cena principal, a corrida de bigas? A Broadway consegue fazer cavalos de verdade atuarem, adestrados para correr em uma esteira rolante: seis mil réplicas. O cinema mudo se apropria da história e produz dois filmes. Mas, em nossa memória, permanece a versão realizada em 1959 pelo grande William Wyler, com Charlton Heston, filmada justamente em Roma, no Cinecittà.

Judá Ben Hur é um príncipe judeu criado junto de seu amigo Messala, um soldado romano. Mas, quando Messala assume como chefe da guarnição de Jerusalém, o governador Grato é atingido por telhas que caem acidentalmente do telhado da casa de Ben Hur. Messala, então, manda prender a mãe e a irmã de seu amigo, apesar de saber que são inocentes, enquanto ele acaba em uma prisão romana.

Quando tudo parece perdido, a virada. Durante uma batalha naval, Ben Hur salva a vida do comandante Quinto Arrio, que tinha caído no mar, o qual em recompensa reconhece sua liberdade e o adota como filho. Ben Hur consegue sua vingança ao derrotar Messala em um desafio no hipódromo. E, em Jerusalém, reencontra a mãe e a irmã, desfiguradas pela lepra — porém, ver a passagem de Cristo carregando a cruz em direção ao Calvário as curará.

A presença de Jesus é insinuada três vezes ao longo da história, mas seu rosto nunca é mostrado. No fim, Cristo se sacrifica pela humanidade — e também pelo final feliz do filme. O sucesso é estrondoso, fazendo a alegria da Metro-Goldwyn-Mayer, que parecia estar à beira da falência. O filme arrecada a maior bilheteria da década. *Ben Hur* vence onze Oscars, um feito incrível e nunca superado, apenas igualado por *Titanic* e *O retorno do rei*, terceiro e último capítulo de *O senhor dos anéis*.

Alguns anos antes, outra obra tivera uma recepção quase igualmente espetacular no cinema. *Quo vadis?* é, em primeiro lugar, um romance escrito pelo polonês Henryk Sienkiewicz e que depois virou um filme feito em 1951 no Cinecittà. Na Hollywood às margens do Tibre, os custos eram mais baixos que na Hollywood real, os técnicos eram excelentes e uma nova lei reduzia os impostos para as produções que reinvestissem na Itália. O autor era um jovem político, Giulio Andreotti, que viria a se tornar primeiro-ministro sete vezes.

Quo vadis? mostrava um Nero devasso, interpretado por Peter Ustinov, um Tigelino cruel, aristocratas covardes e outros homens valorosos, como Sêneca e Petrônio, destinados a um triste fim — enquanto a virtude dos primeiros cristãos, e em particular a da bela Lícia, brilhava em comparação. Um comandante romano, Marco Vinício, apaixona-se por ela, mas é rejeitado, e tenta sequestrá-la. E, quando o lendário Ursus, o gigante gentil que protege Lícia, derrota Crotone, o campeão dos gladiadores contratado por Vinício, com as próprias mãos, todos ficamos boquiabertos. Imagine quando Ursus, na arena, quebra o pescoço do búfalo destinado a torturar Lícia amarrada a um poste. O povo se revolta contra Nero, Galba toma seu lugar e Lícia e Vinício vivem felizes para sempre. *Quo vadis?* é o primeiro sucesso de bilheteria do ano. E quase passa despercebida a cena que dá título ao romance e ao filme, na qual o apóstolo Pedro está fugindo de Roma para salvar a própria vida, mas encontra Jesus e pergunta "Para onde vais?" — *quo vadis?* —, e ele responde: "Vou a Roma para ser crucificado outra vez". Só então Pedro entende que deve testemunhar a fé e enfrentar o martírio, sendo crucificado de cabeça para baixo por não se sentir digno de morrer como o salvador.

Dois anos depois, em 1953, o recorde de *Quo vadis?* é superado por outro filme ambientado nos tempos do Império Romano. Marcello Gallio, um jovem e dissoluto tribuno militar estacionado na Galileia, ganha numa aposta a túnica de um homem recém-crucificado — Jesus de Nazaré. A partir daí, começa a ter pesadelos e visões, encontra São Pedro, converte-se e torna-se um pregador da fé cristã. Mas Calígula, seu inimigo desde a juventude e então imperador, condena-o à decapitação, a menos que ele renuncie a Jesus. Marcello recusa e vai feliz para o martírio, ao lado de sua amada Diana. O título do filme é *O manto sagrado* (*The Robe*), e o papel do protagonista foi dado a um jovem de 28 anos de grande futuro chamado Richard Burton.

No ano seguinte, tenta-se uma sequência, *Demetrius, o gladiador*, na qual o malvado Calígula deseja se apossar da túnica em meio a duelos na arena com tigres, perversões de Messalina, torturas e até uma improvável ressurreição. Enfim, uma loucura total, mas o público gostou.

No entanto, Hollywood hesita em abordar a mulher mais famosa da história romana, Cleópatra. Há um precedente que assusta os produtores. Logo após a guerra, em 1945, foi filmado *César e Cleópatra*. César é Claude Rains — o capitão Renault de *Casablanca* — e a rainha egípcia é Vivien Leigh. Mas as coisas vão muito mal. Leigh engravida, sofre uma queda, perde o bebê e adoece de depressão. O filme para por semanas, parece amaldiçoado, e as bilheterias nem de longe cobrem os custos.

Somente em 1962, Joseph L. Mankiewicz, o diretor de *A malvada* e de *Júlio César*, para o qual escalou Marlon Brando para o papel de Marco Antônio, decide tentar de novo. Desta vez, pensa em outro ator para o papel de Antônio. Ele mesmo, Richard Burton. Cleópatra, como todos se lembram, é Elizabeth Taylor. Os dois protagonistas já haviam se encontrado quase dez anos antes, em uma festa, quando ele se apaixonou à primeira vista, mas ela o rejeitara como um "galês presunçoso, barulhento e vulgar". Mas, desta vez, no set em Roma, Liz também vê Richard com outros olhos. Começam a circular rumores de um romance, obviamente secreto, já que ambos são casados, e ele até tinha trazido a esposa para a Itália. Mas falta a prova: a foto.

Na primavera, a equipe se muda para a ilha de Ischia, onde será recriada a batalha naval de Áccio. Em 18 de junho de 1962, último dia de filmagens, um fotógrafo de Rieti, Marcello Geppetti, escondido no alto das rochas, flagra Burton e Taylor se beijando numa lancha. Burton se desespera e oferece ao paparazzo 12 milhões de liras, mais de 150 mil euros de hoje, em troca da foto, mas Geppetti recusa: "Trabalho para a imprensa, e não para particulares". Até porque a imprensa pagará muito mais.

Não se trata de um flerte ocasional, mas de um grande amor que se torna um romance popular. Os dois deixam seus respectivos cônjuges e se casam, o Vaticano condena, mas o filme ganha um impulso extraordinário. O antigo casal Antônio & Cleópatra cria um novo, Richard & Liz. Mas desta vez também não haverá final feliz, já que em 1974, Burton e Taylor se divorciam. No ano seguinte, reconsideram e voltam a se casar, mas depois se divorciam de novo.

"O MEU JESUS É MUITO DIFERENTE DE VOCÊ"

Resta entender por que Hollywood aposta em filmes ambientados na época de Jesus, cujos protagonistas, porém, são os romanos, ou no máximo seus inimigos. A figura de Jesus fascina e ao mesmo tempo assusta. Dino De Laurentiis também aborda a história de maneira secundária, confiando a Anthony Quinn o papel de Barrabás, o ladrão que primeiro evita a cruz, mas depois a enfrenta, após ter lutado como gladiador no Coliseu e se convertido ao cristianismo graças à namorada

Raquel, interpretada por Silvana Mangano, e ao amigo Sahak, um grande Vittorio Gassman. Em *Barrabás*, a cena da crucificação de Jesus é filmada em Roccastrada, uma belíssima aldeia da Maremma, na Toscana, durante o eclipse solar de 15 de fevereiro de 1961 — o céu escurecendo pareceu o cenário perfeito para expressar a ira divina.

Quando, porém, leva-se diretamente para o cinema a história do Nazareno, corre-se o risco de fracasso. Assim, um excelente filme como *O rei dos reis* foi muito criticado, até pela Igreja, e *A maior história de todos os tempos* revelou-se um fiasco, apesar de ter um elenco de peso — Max von Sydow é Jesus, Sidney Poitier é Simão de Cirene, que o ajuda a carregar a cruz, e Charlton Heston é João Batista. Mas, no coração dos espectadores, ficaram mais os atores não profissionais de *O Evangelho segundo São Mateus*, de Pier Paolo Pasolini, com a crucificação filmada nos Sassi di Matera, e Nossa Senhora interpretada pela mãe do diretor, Susanna. Uma *Mater Dolorosa* extraordinária, também ela destinada a chorar a morte do filho.

Mas quando já parecia impossível aproximar o público da história dos romanos que crucificam o filho de Deus, eis que em plena era hippie, nos anos fervilhantes da revolta jovem, justamente esse mundo em ebulição gera um dos maiores sucessos da história do entretenimento: *Jesus Cristo Superstar*. Primeiro o musical, depois o filme, com um ator negro, Carl Anderson, no papel de Judas. Surgem acusações de ateísmo, blasfêmia, antissemitismo. A África do Sul proíbe o filme, mas o papa Paulo VI gosta muito.

Tornam-se grandes sucessos tanto a revisitação tradicional de Franco Zeffirelli — seu *Jesus de Nazaré* é transmitido pela TV na Itália, Reino Unido e Estados Unidos — quanto a genial paródia de Monty Python, *A vida de Brian*, que, no entanto, será proibida em vários países, e certamente não por causa dos nomes engraçados dos amigos de Pôncio Pilatos, em um latim macarrônico — Biggus Dickus e Incontinentia Buttocks.

Há outros dois filmes que contam a história de Jesus com um olhar original e devem ser lembrados por isso. Um é *A última tentação de Cristo*, que Martin Scorcese adapta da obra-prima de Nikos Kazantzakis. Para o papel de Jesus, todos esperam Robert De Niro, mas o ator preferido de Scorcese recusa. Não se sente confortável para enfrentar um papel tão desafiador, porém oferece-se para interpretar outro personagem, mas agora é Scorcese quem recusa e escolhe Willem Dafoe.

Jesus é um colaborador dos romanos, constrói cruzes para eles. Judas — Harvey Keitel — é um amigo convencido de que Jesus é o libertador do povo judeu. Ele o trairá talvez para puni-lo por sua hesitação, talvez para ajudá-lo a cumprir as profecias e a se sacrificar pela humanidade. A história se inspira nas tentações de Jesus no deserto. O diabo não consegue seduzir Cristo, mas o adverte: "Nós nos veremos novamente". A última tentação é justamente a de Jesus na cruz, imaginando a possibilidade de se salvar e viver uma vida normal, primeiro com Maria Madalena, depois com Marta. No fim, tudo se revela uma alucinação, Jesus aceita se sacrificar e, assim, salva o mundo.

Na história, há invenções extraordinárias, como o encontro imaginário entre Jesus e São Paulo, o verdadeiro inventor do cristianismo, o homem que deu aos relatos dos Evangelhos a conexão com a cultura clássica. Paulo diz essencialmente a Jesus: não importa se você de fato não morreu e ressuscitou, porque os homens têm uma terrível necessidade de acreditar nisso, "Olhe para eles, não vê como são infelizes? Não vê como sofrem? A única esperança deles é Jesus ressuscitado. E meu Jesus é muito diferente de você, é muito mais forte e poderoso... Estou feliz por tê-lo encontrado, porque assim posso esquecê-lo". Uma das maiores cenas da literatura e do cinema. Também é extraordinária a cena do assassinato de Lázaro, a quem os inimigos de Jesus mandam dar sumiço por ser a prova de seu maior milagre.

A outra obra sobre Jesus e os romanos que causou comoção e discussões é *A paixão de Cristo*. Se o filme de Scorcese havia sido criticado pelos tradicionalistas e conservadores, o de Mel Gibson foi considerado, ao contrário, um manifesto do fundamentalismo cristão. Na realidade, o público ficou perturbado sobretudo pela carnalidade do martírio de Cristo, com o flagelo que lhe rasga a carne e o corpo mutilado exposto ao olhar de todos na cruz. O ator Jim Caviezel passou horas pendurado, açoitado pelo vento gelado dos Sassi di Matera, onde Gibson, como já havia feito Pasolini, filmou a crucificação, com o desesperado grito final de derrota do diabo, interpretado por Rosalinda Celentano.

Desse filme também fica a intensidade do confronto, até mesmo linguístico, com os romanos, que falam latim, enquanto a língua de Jesus é o aramaico — embora com Pôncio Pilatos ele de fato converse em latim. *"Quid est veritas?"*, o que é a verdade?, pergunta o governador romano. Essa é a perspectiva da filosofia clássica, que luta para reconhecer a nova fé. Um tema que também está no centro da obra-prima da literatura russa moderna, *O mestre e Margarida*, de Bulgakov, em que a paixão de Jesus é contada do ponto de vista de Pilatos.

CABÍRIA E MACISTE

Roma inspirou o cinema desde o início. O primeiro filme da história é considerado o famoso *A chegada do trem na estação*, dos irmãos Lumière. Porém, no mesmo ano, em 1896, um jovem aspirante a diretor de 20 anos, Georges Hatot, filma *Néron essayant des poisons sur des esclaves*, cinquenta segundos em que Nero testa poderosos venenos em dois escravos, que caem no chão e morrem em meio a sofrimentos atrozes, porém breves.

O primeiro filme de época, com duração de dezoito minutos, é produzido na Itália, em 1908 — é a adaptação de *Os últimos dias de Pompeia*, o romance do inglês Edward Bulwer-Lytton sobre a erupção do Vesúvio e a destruição da cidade símbolo da civilização clássica.

Em 1913, um pintor que se tornou primeiro designer de cartazes e depois diretor, Enrico Guazzoni, realiza o primeiro blockbuster da história, com duas horas de duração e cinco mil figurantes. O título é *Quo Vadis*, e o sucesso é internacional, sendo exibido nos teatros da Broadway e até em Londres, diante do rei Jorge V.

Mas o filme mais famoso do cinema mudo é filmado em 1914. Direção de Giovanni Pastrone, "legendas literárias" do poeta Gabriele D'Annunzio, a quem também se deve o título, *Cabíria*, nascida do fogo. Uma obra inovadora, com cenas filmadas no Etna, na Tunísia e nos Alpes, e invenções como o uso do carrinho no lugar da câmera fixa.

A história se passa durante a Segunda Guerra Púnica. Enquanto Aníbal ataca Roma, a pequena Cabíria, prisioneira em Cartago, deve ser sacrificada ao deus Moloch, mas é salva por um espião romano, Fulvius Axilla, e por seu robusto servo, a quem D'Annunzio dá um nome que se tornaria icônico, Maciste. O sucesso é enorme. *Cabíria* será o primeiro filme exibido na Casa Branca. Em Paris, ficará em cartaz por seis meses e em Nova York, por mais de um ano.

🔲🔲🔲🔲🔲🔲

Paradoxalmente, o fascismo, regime que aspirava a reconstruir o Império, produziu apenas um grande filme sobre a Roma Antiga, *Cipião, o Africano*, filmado, não por acaso, em 1936, ano do feito africano do duce: a conquista da Etiópia. O esforço foi imenso. Só para reconstruir a batalha de Zama foram mobilizados dez mil soldados de infantaria, dois mil cavaleiros e trinta elefantes. No Festival de Veneza, ganhou com facilidade a Taça Mussolini de melhor filme italiano, mas o duce não gostou. Em particular, o protagonista — o ator de teatro Annibale Ninchi — não o convenceu. O ator não só carregava o nome do inimigo cartaginês, mas também não se destacava por sua virilidade: "Se Cipião tivesse a aparência frágil desse ator", comentou Mussolini, "não sei se teria conseguido vencer uma única batalha".

O verdadeiro herói dos *peplum* (filmes de espada e sandália), a categoria de filmes inspirados na Roma Antiga e voltados mais ao grande público que aos críticos, não será Cipião nem César, mas o personagem inventado por D'Annunzio, Maciste. Depois de *Cabíria*, o guerreiro valentão será protagonista de uma série de filmes mudos e depois ressurgirá de forma espetacular em cores.

Entre 1961 e 1964, foram feitos 23 filmes sobre Maciste — uma média de quase seis por ano —, interpretados por campeões de fisiculturismo. No entanto, a popularidade do personagem nunca atravessou o oceano Atlântico, e os distribuidores norte-americanos optaram por identificá-lo com outros heróis fortes da antiguidade, de Sansão a Golias. Os sets dos estúdios romanos eram sempre os mesmos. Algumas cenas caras de massa eram recicladas e apareciam idênticas em vários filmes. Os títulos são hilários: *Maciste contra Hércules no Vale da Aflição* (*Hercules in the Vale of Woe*), *Zorro contra Maciste* (*Samson and the Slave Queen*), *Maciste no inferno* (*The Witch's Curse*). Os filmes de proto-terror também são notáveis, *Maciste contra o vampiro* (*Goliath and the Vampires*), e o cômico *Totò contra Maciste* (*Toto vs. Maciste*).

Dois dos mais importantes diretores italianos, Sergio Leone e Michelangelo Antonioni, fizeram suas estreias nos filmes *peplum*. Ambos substituíram colegas mais velhos que adoeceram durante a produção. Leone assumiu o lugar de Mario Bonnard, finalizando mais uma versão de *Os últimos dias de Pompeia*, enquanto Antonioni substituiu Guido Brignone em *O escudo romano*, em que Anita Ekberg interpreta a rainha de Palmira, Zenóbia, que desafia os romanos e é derrotada.

TOTÒ, FELLINI E TINTO BRASS

Todos os grandes nomes do cinema italiano abordaram a Roma Antiga.

Vittorio Grassman encarnou Catão, o Censor; Marcello Mastroianni foi Cipião, o Africano; e Nino Manfredi interpretou Pôncio Pilatos. Totò sonhava em ser Tibério em *O imperador de Capri*, Alberto Sordi estrelou *Meu filho Nero,* de Steno, com Vittorio de Sica como Sêneca, Gloria Swanson como Agripina e Brigitte Bardot como Poppea.

Federico Fellini era fascinado por Roma desde seus tempos em Rimini. Ele resgata a personagem Cabíria e a transforma em uma prostituta interpretada por sua esposa, Giulietta Masina, em dois filmes distintos, *Abismo de um sonho* e *Noites de Cabíria*. Depois, dirige *Fellini Satyricon*, uma adaptação da obra de Petrônio, incorporando seu nome ao título para evitar confusões com outra obra homônima lançada no mesmo ano, estrelando Ugo Tognazzi e o cantor Don Backy.

As páginas de Petrônio permitem que Fellini alterne o alto e o baixo, o lírico e o cômico, o dramático e o grotesco. Ele mesmo definirá o filme como "um ensaio de ficção científica do passado". É o início da decadência de Roma. Não resta muito do original latino, a não ser o cerne do filme, que se trata do banquete de Trimalquião, o liberto vulgar e enriquecido. Para o papel, o diretor havia considerado Bud Spencer, mas ele recusa pois não queria posar nu. No elenco, destaca-se a estreia de Alvaro Vitali, descoberto por Fellini, e um belo rapaz de cabelos compridos que parece quase um hermafrodita, Renato Zero. Temos também Suleiman Ali Nashnush, jogador de basquete e o homem mais alto do mundo, com quase 2,5 metros.

236 ROMA, O IMPÉRIO INFINITO

O filme que, mais do que qualquer outro, associa-se à Roma erótica e cruel é *Calígula* — sua história por si só já daria um romance. O roteiro é de Gore Vidal, o renomado escritor estadunidense, que no início pensa em uma série de TV. Calígula não é tecnicamente um imperador da decadência. Na verdade, estamos no início do Império. Mas, depois do pragmatismo de Augusto e a distância de Tibério, Calígula é o primeiro a fazer uso desenfreado do imenso poder que tem, exercendo-o sobre o corpo de seus súditos. É essa busca do prazer fora da moralidade, essa mistura entre amor e morte, entre autoridade e depravação, que inspira artistas e, claramente, atrai espectadores — se eles pudessem assistir ao filme.

Inicialmente, o projeto de *Calígula* era de alto nível, voltado para o público de TV, e seria dirigido por Roberto Rossellini. No entanto, quem acabou envolvido foi Franco, o sobrinho de Roberto, que já havia produzido o *Decameron* de Pasolini. Franco Rossellini propõe a Vidal revisar o roteiro para transformá-lo em um filme, financiado por Bob Guccione, um ítalo-americano que publica uma revista erótica, a *Penthouse*. A ideia continua sendo criar uma obra de autor, mas tanto John Huston quanto Lina Wertmüller recusam. Quem aceita é um diretor veneziano de quarenta e poucos anos, com uma visão bem carnal do erotismo, chamado Tinto Brass.

O elenco é ambicioso, contando com atrizes esplêndidas, como Maria Schneider e Helen Mirren, e atores estabelecidos, como Malcolm McDowell, que interpretou Calígula, e Peter O'Toole (que realmente tem um ar de romano antigo, não por acaso atuou na série de TV *Masada* e foi Augusto em outra série, *Imperium*). Mas a produção é um desastre.

O primeiro conflito acontece com Maria Schneider, substituída por Teresa Ann Savoy. Brass também entra em conflito com Vidal, que acha o filme erótico demais, e com Guccione, que não o considera erótico o suficiente — gostaria de uma obra que beirasse a pornografia, com cenas de sexo reais que o diretor se recusa a filmar. A produção interfere pesadamente na edição, tentando tornar Calígula o mais escabroso possível. Entretanto, quando o filme chega aos cinemas, em agosto de 1979, é soterrado de processos. Brass é absolvido, já que a edição não é culpa dele. Rossellini, contudo, é condenado em primeira instância a quatro meses de prisão. O filme, com efeito, é condenado à morte. Todas as cópias foram destruídas, exceto por um único negativo. Graças a uma anistia, Rossellini consegue recuperá-lo. *Calígula* é reeditado, mas, dos 155 minutos originais, apenas 86 restaram após a censura. Em 1984, o público finalmente pode assisti-lo, mas, poucos dias depois, o filme é mais uma vez confiscado.

O *Calígula* amaldiçoado terá três desdobramentos. Prevendo problemas de censura, Rossellini encontrou uma maneira de amortizar o custo dos cenários da Roma Imperial, confiando a Bruno Corbucci um filme lançado em 1977 com o título *Messalina, Messalina!*, que no exterior foi chamado de *Calígula II: Messalina, Messalina!*, como se fosse uma sequência do original. E, de fato, Messalina é esposa de Cláudio, sucessor de Calígula. O elenco é mais popular do que refinado, incluindo Tomas Milian e Bambolo.

Em 1982, o diretor pornô Joe D'Amato filma *Calígula: a história que não foi contada*; de 125 minutos, os censores só aprovam 39.

Por fim, em 2005, o artista italiano Francesco Vezzoli apresenta no Festival de Cinema de Veneza um curta-metragem de cinco minutos, intitulado *Trailer for a Remake of Gore Vidal's Caligula*. Uma homenagem ao roteirista, com um elenco extraordinário: Benicio Del Toro, Courtney Love, Barbara Bouchet (diva do cinema erótico dos anos 1970), a grande Adriana Asti, a belíssima Milla Jovovich e, de novo como uma matrona romana dissoluta, Helen Mirren, que àquela altura havia interpretado a rainha Elizabeth II no cinema.

🔲🔲🔲🔲🔲

Além de amar e se exceder nas festividades, na Roma Antiga também se ria.

Plauto e Terêncio, os dois maiores dramaturgos latinos, não se limitam a entreter os espectadores, também fazem ponderações sobre a natureza humana e chegam a conclusões opostas. Para Plauto, "*homo homini lupus*", o homem é um lobo para o homem — ninguém é capaz de agir no interesse de outra pessoa que não si mesmo ou um ente querido. Quando não é mau, o homem é egoísta, e pode ser levado a fazer o bem apenas se isso o fizer se sentir melhor, nutrindo assim seu narcisismo.

Mas, para Terêncio, "o homem é um deus para o homem, se conhece seu dever". Ao contrário do que dirá Margaret Thatcher, a sociedade existe, e pode até funcionar bem, se cada um aceitar sua responsabilidade e souber limitar a própria liberdade para não violar a dos outros. O homem de Terêncio é aquele que aceita todas as diversidades, todas as formas de amar e até de odiar, porque reconhece, até nas exceções mais anormais, até na perversão e no mal, um traço da própria humanidade: "Eu sou um homem. Nada do que é humano me é estranho".

Entre os dois grandes dramaturgos da Roma Antiga, Buster Keaton, que já em 1923 tentara uma releitura cômica da história clássica em seu filme *Three Ages* [As três eras, em tradução livre], escolhe Plauto para sua última aparição no cinema, em 1966. *Um escravo das Arábias em Roma* é baseado em três comédias de Plauto: *Pseudolus*, isto é, mentiroso, nome do astuto servo que ajuda o mestre a conquistar a mulher amada; *Mostellaria*, a comédia do fantasma — na verdade, não há fantasma algum, é apenas um truque que o "*servus callidus*" usa para esconder do pai as festas barulhentas do filho; e *Miles gloriosus*, talvez a obra-prima de Plauto, uma sátira ao soldado vitorioso, mostrando que os romanos também sabiam rir de si mesmos. E talvez até Marco Antônio teria sorrido ao se ver interpretado por Totò em *Totò e Cleópatra*, em que Cleópatra é a atriz francesa Magali Noël — que interpreta Gradisca naquela que eu pessoalmente considero a verdadeira obra-prima de Fellini, *Amarcord*.

❧❧❧❧❧❧

Entre as inúmeras séries de TV — principalmente inglesas e norte-americanas — ambientadas na Roma Antiga, ao menos uma merece destaque. Intitulada *Roma* e produzida pela BBC e pela HBO, a série chamou atenção pela crueza dos detalhes. Não era obscena nem vulgar, e sim crua. Vemos Marco Antônio parando uma legião inteira na Gália para tirar proveito de uma pastora ao longo do caminho, que não oferece resistência, mas resignação. Vemos o jovem Otaviano esbofeteando e tratando um escravo com extrema arrogância. Ouvimos um diálogo entre legionários, revelando que a guerra consiste em saquear o inimigo de seu ouro e suas mulheres. E nos perguntamos se Roma não era somente isso, mas também isto, ou seja, a dominação do homem pelo homem.

Em outra série norte-americana — mas filmada na Nova Zelândia —, *Spartacus*, a violência, o sexo e as perversões nascem da absoluta desigualdade entre os seres humanos. Os gladiadores são carne morta, fonte de diversão cruel para os patrícios e de prazer sensual para suas mulheres. E aos gladiadores é dedicada *Those About to Die* — em latim, "*morituri*", aqueles que vão morrer —, a nova série filmada no Cinecittà, em que Anthony Hopkins interpreta Vespasiano, um imperador pouco visto no cinema.

🄰🄰🄰🄰🄰

Muitos videogames, fundamentais no imaginário dos nativos digitais, também têm sido ambientados na Roma Antiga. Há jogos dedicados às grandes batalhas, por exemplo, contra Aníbal e Vercingetórix. Há jogos focados em duelos até a morte, na arena entre os gladiadores ou nos circos entre as bigas. Mas também há jogos de gerenciamento, onde o vencedor é quem evolui Roma ou a reconstrói após o incêndio de Nero. Esse também é o objetivo de um jogo de tabuleiro cult, *Rome & Roll*, destinado a competir com *S.P.Q.RisiKo!*, variante romana do famoso jogo de estratégia.

Nossos ancestrais também inspiraram os mangás japoneses. Após estudar belas-artes em Florença e se apaixonar pela Itália, Mari Yamazaki criou um mangá chamado *Thermae Romae*, as termas de Roma. O engenheiro Lucio Modesto, demitido por suas ideias pouco inovadoras, enquanto toma banho numa banheira acaba sendo sugado por um vórtice temporal que o leva da Roma Antiga ao Japão contemporâneo. Lá, ele aprende técnicas das termas japonesas modernas e, ao voltar para seu próprio tempo e lugar, aplica-as com grande sucesso. Parece uma ideia extravagante? O mangá vendeu nove milhões de cópias no

Japão e gerou dois filmes, além de outros dois de animação, o último produzido pela Netflix.

Mas, para o grande público, os vínculos entre a história de Roma e a saga de *Guerra nas estrelas* soam mais familiares. A guerra estelar entre a República e o Império é nitidamente inspirada na história das guerras civis dos tempos de César e Pompeu e, depois, na história dos cesaricidas e de Augusto. Também em *Guerra nas estrelas*, o Império vence, Lord Sidious assume o poder, rodeia-se de pretorianos de capas vermelhas e, com a ordem 66, comanda a eliminação dos Jedi — uma verdadeira lista de proscritos. Embora sua promessa de paz evoque a *Pax Romana* de Augusto.

Em *Jornada nas estrelas*, o protagonista, o capitão da Entrerprise, chama-se James Tiberius Kirk. No *prequel* de 2009, ele deve enfrentar Nero, o assassino de seu pai. Tibério e Nero, nomes significativos, um bom, o outro mau. Além disso, no universo de *Jornada nas estrelas*, os romulanos, habitantes do planeta Romulus, de natureza agressiva e conquistadora, desempenham um papel importante, enquanto no planeta gêmeo Remus vive um povo vencido. E, em um dos episódios da série original, "*Bread and Circuses*" (*panem et circenses*), surge um planeta chamado Magna Roma, com personagens de toga, lutas de gladiadores e tudo mais.

DE OBELIX AO GLADIADOR

Em 1951, Albert Uderzo, filho de imigrantes italianos, e René Goscinny, nascido numa família de judeus poloneses que escaparam do Holocausto, encontram-se em Bruxelas. E tornam-se uma dupla inseparável, tipo Laurel e Hardy — ou, se preferir, o Gordo e o Magro —, de quem são grandes admiradores.

Uderzo tem 24 anos. Seu pai é um luthier de Piovene Rocchette, na região de Vicenza, e sua mãe é toscana. Durante a ocupação alemã, ele se escondeu na Bretanha para evitar ser deportado para a Alemanha e ter que trabalhar para a guerra nazista. Goscinny é apenas um ano mais velho. Estão na Bélgica, o país de *Tintim*, porque querem conseguir sucesso no mundo dos quadrinhos.

Eles se sentem um pouco apátridas, mas, justamente por isso, buscam um tema que pertença à tradição francesa. É a época em que a

Marvel rejeita o Homem-Aranha de Stan Lee porque os super-heróis devem ser grandes, fortes, sem defeitos, e não adolescentes inseguros. "Além disso, as pessoas odeiam aranhas." Goscinny e Urdezo, por sua vez, inventam um baixinho narigudo e briguento, acompanhado de um bonachão acima do peso que, no entanto, considera-se magro.

O período é o da dominação romana. Os dois autores intuem que, no fundo da alma francesa, habita um certo orgulho gaulês. E tocam nesse orgulho imaginando que, na Gália subjugada por César, resista uma única aldeia, obviamente na Bretanha, graças à poção mágica preparada pelo velho e sábio druida Panoramix.

Asterix, o Gaulês, estreia na *Pilote* em 29 de outubro de 1959. Torna-se um livro e, depois, um filme — o primeiro de uma longa série. Não é impossível enxergar na resistência gaulesa aos romanos a intransigência da França mais profunda à hegemonia norte-americana, à invasão da metrópole e ao que hoje chamamos de mundo global.

Vale dizer, entretanto, que Asterix e Obelix nunca tentam levantar a Gália contra os romanos. Pelo contrário, Naftalina, esposa do chefe da aldeia, Abracurcix, muitas vezes se queixa dos modos rudes dos aldeões e sonha com a sofisticação de Lutécia — sem dúvida, Paris — e da civilização romana. Os romanos, afinal, não são maus. São um pouco ingênuos, divertidos, preguiçosos, vítimas da força dos gauleses.

O único romano que não é motivo de riso é Júlio César. Altivo, distante, meio afeminado, obcecado pela calvície e apaixonado por si mesmo. No entanto, muitas vezes Asterix e Obelix se veem — desde a primeira história — ajudando-o contra as conspirações dos tenentes infiéis. Bruto também aparece, sempre brincando com um punhal — e, é lógico, César lhe diz: "Até tu, Bruto, meu filho".

Em *Asterix entre os Bretões*, os ingleses bebem água quente com leite — já que o chá ainda não havia chegado da China — e afligem os heróis gauleses com uma culinária péssima. Em *Asterix entre os Helvécios*, os suíços são obcecados por bancos, orgias e fondue. Em *Asterix legionário*, o vasto mundo e a grande história entram em cena. A bela Falbala, por quem Obelix é apaixonado, descobre que o noivo, o belíssimo ator Tragicomix, fora recrutado à força pelo exército de César nas últimas batalhas contra os pompeianos.

Asterix e Obelix decidem também se alistar e precisam passar por um período de treinamento, assim, conhecem uma dupla de godos — que ninguém consegue entender —, um egípcio em busca de um lugar para passar férias, um grego, um belga que, obviamente, lembra Tintim e um britânico imperturbável em sua calma, realmente muito *british*. Depois de enlouquecerem os centuriões que deveriam transformá-los em legionários, eles descobrem que seu amigo fora sequestrado pelos pompeianos e os derrotam. César então é forçado a reconhecer que está em dívida com os irredutíveis gauleses.

No mundo todo, Asterix vendeu quatrocentos milhões de exemplares, mais do que qualquer livro já publicado, exceto a Bíblia. Foi protagonista de dez desenhos animados e de cinco filmes. Em um deles, Zlatan Ibrahimovic aparece no papel de um general romano traiçoeiro. Além disso, inspirou mais de vinte videogames e um parque temático, o Parc Astérix. O gigante Obelix é inevitavelmente interpretado pelo grande Gérard Depardieu.

⌯ ⌯ ⌯ ⌯ ⌯ ⌯

Por muito tempo, Roma parecia ausente do grande cinema. Distante demais da sensibilidade moderna. Produzir filmes de época custa muito dinheiro. A distância entre obras de autor e as voltadas ao grande público cresceu muito. E um grande diretor jamais teria, ou não teria mais, a humildade de se dobrar ao gosto popular e contar uma história.

Ou pelo menos era o que parecia.

Mas então, no ano 2000, na virada do século e do milênio, Ridley Scott, um artista genial, embora irregular, descobre a obra-prima.

Gladiador é um filme historicamente pouco plausível. Máximo Décio Merídio, um personagem fictício, derrota os germânicos em Vindobona, hoje Viena, no Danúbio, e põe fim às longas guerras que Marco Aurélio, o imperador filósofo, foi forçado a lutar. Marco Aurélio, já velho e cansado, e sentindo a morte se aproximar, decide deixar seus poderes justamente para Máximo, mas não para proclamar um novo imperador. O general deverá gerir a transição até que o Senado possa administrar Roma outra vez, como antigamente. É o próprio Marco

Aurélio que avisa ao filho, Cômodo: "Você não será imperador. Roma deve voltar a ser uma República".

Cômodo — interpretado de modo magistral por Joaquin Phoenix, que captura bem a mistura de boas intenções, pretensões e crueldade — reage sufocando o pai e se proclamando imperador. Máximo, ciente das intenções de Marco Aurélio, percebe que o imperador foi assassinado e se recusa a jurar lealdade a Cômodo. Mas seu tenente, Quinto, já o traiu. A esposa e o filho de Máximo serão assassinados — e ele também está destinado a seguir o mesmo caminho.

Máximo, no entanto, salva-se. Torna-se o gladiador favorito dos romanos. Revela a própria identidade. Derrota Cômodo no duelo final. Desta vez, Quinto permite que o novo senhor, o imperador, sucumba. E Máximo dita seus últimos desejos, antes de cair na arena: "Quinto, liberte meus homens. O senador Graco deve voltar a seu lugar. Havia um sonho, que era Roma, e ele será realizado. Este é o desejo de Marco Aurélio".

Obviamente, Máximo Décimo Merídio nunca existiu, assim como o senador Graco, que leva o nome do defensor do povo que viveu mais de dois séculos antes. Marco Aurélio não tinha a menor intenção de restaurar a República e o Império certamente não termina com ele.

Então, por que *Gladiador* foi um sucesso mundial, com cinco Oscars, incluindo o de melhor filme e melhor ator, Russell Crowe? Por que foi uma obra importante por gerações? Por que algumas frases — "Ao meu sinal, desencadeiem o inferno", mas também "O que fazemos em vida ecoa na eternidade" — se tornaram cult?

Talvez a explicação esteja justamente na última frase de *Gladiador*: "Havia um sonho, que era Roma". No fim, o que resta de Roma é um legado de palavras, mais do que de armas. De César, permanece o *De Bello Gallico*, mais do que as centenas de batalhas vencidas e os cinco triunfos celebrados. De Augusto, ficam os versos compostos em sua homenagem por Horácio e Virgílio, e o lamento de Ovídio, que ele enviou ao exílio. Toda vez que pronunciamos as palavras da política, da religião e da vida pública, estamos, sem nos darmos conta, prestando um tributo à Roma Antiga. Uma sociedade violenta, marcada por profundas injustiças e enormes desigualdades. Ainda assim, uma sociedade atravessada por

244 ROMA, O IMPÉRIO INFINITO

grandes tensões morais, onde o ideal do governo universal e de uma paz duradoura fincou raízes destinadas a permanecer no coração da humanidade.

É esse o verdadeiro motivo pelo qual todos os Impérios da história se apresentaram como herdeiros do Império Romano. É por isso que Roma nunca caiu. Roma, pelo menos na versão idealizada por escritores, artistas e poetas, é o mais alto de nossos pensamentos. Sobretudo na breve e extraordinária época em que o classicismo encontra a cristandade — e, afinal, esse encontro é a base da civilização ocidental. Uma civilização que já causou muitos problemas, que é profundamente crítica de si mesma, que talvez esteja se autodestruindo. Mas que, no fim, não era tão ruim assim.

É possível que o sonho de Roma esteja desaparecendo. Um mundo global, multicultural, multiétnico, próspero, em paz não por ser fraco, mas justamente por ser forte.

Mas é possível que um dia, não tão distante, esse sonho que era Roma possa de fato se realizar.

FONTES

A BIBLIOGRAFIA SOBRE a Roma Antiga é obviamente interminável. Alguns livros — como o já mencionado *Declínio e queda do Império Romano*, de Edward Gibbon, do qual consultei a edição Oscar Storia Mondadori (Milão, 1990) — tornaram-se eles próprios clássicos, desde os *Discursos sobre a primeira década de Tito Lívio*, de Nicolau Maquiavel, até a *História de Roma*, de Theodor Mommsen. Particularmente, adorei o ensaio de Mary Beard, *SPQR: uma história da Roma Antiga*. Da mesma autora, destaco *The Roman Triumph* [O triunfo romano, em tradução livre], *Laughter in Ancient Rome* [O riso na Roma Antiga, em tradução livre] e *Doze Césares: imagens de poder do mundo antigo ao moderno*.

Antonio Spinosa, escritor e estudioso sempre generoso em relação ao leitor, deixou-nos duas biografias repletas de anedotas, às quais este livro é grato: *Cesare: il grande giocatore* [César: o grande jogador, em tradução livre] e *Augusto: il grande baro* [Augusto: o grande bardo, em tradução livre]. De Antonio Spinosa, recomendo também *Tiberio: l'imperatore che non amava Roma* e *La grande storia di Roma*.

Devido à influência da Roma Antiga no cinema, trabalhei em particular no livro de Maria Wyke, *Projecting the past: ancient Rome, Cinema and History* [Projetando o passado: Roma Antiga, cinema e história, em tradução livre].

Para a *Eneida:*

COMPARETTI, Domenico. *Virgilio nel Medio Evo*. Livorno: Francesco Vigo, 1872. v. 1.

HARDIE, Philip. *The Last Trojan Hero*: a cultural history of Virgil's Aeneid. Londres-Nova York: I. B. Tauris, 2014.

KALLENDORF, Craig. *The Other Virgil: pessimistic' readings of the* Aeneid *in early modern culture*. Nova York: Oxford University Press, 2007. Classical presences.

KENNEDY, Duncan. Tradition and appropriation: T. S. Eliot and Virgil's Aeneid. *Hermathena*, n. 158, p. 73-94, 1995.

LOANE, Helen A. The Sortes Vergilianae. *The Classical Weekly*, v. 21, n. 24, p. 185-189, 1928.

O'NEILL, J. R.; RIGONI, Adam (eds.). *The* Aeneid *and the Modern World*. Londres-Nova York: Routledge, 2022. Series Routledge Monographs in Classical Studies.

PADOAN, Giorgio. *Il pio Enea, l'empio Ulisse: tradizione classica e intendimento medievale in Dante*. Ravenna: Longo, 1977.

SYED, Yasmin. *Vergil's* Aeneid *and the Roman self*. Ann Arbor: University of Michigan Press, 2005.

ZIOLKOWSKI, Jan M.; PUTNAM, M.C.E. (eds.). *The Virgilian Tradition*: the *first fifteen hundred years*. New Haven: Yale University Press, 2008.

Entre os textos romanos que consultei, destaco em particular:

Caio Júlio César, *Commentarii de bello Gallico*.

Marco Túlio Cícero, *De re publica*.

Marco Túlio Cícero, *In Catilinam Orationes*.

Marco Túlio Cícero, *Pro M. Caelio*.

Quinto Ênio, *Annales*.

Eusébio de Cesareia, *Bíos Megálou Konstantínou* (*Vita Constantini*).

Tito Flávio Josefo, *Historía Ioudaïkoû polémou pròs Romaíous* (*Bellum iudaicum*).

Décimo Júnio Juvenal, *Saturae*.

Marco Aneu Lucano, *Pharsalia*.

Marco Valério Marziale, *Epigrammaton*.

Quinto Horácio Flaco, *Carmina*.

Quinto Horácio Flaco, *Epistulae*.

Quinto Horácio Flaco, *Epodon Liber*.

Quinto Horácio Flaco, *Saturae*.

Caio Júlio César Otaviano Augusto, *Res gestae divi Augusti*.

Caio Petrônio Árbitro, *Satyricon*.

Plutarco, *Bíoi Parálleloi* (*Vitae parallelae*).

Políbio, *Historíai* (*Historiae*).

Caio Salústio Crispo, *De coniuratione Catilinae*.

Caio Suetônio Tranquilo, *De vita Caesarum*.

Públio Cornélio Tácito, *Historiae*.

Públio Virgílio Maro, *Aeneis*.

Sobre o tema do Império Infinito:

BARBERO, Alessandro. *Costantino il vincitore*. Roma: Salerno Editrice, 2017.

BONAPARTE, Napoleone. *Le guerre di Cesare*. Roma: Salerno Editrice, 2020.

BOWERSOCK, Glen W. Le tre Rome. *Studi Storici*, ano 47, n. 4, outubro--dezembro 2006, p. 977-991.

BUTLER, Sarah J. *Britain and its Empire in the shadow of Rome*. Londres: Bloomsbury, 2012.

CHARLES, Michael B. Remembering and Restoring the Republic: Star Wars and Rome. *Classical World*, v. 108, n. 2, p. 281-298, 2015.

COOKE, Jacob E. Alexander Hamilton's authorship of the "Caesar" letters. *The William and Mary Quarterly*, v. 17, n. 1, p. 78-85, janeiro 1960.

CRACCO RUGGINI, Lellia. Potere e carismi in età imperiale. *Studi Storici*, ano 20, n. 3, p. 585-607, julho-setembro 1979.

GANDHI, Mahatma. *The collected works of Mahatma Gandhi*. Nova Delhi: Governo da Índia, 1969.

GANDHI, Mahatma. *Young India*. Madras: S. Ganesan, 1927.

HARPER, Kyle. *Il destino di Roma: clima, epidemie e la fine di un impero*. Turim: Einaudi, 2019.

JOSHEL, Sandra R.; MALAMUD, Margaret; McGUIRE, Donald T. Jr. (eds.). *Imperial Projections: Ancient Rome in modern popular culture*. Baltimore-Londres: Johns Hopkins University Press, 2001.

KAHN, Andrew. Readings of Imperial Rome from Lomonosov to Pushkin. *Slavic Review*, v. 52, n. 4, p. 745-768, 1993.

KUMAR, Krishan. Greece and Rome in the British Empire: Contrasting Role Models. *Journal of British Studies*, v. 51, n. 1, p. 76-101, janeiro 2012.

LACEY, Helen. A comparison of the Illuminations of Liber Regaliswith those of the Coronation Book of Charles V of France. *York Medieval Yearbook*, MA Essays from the Centre for Medieval Studies, The University of York, n. 1, 2002.

LANTZ, Kenneth. *The Dostoevsky Encyclopedia*. Westport: Greenwood, 2004.

MADDEN, Thomas F. *Empires of Trust: how Rome built – and America is building – a new world*. Nova York: Plume, 2009.

MALAMUD, Margaret. *Ancient Rome and Modern America*. Malden- -Oxford: Wiley-Blackwell, 2009.

MAYHEW, Nick. Moscow: the third Rome. *Oxford Research Encyclopedia of Literature*, 2021.

MAZZARINO, Santo. *Il basso Impero*. Bari: Dedalo, 2003.

MAZZARINO, Santo. *La fine del mondo antico: le cause della caduta dell'impero romano*. Turim: Bollati Boringhieri, 2008.

MAZZINI, Giuseppe. *Della giovine Italia*. Gênova: Dagnino, 1851.

MINOGUE, Kenneth. The Romans: the real meaning of patriotism. In: MINOGUE, Kenneth. *Politics*: a Very Short Introduction. Oxford- -Nova York: Oxford University Press, 2000.

MONMOUTH, Goffredo di. *Historia Regum Britanniae*. Roma: Treves, 2006.

OSTROGORSKY, Georg. *Storia dell'impero bizantino*. Turim: Einaudi, 2014.

PERTUSI, Agostino. Venezia e Bisanzio: 1000-1204. *Dumbarton Oaks Papers*, v. 33, p. 1-22, 1979.

PIGANIOL, André. *Le conquiste dei romani: fondazione e ascesa di una grande civiltà*. Milão: Il Saggiatore, 2010.

POE, Marshall. Moscow, the Third Rome: the origins and transforma- tions of a "pivotal moment". *Jahrbücher für Geschichte Osteuropas*, Neue Folge, Bd. 49, h. 3, p. 412-429, 2001.

ROSTOVCEV, Mihail I. *Storia economica e sociale dell'Impero romano*. Mi- lão: Sansoni, 2003.

STRÉMOOUKHOFF, Dimitri. Moscow the Third Rome: Sources of the Doctrine. *Speculum*, v. 28, n. 1, p. 84-101, janeiro 1953.

TURNER, Frank M. British politics and the demise of the Roman Republic: 1700-1939. *The Historical Journal*, v. 29, n. 3, p. 577-599, setembro 1986.

VANCE, Norman. Anxieties of Empire and the moral tradition: Rome and Britain. *International Journal of the Classical Tradition*, v. 18, n. 2, p. 246-261, junho 2011.

VEYNE, Paul. *Quando l'Europa è diventata Cristiana: Costantino, la conversione, l'impero*. Milão: Garzanti, 2017.

WILSON, Peter H. *Il Sacro Romano Impero: storia di un millennio europeo*. Milão: Il Saggiatore, 2017.

WINKLER, Martin M. (ed.). *The Fall of the Roman Empire: film and history*. Oxford: Wiley-Blackwell, 2009.

WINKLER, Martin M. The Roman Empire in American cinema after 1945. *The Classical Journal*, v. 93, n. 2, p. 167-196, dezembro 1997-janeiro 1998.

AGRADECIMENTOS

AGRADEÇO A TODOS que contribuíram com cultura e sabedoria para este livro, em especial a Carlo Carabba, Eugenio Murrali, Giacomo Pucci, Alessandro Sortino e à minha amada filha, Rossana. O livro é dedicado a ela.

Foi impresso em 2024 pela Vozes.
Foi composto utilizando-se as
famílias tipográficas Expo Serif Pro
e Nure. O papel do miolo é o Avena
80 g/m^2, e o da capa é o cartão
supremo 250 g/m^2.